墓葬與生死

中國古代宗教之省思

蒲慕州　著

新序

　　本書第一次出版是在 1993 年，在 2008 年曾由北京中華書局出版簡字本。如今聯經出版公司再度重印，藉此機會稍微反省一下本書的緣起、目標、成果，同時也對近年來的相關研究做一個回顧。以下文字曾為中華版序言，今稍做修改。

　　我在大學時代主修歷史，1976 年赴美，先後在布朗大學和約翰霍浦金斯大學研讀埃及學，畢業論文寫的是古埃及的祭酒儀式，主要是結合文獻的考訂、翻譯，以及考古數據，來探討古埃及神廟中祭酒儀式使用的祭文所包含的宗教意義。以往埃及學學者研究祭典儀式，通常是以祭文的考訂翻譯為主，先搜集大量的有關某一類祭典的祭文，將其一一翻譯成現代文字，大約就完成工作了。至於每一項祭品的意義，大都是在考證文字時順帶說明。我的做法稍有不同，除了文獻的搜集和翻譯，並且利用翻譯所得的數據來討論酒的宗教和神話意義之外，我還做了兩件事：一是探討祭品（酒）在古埃及社會中的重要性，我利用考古和文獻材料討論了酒的製造過程，埃及社會中酒的使用情況，以及歷代神廟祭典中酒祭的地位；一是採取文獻類型分析的方法，來分析祭酒文。我發現祭酒文的數量雖多，但基本上可以分為五大類，每一類型的祭文又可以細分為一些小的單位字句。各單位字句在祭文中各司其職，表達固定的意義和功能；同時各類型的單位字句也有某些重複出現的情況。這結果顯示，古埃及的祭司在寫祭酒文時，其實有一些固定的格套和單位字句可以選擇，這些格套和單位字句有些可以有上千年的傳承歷史。對於祭酒文的研究，也可以應用在其他的祭典之上。不過它對於研究古埃及宗教的主要意義，是讓我

們了解神廟中負責起草祭典文字的祭司的寫作方式和過程，同時，由於大部分數據是來自希羅時代神廟中，我們又可藉之了解到埃及傳統宗教在為外族統治的時代中是如何保存，又保存了多少等等問題。

1984 年我由美國返台北，進入中研院歷史語言研究所工作。實際的學術環境使我開始重新關注中國古代的社會和信仰。我所選擇的第一個大規模的研究主題就是漢代的墓葬。這選擇有其原因，就是由於我的埃及學背景使得我對一個社會中墓葬形制與社會價值和宗教思想之間的關係產生比較大的興趣。當時，王仲殊先生的《漢代考古學概說》（北京：中華書局，1984）出版不久，對於漢代墓葬的整體情況有一個相當全面的介紹。不過，王書的重點在考古文物的介紹，有兩點尚未能更深入探索，一是有關漢墓的量化處理，一是有關墓葬與文化宗教之關係的探討。根據王先生掌握的資料，當時出土的漢墓已經超過一萬座，我覺得要對漢代的墓葬行為有一比較全面的掌握，必須設法有效處理這大量的墓葬發掘資料，理出其在時間過程中所發生的變化，才有可能進一步將其放到歷史發展的脈絡中來見其意義。而當時正是電子計算機起步的時代，我於是開始設計一套數據檢索系統。我的辦法是，為每一個墓葬建立一筆數據檔案，其中盡可能包括各種信息：墓葬的外在形制，棺槨的結構，隨葬品的內容、件數、質材、方位等等。理想上，所有的信息都可以由計算機自由檢索、統計。由於當時電子計算機的性能與今天相比可說仍在嬰兒期，多層次大量的數據計算沒有現成的程式可用，必須應使用者要求進行個別設計。我於是委託研究院計算中心的專家替我設計檢索程式。墓葬中各項資料均有一個分類檢索代碼，在本書的附錄中讀者可以看到分類的邏輯。最後的結果雖並不完全符合我的希望，但總算能夠做一些基本的統計工作。本書中各項統計資料，就是根據這個檢索系統所產生的數據。這一點的成果，絕對要感謝計算中心同仁的義助。

本計畫完成於 1989 年，到現在已整整三十四年。這些年中，新

的漢墓不斷被發掘，新的科技不斷進步，新的研究論著也不斷出版。本書之所以仍然可能有些用處，我認為主要在以下幾點：一，本書所據的統計資料，包括約三千座漢代墓葬，這數字現在雖應該要更新，但這三千座墓葬所呈現的漢代墓葬發展的基本大勢應該仍有一定的說服力；二，本書除了討論漢代墓葬之外，也上溯中國古代墓葬自商周以下的發展，配合文獻數據，對漢代墓葬的源流以及由先秦至兩漢墓葬發展的轉變做出一種兼顧社會和宗教發展脈絡的解釋；三，結合了傳統和出土文獻，對於漢代墓葬的宗教和社會意義做了探討。當然，這幾點在現在看來都可以、也應該有更深入、更細緻的改進。譬如說，以目前我們能運用的工具而言，如果有人計畫重新建構一個漢墓數據庫，一定能夠比我在幾十年前所建的數據庫進步得多。現在的計算機不但有許多現成的軟體，有極大的運算能力，而且又可以結合全球定位系統（GPS），精確地為各地墓葬定位，應該可以得到許多新的了解。但對於初次接觸墓葬研究的讀者而言，本書所提供的基礎數據，以及根據數據所做的有關墓葬發展與宗教和社會的互動關係的討論，應該仍有一定的幫助。

回顧近年來漢墓研究的論著，除了對個別墓葬的專論（如馬王堆墓葬）以及發掘報告之外，以整個漢代墓葬為研究主題的專著，要以黃曉芬《漢墓的考古學研究》（長沙：嶽麓書社，2003）最有規模。黃書的優點在於，比較詳細地分別討論了漢墓的各種類型，並對各類型墓葬的源流及發展也做了相當全面的介紹和討論，其詳細程度，是拙著所不能及的。讀者若已閱讀拙著，最好也能參閱黃書，可補充拙著的不足。愚意以為，目前墓葬研究的更進一步工作，大致可有以下幾個方向：一是建立全面的漢墓電子檔案數據庫，以供將來研究之用。數據庫之內容，應有詳細之規劃，不但應設法統一考古專用詞彙，在器物器形學方面尤應有全面的統一準則，這些必須集合考古學者和文獻器物學者之力量始有可能完成。一旦數據庫完成，以後新出

之漢墓資料可以續繼加入，持續成長。於是有關墓葬發展、分布、演變等等問題，可有新的分析方法，墓葬所能提供有關經濟、工技、藝術、思想、信仰等各方面的信息亦可以方便取得，對於研究漢代文化應有重大的推動力。其次是對漢墓壁畫及浮雕之全面研究。以往的研究大多取壁畫材料以說明漢人之思想信仰，尚有待進一步加強的研究則為建立一個全面的數據庫，此數據庫可以與墓葬數據庫結合，但亦有其特殊需求，如建立壁畫墓的電子影像文件，包括立體影像，將所有的墓葬畫像裝飾建立影像文件，結合墓葬數據庫所有相關的數據，如墓主身分、年代、地區、墓葬形制、銘文、隨葬器物等。研究的方向，則可注意壁畫之組合方式及地區和時間之變化，同時對壁畫之社會、文化、政治、經濟、宗教、思想等各方面的意義進行全面的了解，與漢代歷史的發展進行有機的對話。同時，壁畫及浮雕與中國繪畫藝術發展的關系，亦為可進一步探討的園地。由此，我們當然亦不可忘記，漢代文明為中國歷史文化整體發展之一部分，漢墓的研究必須與其前後時代之墓葬研究相互呼應，其在中國歷史上的意義始得以顯現。

　　本書重印時，書中文字一仍其舊，也算是保持它的原貌。書中存在的錯誤及不足之處，希望海內外方家不吝指教。

蒲慕州

2023 年 8 月 30 日於台北

目次

新序 ……………………………………………………………………… I

第一章　導論 …………………………………………………………… 1

　　第一節　研究性質與研究目的 ………………………………… 1

　　第二節　研究範圍與問題之界定 ……………………………… 4

　　第三節　材料性質與研究方法 ………………………………… 5

第二章　先秦墓葬制度發展大勢 …………………………………… 15

　　第一節　文獻記載中之古代墓葬制度 ………………………… 15

　　第二節　史前時代 ……………………………………………… 28

　　第三節　殷商至西周時代 ……………………………………… 39

　　第四節　春秋至戰國時代 ……………………………………… 46

第三章　漢代墓葬概論 ……………………………………………… 55

　　第一節　漢代墓葬之類別 ……………………………………… 55

　　第二節　漢代墓葬之時代與地理分布 ………………………… 84

　　第三節　漢代墓葬之方向 ……………………………………… 94

第四章　漢代的豎穴木槨墓 ………………………………………… 103

　　第一節　槨外部分析 …………………………………………… 103

　　第二節　棺槨結構分析 ………………………………………… 113

第五章　漢代的磚室墓 ……………………………………………… 123

　　第一節　墓形結構分析 ………………………………………… 123

　　第二節　墓形內部分析 ………………………………………… 133

第六章　隨葬品分析 ………………………………………………… 139

第一節　銅器 …………………………………………… 143

第二節　陶器 …………………………………………… 155

第三節　鐵器 …………………………………………… 165

第四節　竹木漆器 ……………………………………… 174

第五節　其他器物 ……………………………………… 185

第七章　墓葬形制轉變與宗教社會變遷之關係 ………… 193

第一節　墓葬形制轉變 ………………………………… 193

第二節　隨葬品之轉變 ………………………………… 198

第三節　裝飾壁畫出現之意義 ………………………… 201

第四節　死後世界之面貌 ……………………………… 205

第八章　漢代的厚葬風氣及其批評 ……………………… 227

第一節　先秦時代與薄葬有關之言論 ………………… 227

第二節　漢代之厚葬風氣 ……………………………… 238

第三節　漢代之薄葬論 ………………………………… 254

第九章　結論 ……………………………………………… 269

附錄一　豎穴墓資料分類代碼表 ………………………… 277

附錄二　磚室墓資料分類代碼表 ………………………… 283

附錄三　隨葬品分類代碼表 ……………………………… 287

參考書目 …………………………………………………… 299

一、古代文獻 ……………………………………………… 299

二、近人研究 ……………………………………………… 301

1.中文 …………………………………………………… 301

2.西文 …………………………………………………… 315

3.日文 …………………………………………………… 321

三、考古報告 ……………………………………………… 322

1.專書 …………………………………………………… 323

2.期刊 …………………………………………………… 324

第一章 導　論

第一節　研究性質與研究目的

　　《論語》記載孔子論禮制因革的一段話是：「夏禮，吾能言之，
杞不足徵也。殷禮，吾能言之，宋不足徵也。文獻不足故也。足，則
吾能徵之矣。」[1] 孔子此話雖然目的不在談論歷史的研究，但是也很
清楚的顯示，在對古代世界的研究中，學者常常因為受到材料的限
制，無法充分探討一些重要的問題。事實上，舊材料的重新詮釋與新
材料的發現兩者，是推進歷史研究，不與前人研究重覆的根本途徑。
所謂新材料的發現，在某些方面而言，也可說是擴展使用那些原本就
存在，但沒有被用來做為研究之用的材料的範圍。就西方近代史學的
發展來說，從蘭克（Leopold von Ranke）的提倡運用政府檔案來研
究政治史[2]，到年鑑學派（The Annal School）的運用教堂記錄來研
究人口與家庭，都是藉著發掘新材料而從事歷史研究的例子，雖然這
些所謂的「新材料」是早已存在的東西[3]。在中國方面，近數十年來

---

[1]　《論語注疏》（台北：藝文印書館重印，十三經注疏本，1970）卷3〈八佾〉，
　　頁5，以下所引十三經版本均同。

[2]　參見 G. G. Iggers, *The Theory and Practice of History: Leopold von Ranke*
　　(Indianapolis: The Bobbs – Merrill, 1973).

[3]　有關法國近代史學發展狀況，可參見 J. Le Goff, *Constructing the Past*
　　(Cambridge: Cambridge U. Press, 1985); Traian Stoianovich, *French
　　Historical Method: The Annales Paradigm* (Ithaca: Cornell U. Press,
　　1976)；姚蒙，《法國當代史學潮流》（台北：遠流出版社，1988）。

研究上的進步有許多時也都是由於新觀點的提出和新材料的發現而引起的。關於前者，最明顯的例子是疑古學派和《古史辨》的出現，在許多方面企圖從根本上推翻傳統史學對舊史料的認定或解釋[4]。這些新觀點容或有值得爭議之處，但是對於促進研究者對其使用材料之性質以及其所運用之研究方法的自覺而言，顯然具有重大的影響。至於新材料出現對於古代中國史所造成的影響，更是有目共睹：我們只要比較十九世紀末以來甲骨文的出土和民國十七年以來殷墟的發掘這兩件重大事件前後，學者們對古代歷史的瞭解有多麼大的差別，即可以明白[5]。

新材料的出現不但提供了新的研究題材，還有一項很重要的功能，就是與舊材料相互印證。這新材料可以是文獻，如甲骨文、金文、秦簡、漢簡、帛書等，也可以是實物，如建築遺址、墓葬、器物等。新文獻材料的出現可以被用來與舊文獻相印證，而得到新的知識、產生新的問題，重估舊的結論。譬如帛書《老子》的出現，不但使人知道漢初時《老子》一書的面貌與流傳到今日的老子有相當大的差異，而其中一些字句微妙的不同很可能隱含了思想上重要的問題，使得學者必須大幅度改變傳統對此書性質的認定[6]。新實物材料，也就是一般所說考古材料的出現，從一方面而言，可以就事物本身與文獻材料相印證。譬如有關漢人的農耕方法，文獻記載有「耦耕」[7]，實際情況到底如何，很難從文獻中推敲。但是藉著考古發掘所得的畫像磚上所保存的農耕圖，我們可以對當時的耕種方法有比較清楚的瞭

4　參見 Laurence A. Schneider, *Ku Chieh–kang and China's New History: Nationalism and the Search for Alternative Traditions* (Berkeley: U. of California Press, 1971).

5　參見Chang Kwang–chih, *Shang Civilization* (New Haven: Yale U. Press, 1980), pp. 31–60.

6　參見許杭生，《帛書老子注釋與研究》（增訂本）（浙江人民出版社，1985），頁 135–140。

7　《漢書·食貨志》，頁 1139：「用耦耕，二牛三人。」

解[8]。這是用考古（或物質）材料與文獻中的物質事物相印證。另一方面，考古材料尚可以與非物質事物，如制度、思想等相印證。這些非物質事物可能有文獻記載，但也可能沒有文獻材料可循。這是考古材料最重要的功用，對研究者最具挑戰性，但同時也最具爭議性。在西方古代歷史研究上，一個成功的例子是 Y. Thebert 有關羅馬帝國時代在北非地區上層階級居住房屋方面的研究。他的討論以考古出土房屋基址爲主，輔以文獻材料，生動而深刻的描繪出當時羅馬貴族階層的住屋結構的理念，以及其所反映出的使用者的心態[9]。而若舉中國古代的例子，在商代的大墓中，往往有殉人的發現。當研究者認爲殉人的事實代表當時爲一個奴隸社會，就是將物質材料與非物質的社會制度相印證的作法[10]。又如在河南偃師二里頭遺址發現的大型宮殿遺跡，由於工程浩大，於是就有學者據以做爲當時爲奴隸制度國家之證明[11]。這種方法當然具有極高的可商榷性，與研究者的眼光、能力和思想背景有極密切的關係。但在學術研究的過程中，盡量尋求新材料所能提供的各種可能性解釋，不失爲一步步瞭解問題的辦法。事實上，有學者主張，一個社會在文獻資料中所表現出的觀念、理想以及行爲準則到底在那社會中是否曾經實現，只有考古材料可以提供某些客觀的判斷標準[12]。

　　本書正是從事這樣的一種研究：以考古出土之墓葬材料爲基礎，結合文獻材料，來探討有關漢代社會習俗以及宗教觀念的一些問題。

8　　如〈米脂漢像石墓發掘簡報〉，《文物》1972(3)：70。參見 Hsu Cho-yun, *Han Agriculture* (Seattle: University of Washington Press, 1980),pp.122-126.《新中國的考古收獲》，頁 460；吳曾德，《漢代畫像石》；汪寧生，〈耦耕新解〉，《文物》1977（4）：74-78；吳郁芳，〈耦耕新探〉，《文博》1986（4）：14-16。

9　　Y. Thebert, " Private Life and Domestic Architecture in Roman Africa, " in Paul Veyne ed., *A History of Private Life* I. *From Pagan Rome to Byzantium* (Cambridge: The Belknap Press of Harvard U. Press, 1987), pp. 313-410.

10　如郭沫若，《奴隸制時代》（北京：人民出版社，1973），頁 23。

11　鄒衡，《商周考古》（北京：文物出版社，1979），頁 28。

12　S. South, *Research Strategies in Historal Archaeology* (N. Y.: Academic Press, 1977), p.xxi.

第二節　　研究範圍與問題之界定

　　生死之事是每一個社會都必須面對的問題。社會中一個成員的死亡，常代表對整個社群存在的威脅。它不但具有社會意義，也具有宗教意義。在古代社會中，由於人的生命一般均相當短促，死亡更是日常生活中經常發生的事件，故人處理死者和面對死亡的態度可以反映出此社會中所具有的宗教信仰的特色。人死之後，經過一套喪葬禮制的施行，便離開生者的社會而進入另一個世界。喪葬制度通常包括了喪禮儀式和埋葬兩部分。喪禮爲生者替死者所施行的一套儀式，以結束他與這世界的關係，並且保證或引導死者進入另一個世界；埋葬則將死者的身體以一種生者認爲恰當的方式加以處理。葬禮爲喪禮的延續，而在許多文化中，在葬禮後還有祭祀，爲生者企圖與死者往來的活動。

　　要利用墓葬材料來討論中國古代的宗教與社會現象，本可以從任何一時代著手。本研究選定兩漢時期的墓葬材料爲主要範圍，其理由大致有以下幾點：

　　一、就墓葬材料的數量而言，近數十年來，漢代墓葬出土的數目已超過一萬座以上[13]，而有發掘報告可以供參考的個別墓葬也超過三千座（見下文），其中出土各類物品更是不可勝數。這樣龐大的一批材料，應該可以提供足夠的消息來做爲研究當時宗教行爲及社會習俗的基礎。

　　二、就墓葬形式本身而言，漢代爲我國古代墓葬方式發生大轉變的時代。商周以來爲墓葬主流的豎穴木槨土坑墓，在漢代轉變爲磚室

---

[13]　Wang Zoungshu, *Han Civilization* (New Haven: Yale U. Press, 1982), p.175; 夏鼐，《新中國的考古收獲》（北京：文物出版社，1961 ），頁 74 估計由 1950 到 1961 之間大約有二萬至三萬漢墓出土。

墓。若我們相信一個社會中的人處理死者的方式基本上乃是根據一套
固定的習俗，而這習俗也反映出當時社會中所普遍流行的價值觀與宗
教觀，則這習俗的改變應該代表人們在某些有關死亡與信仰的想法
上，以及其他社會、經濟方面的情況有了改變。此一改變的詳細過程
如何，又為何在漢代發生，都是值得探討的問題。

　　三、就大時代的趨勢來說，漢代為中國第一個統一且行之久遠的
大帝國，在社會與經濟制度以及文化思想方面逐漸趨於一統，然而這
統一的局面是如何形成的？在各個地區中，傳統的風格如何彼此影響
而融合？則是現存文獻材料比較不容易探討的問題。漢代墓葬材料不
但數量龐大，分布地區也遍及全國各地，很可以做為討論漢帝國中一
統與融合的局面之發展與形成的情況的具體材料。

　　四、就中國古代宗教發展史來看，佛教於東漢末年進入中國，對
中國文化產生極大的影響。要瞭解佛教在中國社會中的發展，必須對
其進入之前中國的宗教情況有一根本的瞭解。以漢代墓葬為對象的研
究，不但對於明瞭漢代人的宗教信仰有幫助，對於瞭解此後中國宗教
發展也具有關鍵性的作用。

　　在考慮研究範圍時，已經接觸到一些可資研究的問題，例如墓葬
形式的改變所代表的宗教、經濟、社會意義，以及各地傳統如何融合
等。本研究的進行即在一步步探討各類由墓葬材料而引出的問題，包
括墓葬形式本身之變遷，隨葬器物之分析，乃至於靈魂與死後世界觀
之形成，以及厚葬之風氣與薄葬觀念之發展等。

第三節　材料性質與研究方法

　　本研究所根據之材料大致可分為兩類：一是文字材料，一是考古
材料。一般研究古代歷史者，常常會有一種觀念，以為在有了文字史
料，也就是進入歷史時代之後，考古材料就只能在討論問題時居於輔

佐的地位。大部分的古代史學者在面對考古材料時首先想到的問題不外是：這材料是否能支持或否定文字材料？文字材料本身也許有年代問題，材料中的記述容或有眞僞傳承的問題，但一般學者總是希望由文字材料出發來討論問題，因爲他們相信文字材料可以爲古代歷史的發展提供一個背景，而考古材料是用來點綴這個由文字材料所構成的背景的的東西。近來有關夏代都城的討論就是很明顯的例子[14] 。然而文字材料所能提供古代歷史的背景知識，實際上仍然是有限的。以希臘羅馬時代的歷史爲例，在地中海地區居住的人們所日常使用的陶器（不是藝術史家所專注的有彩像的器皿，而是素面，純功用性的用器）是現代考古發掘中最大量出土的器物，考古學者單從對這些陶器的器形分類和年代的研究，已經獲得許多有關當時社會經濟情況的消息。例如大部分的陶器都是在產地自製自銷；長距離的運輸主要是靠水運，主要的長距離貨品爲大瓶（Amphoras）；其他的器皿則視船內空間而定等等[15] 。這許多消息是完全無法從文字材料中得到的。因此，即使是在進入歷史時代相當時間之後，考古材料所能提出的問題和消息仍然有可能是無可替代的。文字材料與考古材料既各有其特色和貢獻，研究者可以不必在其間分別重要性的高下。應該注意的毋寧是，研究者所提出的問題爲何，而回答此問題最恰當的現有材料又爲何。材料本身是沉默的，而使材料說話的，正是研究者所提出的問題。本書第四、五、六章根據墓形大小及隨葬品多寡的地區性及時代性的變化而得到中原及楚地區經濟發展的相對趨勢，即爲一例。

　　然而要結合文字材料與考古材料來探討古代的文化或制度，仍必須先釐清這兩類材料的性質和限制，以及兩者之間的相互關係。就喪葬制度來說，現代的研究者從考古材料中所能夠看見的僅僅是葬禮

14　〈關於夏文化及其來源的初步探索〉，《文物》1978 9：70－73。

15　M. I. Finley, *Ancient History* (N.Y.: Viking, 1986), p. 23; S. C. Humphreys, *Anthropology and the Greeks* (London: Routledge & Kegan Paul, 1978), p. 119f.

中物質的遺存，而且多半只是其中的一部分[16]。從理論上說，當考古
學者去發掘一個墓葬時，他不只是發掘一個單獨的個人，而且是一個
「社會人」。這「社會人」不但與其他的「社會人」發生關係，而且
此關係的發生還依循著社會制度所訂下的規則[17]。因而墓葬材料所代
表的不僅是一些具體的遺物，同時也是一套制度，或者說，是制度的
具體反映。問題在於，喪葬制度究竟有多少部分表現在墓葬中？而墓
葬的考古發掘又可以觀察到墓葬制度的多少？在沒有文字的社會中，
這種問題無法得到適當的解決。墓葬的遺存是研究者所能獲得的唯一
材料，他必須利用這種材料來進行研究，並設法重建研究對象的生活
與思想世界。在有文字的社會中，研究者可以參考文獻材料來解釋考
古發掘的結果，但仍然必須面臨一些比較微妙但重要的問題。若就中
國古代的情況而論，研究者至少應該意識到以下的一些問題：

（一）文獻材料中記載的墓葬制度反映出的可能是當時社會中的
實際情況，但也很可能是某種理想或理論。這理想或理論雖可能有其
實在的歷史基礎，但是在形諸文字時，卻爲了要體現一種完整的宇宙
論或政治哲學，而將原有的歷史基礎擴充成爲一套周密的禮制。這種
情況，可以從《儀禮》和《周禮》兩部書中看出。茲舉《儀禮》中有
關喪禮的一段文字爲例：

> 三日，成服，……朝夕哭，不辟子卯。婦人即位于堂，南上
> 哭，丈夫即位於門外，西面北上，外兄弟在其南，南上，賓
> 繼之，北上，門東北面西上，門西北面東上，西方東面北
> 上，主人即位辟門，婦人拊心不哭，主人拜賓旁三，右還入
> 門，哭，婦人踊。……[18]

16　參見 M. Eliade, "Symbolic Meanings of Buriais," in *A History of Religious Ideas* (Chicago: U. of Chicago Press, 1984), vol. 1, pp. 9–13.

17　A. Saxe, *Social Dimensions of Mortuary Practice* (Ann Arbor:UMI, 1970), p. 4; J. M. O'Shea, *Mortuary Variability* (Orlando: Academic Press, 1984), p.21f. 較近的綜合討論可見 I. Morris, *Burial and Ancient Society* (Cambridge: Cambridge U. Press, 1987), pp.29–43.

18　《儀禮注疏》卷 37，頁 11–12。

其他如此類似表演劇本的例子，文獻中尚所在多有。這類記載，容或
有其歷史的核心，即當時的社會中講究某種形式的喪禮，然而就文獻
的面貌而言，作者很顯然的在藉著描述一段禮儀而發揮一套哲學觀念
（至於此套觀念爲何，此處暫不討論）。因而研究者在利用文字材料
時，必須分別何種材料有可能反映社會現實，何種材料只能反映某種
特殊的觀念。因此，古代社會中所實行的喪葬儀節不一定會與文獻記
載完全相符。

　　（二）在考古材料中，有些可能是上層社會或高文化階層的產
物，有些則可能是下層社會或低文化階層的產物[19]。當上層貴族的理
想或習俗要付諸實現時，必須經由來自下層社會的工匠之手，因而有
可能改變了其理想的原貌。於是當我們看到貴族王侯的墓葬時，並不
能無條件的立即認定這些材料反映的完全是該社會階層中所具有的制
度，可以反映其意識形態。在另一方面，我們也就不能說在平民的墓
葬中所發現的材料僅僅反映了平民的觀念。換言之，所謂上層社會文
化與平民文化之間的交織融合，是非常複雜的現象。如何將考古材料
所可能反映出的精神和制度一一安置到當時社會結構的適當位置之
上，是研究者必須努力的目標。

　　若論及本研究所涉及的考古資料，自當對其性質、特色、限制以
及對於材料之整理方法有所說明。

（A）資料取捨

　　本研究第四、五、六等章以漢代墓葬形制爲對象，所根據之資料
即爲所有有關漢代墓葬之考古發掘報告。各報告之內容龐雜，詳略程
度不一，因此，在處理這樣大批的資料時首先遇到的問題是如何訂立

19　此處指稱的「上層社會」與「下層社會」或者「精英文化」與「大衆文化」以及
　　「大、小傳統」的說法只能是一種幫助思索問題的工具，而不是一成不變的公
　　式。這觀念是由美國人類學者 R. Redfield 在其名著 *Peasant Society and Cul-
　　ture* (Chicago: U. of Chicago, 1956)中予以定形的，但近來已受到批評及修
　　正。

一取捨準則，而準則的訂定，又涉及研究問題的界定。由附錄
一、二、三可以看出，本研究對於墓葬材料的搜集基本上可以分爲三
大類：一是有關墓葬本身之年代與地理分布；一是有關墓葬形制之資
料，即墓室之結構、棺槨之結構等；一是有關隨葬器物之資料。而搜
集資料時另一項基本原則爲，只收錄能夠單獨登錄之墓葬材料。凡是
只有概括性敍述，而未能對單獨之墓葬提供資料的報告均予捨棄，因
爲無個別之資料則無法進行統計與分析之工作。大致而言，此二附錄
上所列之項目雖不能求無所不備，一般考古報告發掘報告之基本資料
凡 1987 年以前出版者均已在收集之列，並輸入電腦資料庫中，1987
年之後出土之墓葬則選擇性使用，但暫不列入統計。

（B）資料正確性的問題

　　由於本研究所使用之資料完全爲已出版刊行之考古報告，研究者
本人並無法直接見到原物。使用考古材料而不能親見考古實物，固爲
一大缺憾，但漢代墓葬遍及全中國，即使是身在中國大陸之研究者，
亦無法親至各發掘地點考察，何況大部分墓葬一經發掘之後，除隨葬
品之外，其他部分即等於完全毀滅，唯一留下的證據僅爲考古報告。
因此，除非報告中有明顯矛盾錯誤，或者後來修正，使用報告者必須
假定報告中所提供之資料爲正確。蓋非如此則一套初步的數據均不可
得，而當資料數目龐大時，細微的統計上的誤差當不致於對整體結論
產生重大的影響。

（C）資料之登錄問題

　　由附錄一、二、三可知，資料之登錄全部採用數字和代碼，除了
方便作業之外，亦爲了要應用電腦以代替人工以從事統計分析之工
作。本研究所有之漢代墓葬資料均已輸入電腦，並設計一套統計與分
析系統，利用此批資料從事多項統計、分析與查詢之工作。

　　本研究對考古資料之搜集以及登錄雖盡量求完備精確，但是常常有不可克服之因素。此類因素又多半來自考古發掘報告。由於報告的數量龐大，水準和目標不一，報告中使用的術語、年代的斷定、器物的分類等等常常因人而異，因而造成登錄上的困難。許多時候，我們雖知某地有考古材料，但因無正式考古報告可循，所以無法加入這些資料。由此更可見，隨著考古工作的進行，我們必須不斷的考慮新材料可能帶來的變化而修改研究結果。

（D）資料之運用

　　本研究雖然借電腦之助而從事一部分資料之分析，但無意造成一種印象，認為本研究之統計分析有如自然科學那樣的精密。事實上，不論中外歷史的研究中，任何有關近代以前的統計數字多半建立在極少數量的資料之上。即使是近數十年來進步很大的歷史人口學，仍然由於必須在處理許多的變數時，或者設法予以統一，或者設法假定其變動之趨勢，因而造成諸多的爭論。本研究雖然收集了三千以上的個別墓葬資料，但並無法得知，此三千餘墓在兩漢四百年間（其所應有的墓葬何止千萬）到底具有如何之代表性。相當大部分之墓葬之發掘乃是因為現代工程施工時遇到的，並沒有事前之計畫。因而在使用這批資料時，某類型墓葬數量之多寡本身並不具有太大之比較性意義。例如在現有資料檔中，雲南一省之豎穴墓有 167 筆，而河南僅14筆，我們顯然不能據此推論漢代時豎穴墓在雲南較河南更為盛行，因不論是 167 或 14，在與實際所可能曾存在過的墓葬數相比之時恐怕均不具意義。因此如何恰當的運用這批資料實為本研究之基本問題。一種比較可靠的比較法為「內部比較」，舉例而言，在我們的資料中，廣東一地的豎穴墓與磚室墓之年代分布如下（表 1–1, 1–2）：

表 1-1　廣東豎穴墓之年代分布　　　　表 2-2　廣東磚室墓之年代分布

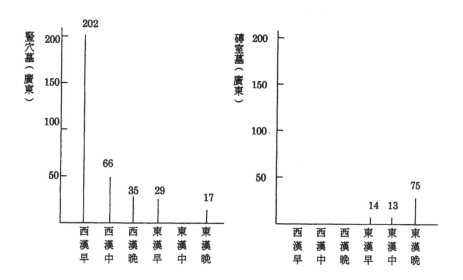

由於豎穴與磚室兩類墓出土於同一地區的機率應該大致相同，根據此
兩圖表，我們可以推論，豎穴墓與磚室墓在廣東一地之發展成反比情
況：豎穴墓爲一下降曲線，而磚室墓則爲一遞升之曲線。若將此二曲
線與其他地區相比，或與全國之總數目相比，均做成圖表（表 1-3
至 1-6 ），則由相類似的曲線變化可以有理由推論，這種發展的趨勢
是全國性的。因此在以下的研究中，當引用到有關統計數字的資料
時，均應遵守此一原則：數字本身不一定具有意義，唯有經過比較之
後始能透露某些消息。

表1-3 中原地區豎穴墓之年代分布　　表1-4 中原地區磚室墓之年代分布

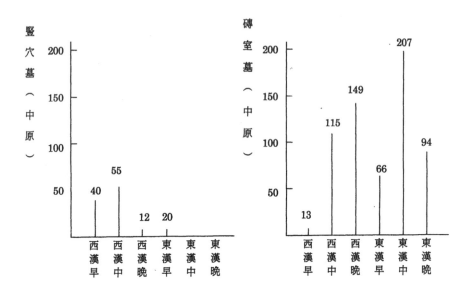

表1-5 漢代豎穴墓之年代分布　　表1-6 漢代磚室墓之年代分布

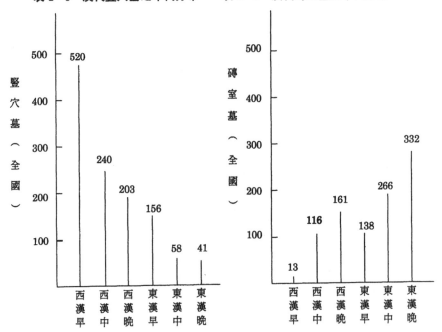

　　在以上提出的研究方法和範圍之內，本書以下列的次序進行討論。在第二章中，先檢討傳統文獻中有關墓葬制度的說法，作為討論的序場。次則討論自新石器時代以來以至於戰國末年為止中國墓葬形制的發展大勢，作為以下論漢代墓葬形制的基礎。

　　第三章進入漢代墓葬之主題，先將兩漢所流行之各類型墓葬作一分類討論，以使讀者對於漢代之墓葬形制及其複雜性有一通盤的瞭解。由於以下數章（四、五、六）之討論主要以漢墓之主流形制，也就是豎穴墓和磚室墓（包括畫像石墓、土洞墓），本章對此類墓葬的討論較略，而詳於介紹一些比較特殊而無法利用大量材料作分析之墓葬。

　　第四、五兩章分別以豎穴木槨墓與磚室墓為對象，分析此二類墓葬在兩漢各時代和各地區之分布，並討論此類墓葬形制本身的各種等級和演變。由於資料龐大，此章之數字分析多藉電腦之助。

　　第六章則以隨葬品為討論對象，設法對隨葬品內容之變化與分布作一數字性之描述，為以下討論之部分根據。不過在此必須聲明的是，在四、五、六三章中討論的問題雖然根據本研究所建立的墓葬資料庫，然而並沒有將此批材料所可能提供的各類數據和問題均提出討論，而僅就其與墓葬形制本身演變有關之部分加以處理。進一步利用此批材料則待諸來日。

　　第七章為一綜合的討論，結合前數章之討論結果和其他文獻材料，討論墓葬形制及隨葬品內容轉變以及墓室壁畫出現之原因，並且討論由此轉變所牽涉到的死後世界觀之轉變問題。

　　第八章則討論漢代厚葬之風氣，不但從文獻記載來觀察，也利用考古材料所提供的一些數據，從量化的方面來討論此風氣，最後並討論反對厚葬風氣的一批薄葬論者的言論。

　　第九章為結論，試圖將本書之重點做一綜合的論述，並且討論墓葬形制之發展與社會結構發展之間的相互關係。

第二章　先秦墓葬制度發展大勢

第一節　文獻記載中之古代墓葬制度

　　荀子說：「禮者，謹於治生死者也。生，人之始也。死，人之終也。終始俱善，人道畢矣，故君子敬始而慎終。終始如一，是君子之道，禮義之文也。」[1] 喪葬之禮爲中國古代社會中重要的社會活動之一，是無可置疑的。若從祖先崇拜在中國社會中的重要性來看，則喪葬之禮可以算是最重要的社會規範。曾子說「慎終追遠，民德歸厚矣」[2]，這不只是他個人的一種期望，也很可以反映出喪葬之禮在當時社會中占有的重要地位。這種情況在春秋時代固不待說，即使在商代，那些商王大墓的存在已經可以作爲那個社會中人們對於葬禮重視的象徵（有關商代的墓葬形制，見下文第三節）。戰國以來，雖然也有一些薄葬的主張（見本書第八章），但是這些言論的出現適足以說明厚葬是整個社會的大勢所趨。這並非說所有考古發掘得到的墓葬均爲厚葬。而是說，一般人即使實際上並沒有能力實行厚葬，仍然有一種要求厚葬的企望，這正是戰國以來，普通墓葬中陪葬象徵高級身分的陶禮器之所以出現的重要原因（見下文第四節）。

　　喪葬雖爲重要的社會制度，但由於文獻性質的關係，在甲骨文與金文中均缺乏有關的材料，而要到春秋時代以後的文獻中始有記載。

---

[1]　王先謙，《荀子集解》（台北：世界書局，1981）卷13〈禮論篇〉，頁238。

[2]　《論語注疏》卷1〈學而篇〉，頁7。

這些記載誠然會追溯上古時代的墓葬制度，但是否眞的反映出實際情
況，而不僅是某種理想中的制度，就牽涉到文獻的性質與眞僞問題。
考古材料的出現，當然可以補充或修正甚或否定這些文獻記載。本節
即先將有關埋葬制度的部分文獻材料作一整理，作爲以下各節討論考
古材料之參考。至於整個喪葬儀節，因所牽涉之問題相當複雜，此處
暫不深論[3]。

　　先秦兩漢文獻討論墓葬制度時通常有二方面的重點，一是有關墓
葬制度發展的問題，一是墓葬制度的等級問題。先論墓葬發展。《易·
繫辭》：「古之葬者，厚衣之以薪，葬之中野，不封不樹，喪期无
數，後世聖人易之以棺槨，蓋取諸大過。」[4] 通上下文觀之，這段文
字主要的意義在說明「後世聖人」所帶給人們的文化制度，在埋葬制
度方面，是由一種「無制度」的草昧狀態（厚衣之以薪，葬之中野，
不封不樹，喪期无數）進步到使用棺槨的極爲愼重（大過）的情況。
若作合理的推測，這使用棺槨的制度自然也就不葬之中野，且封且
樹，喪期有數了。根據《禮記》記載，孔子葬其母於防，稱「古也墓
而不墳」，但他自己爲將來容易辨識之故，築了四尺高的墳丘[5]。上
面這兩段材料反映出，在某個時代以前，中國的墓上是沒有墳丘的。
到了漢代，這種轉變可能已經成爲一種常識，如《鹽鐵論》中所
說：「古者不封不樹，…今者積土成山，列樹成林。」[6] 根據目前考
古發掘的結果來看，冢墳可能在商代已經出現[7]。近年來在安徽、江
蘇等地也陸續發現西周時代之有墓塚而無墓坑的墓葬[8]。惟從其隨葬

3　　參考〈士喪禮既夕禮中所記載的喪葬制度〉，《考古學報》1956（4）287–
　　302；又見《考古學報》1958（2）：287–302。
4　　《周易注疏》卷8，頁7–8。
5　　《禮記注疏》卷6〈檀弓上〉，頁7。
6　　《鹽鐵論》（台北：世界書局，1983）〈散不足篇〉，頁34。
7　　高去尋，〈殷代墓葬已有墓塚說〉，《台大考古人類學刊》41期，頁1–13；石
　　璋如，《小屯》第一本，丙編，丙區墓葬上（1980），頁5–7。
8　　〈江蘇溧水發現西周墓〉，《考古》1976（4）：274；〈江蘇句容浮山果園土墩
　　墓〉，《考古》1979（2）：107–128；〈江蘇吳縣草鞋山遺址〉，《文物資料
　　叢刊》1980（3）：1–24。

品之內容判斷，此類墓葬所代表的文化尙與中原文化有一段距離，且
自新石器時代以來就已在長江下游流行（下文第三節注 102–105）。
不論如何，到了春秋時代，塚墳已開始流行，可見《禮記》這段記載
有相當的眞實性[9]。孔子若眞的爲其母墓築墳，顯然並不是這種制度
的創始者。《禮記》中另有一段文字談到孔子曾告訴子夏他所見過的
各種墳塚的形狀：「吾見封之若堂者矣，見若坊者矣，見若覆夏屋者
矣，見若斧者矣，從若斧者焉，馬鬣封之謂也。」[10] 據此，孔子時在
墓上加封土造墳塚已經不是稀奇的事了。

　　在墓葬制度的演變中，除了墳丘的出現之外，還有使用棺具的變
化。《禮記》：「有虞氏瓦棺，夏后氏墍周，殷人棺椁，周人牆置
翣。」[11] 與這種說法類似的有《鹽鐵論》：「古者瓦棺容尸，木板墍
周，足以收形骸藏髮齒而已。及其後，桐棺不衣采，椁不斲。今富者
繡牆題湊，中者樟棺梗椁，貧者畫荒衣袍，繒囊緹橐。」[12]《鹽鐵
論》作者將「瓦棺」「墍周」籠統視爲同一時代（古者），「及其
後…椁不斲」則泛指從「古時」到「當時」中間的情況。這種對埋葬
方式變遷的描述顯然並不完全合乎歷史發展的實情。問題在於，《鹽
鐵論》此文作者的目的乃是在藉一些「往例」與「今日」的對照來批
評當時厚葬奢侈之風，其於文章修辭之關注大於對歷史事實之探究。
即使如此，我們仍可以看出，此處之「古者瓦棺容尸，木板墍周」一
語乃脫胎於《禮記》之文。

　　後漢趙咨也曾經論棺椁制度的演變：

　　　　易曰：「古之葬者，衣以薪，藏之中野，後世聖人易之以棺
　　　椁。」棺椁之造，自黃帝始，爰自陶唐，遠于虞、夏，猶尚
　　　簡樸，或瓦或木，及至殷人而有加焉。周室因之，制兼二
　　　代。復重以牆翣之飾，表以旌銘之儀，招復含斂之禮，殯葬

―――――――――
　9　王世民，〈中國春秋戰國時代的冢墓〉，《考古》1981（5）：459–467。
　10　《禮記注疏》卷 8，頁 16。
　11　《禮記注疏》卷 6，頁 10–11。
　12　《鹽鐵論·散不足篇》。

宅兆之期，棺槨周重之制，衣衾稱襲之數，其事煩而害實，
品物碎而難備。然而秩爵異級，貴賤殊等。自成、康以下，
其典稍乖。至於戰國，漸至積陵，法度衰毀，上下僭雜。終
使晉侯請隧，秦伯殉葬，陳大夫設參門之木，宋司馬造石槨
之奢。爰暨暴秦，違道廢德，滅三代之制，興淫邪之法，國
貲靡於三泉，人力單於酈墓，玩好窮於糞土，伎巧費於窀
穸。自生民以來，厚終之敝，未有若此者[13]。

趙咨對墓葬制度發展大勢的認識可以說是相當正確的，尤其是他說周
代的制度自成康以下逐漸廢弛，而到了戰國時至於「法度衰毀，上下
僭雜」，這些都可以從考古發掘得到證明（詳見下文）。不過有關
虞、夏之時的情況，趙咨的說法（逮于虞、夏，猶尚簡樸，或瓦或
木）和《鹽鐵論》一樣，可能都是從《禮記》那句「有虞氏瓦棺，夏
后氏墍周」推演而來。至於此推演是否正確，而《禮記》的說法又是
否可信，是必須另外考慮的問題。

　　先論瓦棺。根據考古發掘，新石器時代末期已經有「甕棺
葬」（見下文）。但「甕棺葬」通常均為埋葬未成年兒童所用，成人
甕棺葬數量較少，且多半為二次葬，並非成人通常使用之葬制。很明
顯的，這與「甕棺」的大小也有很直接的關係，因為所謂的「甕棺」
實際上只是日常生活中所用的較大的瓦罐，是無法容得下一般成人的
身體的。而且，成人行甕棺葬的有可能是屬於某種禁忌或凶死者[14]。
若認為甕棺即《禮記》中的「瓦棺」，則依《禮記》之文
義，甕（瓦）棺應為一普遍行於成人社會中之葬制，顯然於考古證據
不符。然而若認為《禮記·檀弓》之文應有所本，則其根據應該為《

13　《後漢書》（北京：中華書局，新校標點本，1960），卷39，頁1315。以下所
　　引正史版本均同。
14　如姜寨、洛陽魯山邱公城、伊川土門等地之成人甕棺葬均為二次葬。關於成人甕
　　棺葬可能為「凶死」者，見〈談談仰韶文化的甕棺葬〉，《考古》1976
　　（6）：356－360。有關甕棺葬之討論見三上次男，〈中國古代甕棺墓〉，收入
　　氏著《中國古代史研究》（1960），頁1－39。

禮記》成書之時或之前社會中所曾經實行過之葬制。若據目前所能見
到的先秦墓葬而言，能夠算是較普遍為成人所使用而又可稱為「瓦
棺」的葬具，只有在河南地區發現的一批戰國末年的空心磚墓的磚槨
[15]，也許可以勉強解作「瓦棺」，但也並不十分恰當，因為此種磚槨
中是仍然有木棺的。真正以陶土製成的「瓦棺」要到漢代才出現。近
年在山東臨沂發現西漢早期的磚棺，乃是以 24 塊長寬厚各為
108、38、8 釐米的磚塊組成，磚上有凹凸榫槽以便結合，又有模印
紋，應該是一種大量生產的「瓦棺」[16]。由使用這種瓦棺的墓葬內容
判斷，墓主的身分地位和財富均不甚高。在《後漢書》中，「瓦棺」
為薄葬論者所使用的葬具，說法與《禮記》相同，但這瓦棺的形制如
何，就不清楚了[17]。此外，在陝西發現一批陶棺，均出於相當貧陋之
墓葬中，且棺長在 1.2 至 0.9 公尺之間(僅一棺長 1.6 公尺)，可見為兒
童之薄葬墓[18]。不過在四川崖墓區使用瓦棺的情況則又不是薄葬[19]。

　　綜上所論，《禮記》「瓦棺」之說至少有三種可能性：一則
為「瓦棺」之說係作者之想像，沒有歷史根據；二則為《禮記》作者
有根據，為新石器時代那種不為正常成人社會中使用的甕棺葬；三則
為《禮記》中之瓦棺乃根據漢代社會中薄葬者所用的「瓦棺」。尋繹
《禮記》整段文字的文義，是在用「瓦棺」的使用來說明虞夏之
時「猶尚簡樸」的情況，而《鹽鐵論》和趙咨的說法主要的目的也同
樣是要用「瓦棺」來彰顯一種簡樸的埋葬制度，可見「瓦棺」應該是
一種為作者同時代人們所認識的事物。因此，說「瓦棺」之說沒有歷
史根據大約是不成的。其次，《禮記》中所說的「瓦棺」很可能是作

15　《文物參考資料》1955（10）：3 以下；《鄭州二里崗》，頁 49 以下。
16　〈臨沂的西漢甕棺、磚棺、石棺墓〉，《文物》1988（10）：68－75。
17　《後漢書》卷 31〈王堂傳〉，頁 1106：王堂「年八十六卒，遺令薄斂，瓦棺以
　　葬。」
18　〈陝西淳化縣出土漢代陶棺〉，《考古》1983（9）：786－789；《考古學
　　報》1959（2）：75－76。
19　見《考古通訊》1958（8）：32；《考古學報》1958（1）：89，91；《考古與文
　　物》，1984（6）：16；《考古學報》1958（1）：89，墓 1，91，墓 3。

者在強調遠古時代人類葬俗簡樸時，採用了作者當時社會中的簡樸葬
制來作爲說明。如此，作者所取爲樣本的，應該是成人薄葬所使用的
「瓦棺」，或者是新石器時代以來兒童葬所使用的「甕棺」？由
於《禮記》和《鹽鐵論》以及趙咨之討論均以成人社會爲對象，兒童
甕棺葬應不在考慮範圍之內。因此筆者認爲應該是漢代成人的「瓦
棺」。至少，這種解釋，要比認爲《禮記》作者具有如現代學者那樣
的新石器時代考古學上關於甕棺葬的知識，來得更爲合於常理。如果
這種推論可以成立，又連帶說明了《禮記》這段文字是出於漢人的手
筆，或至少經過漢人的修飾。

再論「塈周」。《禮記·檀弓》鄭注：「火熟曰塈，燒土冶以周
於棺也。或謂之土周由是也。〈弟子職〉曰：『右手折塈。』」《正
義》：「『火熟』者，以〈弟子職〉云，『折燭之炎燼，名之曰
塈』，故知塈是火熟者。云『燒土冶以周於棺也』者，謂鑿土爲陶冶
之形，大小得容棺，故云『燒土冶以周於棺也』。云『或謂之土周由
是也』者，〈曾子問〉云：『下殤，土周葬於園。』云『由是』者，
燒土周棺得喚作土周。引〈弟子職〉者，證『火熟曰塈』之
意。.....」《鄭注》與《正義》之解釋認爲「塈周」爲一種用火燒葬坑
四周使加固的方式。證諸考古材料，日本考古學者曾在遼東半島牧羊
城發現一座「周至漢代」，有燒土高約1尺、寬2.8尺、厚3寸左
右，但長不詳的似棺形的構造，出土銅劍，發掘者稱之爲「塈周
墓」[20]。在河南地區亦發現一座戰國早期墓葬，墓坑壁用夯築及火燒
的方式加固，但此墓爲一相當有規模的大墓，與牧羊城的「塈周墓」
相去甚遠[21]。近年在廣西武鳴地區發現一座西周至春秋時代的墓葬，
其中也有用火燒烤墓坑壁或塡土的情形[22]。問題是，此類有火燒過墓
坑四周之葬式是否確爲「塈周」？《鄭注》引《管子·弟子職》中

20　《牧羊城—南滿洲老鐵山麓漢及漢以前遺蹟》（東京：東亞考古學會，1931），
　　頁51-62。
21　《考古學報》1965（2）：79以下。
22　〈武鳴馬頭墓葬與古代駱越〉，《文物》1988（12）：32-36。

「折燭之炎爐，名之爲塈」之語以證「塈」有「火燒」之義，是否確切？按《說文解字》曰：「塈，古文」，而解爲「以土增大道之上」。《段注》：「增益也。」此均無用「火燒」之義。而若以「增益」解「塈」，則「塈周」應爲「增益墓坑之四周」。《鹽鐵論》之「木板塈周」則可解爲「以木板增益墓坑四周」之法，殆近於後來的木槨。由於這種加強墓室壁四周的木板沒有上下板蓋，也許與大汶口十號墓之井字形木槨相似。《白虎通》也說：「有虞氏瓦棺，今以木何，虞尚質，故用瓦。夏后氏益文，故易之以塈周，謂塈木相周，無膠漆之用也。殷人棺槨有膠漆之用，周人浸文牆置翣，如巧飾。」[23]若「火燒」爲「塈周」之確解，則《禮記》此段文字又似於實際情況不甚相符。因「夏后氏塈周」之文義應指一代通行的葬制。通《鹽鐵論》上下文觀之，「木板塈周」也是一代通行的葬制。而考古發掘新石器時代末期以來中原之墓葬有火燒葬坑之墓僅爲極少之例外，不足以爲一代之風俗。

　　結合以上對「瓦棺」和「塈周」的討論，以及《鹽鐵論》、《白虎通》、趙咨的說法，我們可以知道，漢代人對於古代葬具和葬制有一演進的觀念，但是對於殷代之前的確切葬制並不清楚。《禮記》「有虞氏瓦棺，夏后氏塈周，殷人棺槨，周人牆置翣」之語，表面上雖有一清晰的發展層次，實際上正是後人對遠古時代不清楚之習俗強爲之推解以符合自己所欲宣揚的觀念的結果。《禮記》的說法到了《鹽鐵論》中，已經在年代層面上做了修正讓步，而用同時間的辦法描述「瓦棺」與「塈周」之俗：「古者瓦棺容尸，木板塈周。」趙咨的說法因襲《鹽鐵論》，用含混的「逮于虞夏，或瓦或木」來帶過，並且將瓦木均說法是棺槨的材料。

　　墓葬中另一項重要的設備就是隨葬品。在墓葬中使用隨葬品是相當普遍的情況，但其原始的作用到底爲何，是從來不曾眞正解決的問

23　《白虎通》卷10〈崩薨〉（上海：上海書店，1989），頁16

題。在某些文化中，隨葬品可以做爲人們相信靈魂存在的證明。例如
古埃及人相信人死亡之後繼續以另一種形式存在，即所謂
的「卡」（Ka），而這種「卡」（靈魂）與生人有著相同的需求，因
而一切隨葬品均爲供給「卡」在另一世界中消耗而設[24]。澳洲土著有
許多部族在其成員死亡後將其所有的個人物品全部隨葬，因爲他們認
爲死者的靈魂仍然要求擁有財物[25]，但是在沒有文字記載，亦無口傳
資料可循的文化情況之下，是否所有的隨葬品均爲靈魂信仰或不死觀
念的表徵，如十九世紀末以來以 Frazser 爲代表的人類學者那樣，認
爲人類社會中普遍相信人的靈魂在人死後能繼續存在，卻是應該有所
保留的。如兩河流域早期文明遺址 Al－Ubaid 晚期的墓葬中（ c.4000
－3500 B.C.）亦有豐富的隨葬品，但這些隨葬器物是否反映出靈魂或
不死的觀念，則並不能確定，因爲學者對這一無文字時代的宗教信仰
基本上尚缺乏一清楚的瞭解[26]。至少，我們也許不應排除一種可能
性，即隨葬品最初可能只是死者的個人財物，而死者的親人爲了情感
的理由不忍將之與死者分開，因而與之俱葬。

　　不論隨葬品是爲何而設，似乎所有早期人類社會之隨葬品均爲當
時人生活中實用的器具[27]。但是到了後來，就出現了非實用器，也就

24　H. Frankfort, *Ancient Egyptian Religion* (N. Y.:Harper & Row, 1948), pp.
　　88ff.; H. Kees, *Totenglauben und Jenseitsvorstellungen der alter Aegypter*
　　(Berlin: Akademie－Verlag, 1983):205,218; S.Morenz, *Aegyptische Re-*
　　ligion (Stuttgart,1960):208; A. Teodorides ed., *Vie et survie dans les*
　　civilizations orientales (1983):67－69.
25　E.Bendann, *Death Customs* (New York: Knopf, 1930), pp.116－117.
26　見 Seton Lloyd, *The Archaeology of Mesopotamia* (London:Thames &
　　Hudson, 1984),43－47.關於Frazer 的理論，見 J.G. Frazer, *The Belief in*
　　Immortality and the Worship of the Dead, I (London: Macmillan and co.,
　　1913):23ff..
27　埃及史前時代之墓葬中，隨葬陶罐均爲日用品，見 W.M.F. Petrie & J.E. Qui-
　　bell, *Nagada and Ballas* (London: British School of Archaeology in
　　Egypt, 1896); M. Raphael, *Prehistoric Pottery and Civilization in Egypt*
　　(NewYork: Pantheon Books, 1947)。兩河流域的情況亦類似，參
　　見：" Grab," " Grabbeigabe," " Grabgefass," in *Reallexikon der As-*
　　syriologie 3Bd. (Berlin & Leipzig, 1957－71), 581－93, 605－9, 中國新石器
　　時代之情況見下節。但是在兩河流域早期文明 Al－Ubaid 晚期墓葬中已有泥製
　　彩色偶像，惟此類偶像之宗教意義仍不清楚，見 S. Llyod, op.cit., p.47.

是專門爲了陪葬而製造的器具（Surrogate objects），中國古代典籍中稱之爲「明器」或「鬼器」，如《禮記》：

> 仲憲言於曾子曰：「夏后氏用明器，示民無知也。殷人用祭
> 器，示民有知也，周人兼用之，示民疑也。」曾子曰：「其
> 不然乎，其不然乎，夫明器，鬼器也，祭器，人器也，夫古
> 之人胡爲而死其親乎。」[28]

當然，明器的出現遠早於這段文獻的時代。在仰韶文化中可能就已經有了明器（如半坡下王崗等墓地發現的「明器」，見下文），到了春秋戰國時代，這種習俗對當時人而言已經是不知其所以然了，因此才會有上引《禮記》文中仲憲與曾子對明器的不同解釋。仲憲認爲夏人用明器是因爲他們以死者爲無知覺，故用「假」的器具，而殷人用祭器，也就是用實用器隨葬，是因爲殷人以爲死者有知覺，而周人兼用明器和祭器，是由於周人對死者是否有知採取半信半疑的態度，所以兩者都用。仲憲以爲用明器隨葬在用祭器之前，自然是不正確的。他又認爲使用明器的原因乃是生者以爲死者沒有知覺，也是將問題過分簡化。曾子的反駁認爲古人根本不以爲其親人會死，不論夏人、殷人都相信人死之後有知。夏人用「明器」，爲夏人相信人死之後爲鬼，仍有器用的需要，故以「鬼（明）器」隨葬。殷人用祭器隨葬，自然也是相信人死之後有知。曾子的看法雖然比較合理，卻仍不能解釋「明器」與「祭器」有何根本的差別，也沒有說出「明器」出現的基本原因。由於儒家對於祖先崇拜採取肯定的態度，因而不能完全否認人死之後尚有知的說法，但是他們又不願過分強調鬼神之事，因而對於與鬼神有關的祭祀和葬儀採取折衷的看法。《禮記·檀弓篇》又有一段文字：

> 孔子曰：之死而致死之，不仁而不可爲也。之死而致生之，
> 不知而不可爲也。是故竹不成用，瓦不成味，木不成斲。琴

---

28 《禮記注疏》，卷8，頁9。

> 瑟張而不平，竽笙備而不和，有鐘磬而無簨虡，其曰明器，
> 神明之也[29]。

〈檀弓篇〉又記載：

> 孔子謂為明器者知喪道矣，備物而不可用也。哀哉死者，而
> 用生者之器也，不殆於用殉乎哉。其曰明器，神明之也。塗
> 車芻靈自古有之，明器之道也。孔子謂為芻靈者善，謂為俑
> 者不仁，殆於用人乎哉[30]。

孔子認為人既不可以直用「死者死矣」的態度來對待死者，因為那是
「不仁」，又不可以認為「死者有知」而隨葬生人之器，因為那
是「不知（智）」，於是他主張用明器。至於隨葬用生人之器，或者
用象徵生人之俑，他以為簡直是和用人殉葬一樣了，這和《孟子》中
記載孔子的話「始作俑者其無後乎」相同[31]。但一樣是象徵性的，俑
象徵生人，明器象徵器，而孔子一方面不贊成用象徵生人的俑，另
一方面卻主張用象徵生器的明器，在邏輯上似乎說不通。然而由於孔
子的人道主義一方面強烈的反對殉葬，另一方面又主張「喪道」，只
有採取折衷的辦法，認為隨葬明器是「備物而不可用」，是介乎有用
和無用之間。「神明之也」，是將器物「神明化」，也就是等於給器
物以與人死之後成為鬼神相類似的「靈」，好在人死之後為人所用。

　　以孔子為代表的儒家對於用明器有這樣兩難的問題與折衷的解決
辦法。荀子對於隨葬用生器或明器的看法卻與孔子稍有不同：

> 喪禮者，以生者飾死者也，大象其生以送其死也。故如死如
> 生，如亡如存，終始一也。…… 薦器則冠有鍪金而毋縱，甕
> 廡虛而不實，有簟席而無床笫，木器不成斷，陶器不成物，
> 薄器不成內，笙竽具而不和，琴瑟張而不均，輿藏而馬反，
> 告不用也。具生器以適墓，象徙道也。略而不盡，貌而不功，

29　《禮記注疏》，卷8，頁5-6。
30　《禮記注疏》，卷9，頁20。
31　《孟子注疏》卷1上〈梁惠王上〉，頁11。

趨輿而藏之，金革轡靷而不入，明不用也。象徙道又明而不

用也，是皆所以重哀也，故生器文而不功，明器貌而不用[32]。

荀子主張在葬禮中並用生器和明器，但是他並不是從人死有知無知來考慮這問題，而是從喪禮的社會倫理意義立論，使用生器的意義在於生者為了表現他對於死者仍然有著生時那樣的尊敬，所謂「如死如生，如亡如存，終始一也」，其最後的目的是「使死生終始莫不稱宜而好善，是禮義之法式也，儒者是矣。」[33] 也就是要藉著葬禮的施行推展一套社會倫理。

到了漢代劉向《說苑》中，有下面的一段記載：

子貢問孔子：「人死，有知將無知也？」孔子曰：「吾欲言死人有知也，孝子妨生以送死也。吾欲言死人無知也，恐不孝子孫棄親不葬也。賜欲知人死有知將無知也，死徐自知之，猶未晚也。」[34]

這段記載是否真為孔子的話並不重要，但它很明顯是《論語》中「未知生，焉知死」[35] 和「子不語怪力亂神」[36] 的進一步發揮。總之，儒家並沒有真正面對人死後有知無知的問題，而只是考慮生者對這個問題所可能有的反應，並且希望能達到既不迷信人死有知，又能「致孝乎鬼神」、「民德歸厚」的效果。王充在他的《論衡》中就明白指出：

孔子非不明死生之實，其意不分別者，亦陸賈之語指也。夫言死無知，則臣子倍其君父。故曰：「喪祭禮廢，則臣子恩泊；臣子恩泊，則倍死亡先；倍死亡先；則不孝獄多。」聖人懼開不孝之源，故不明死無知之實[37]。

32　《荀子集解·禮論篇》，頁 243－245。
33　同上。
34　劉向，《說苑》（台北：世界書局本，1974），卷 18，頁 20。
35　《論語注疏》卷 11〈先進〉，頁 4。
36　同上，卷 7〈述而〉，頁 7。
37　王充，《論衡》（台北：世界書局，1978）〈薄葬〉，頁 226。

由此看來，在儒家的思想體系中，在葬儀中使用明器就是表現這種希望的方式[38]。

　　然而儒家這種對於明器的意義的解釋並不合於歷史上明器的實際意義與用途。明器的出現有其經濟和社會原因，至少從殷商時代開始，隨葬品是否用祭器（青銅器）常與死者的身分地位有直接的關係。擁有青銅器，是擁有統治權，或屬於統治圈內的象徵。當身分地位不到某一階層時，只能用陶製仿青銅禮器[39]，也就是明器。《儀禮·既夕禮》中，「陳明器」後云：「無祭器，有燕樂可也。」鄭玄的解釋是：「士禮略也，大夫以上兼用鬼器人器也。」[40] 由此可以推論，人們之所以用明器，並非他們在對死者的態度上有何基本的不同，而是社會經濟的條件以及禮俗的規範使他們做不同的選擇。就其實際意義來說，不論是為了讓「死而有知」的死者在另一世界中享用，或者是生者為了表示「事死如事生」的禮節，明器與祭器都有著相同的功能。

　　與明器使用相關的另一個問題，就是前面提到的殉葬。自商代以下，殉葬以人和車馬，可說是特殊的「隨葬品」[41]。其根本理念自然是相信人死之後仍有另一存在，並且在那另一存在的世界中，死者仍然具有如生前相同的身分等級，如此殉葬始有意義。而死者墓中放置諸多的禮器或明器，應也表示人們相信在另一世界中，這些器物可以標示出死者的身分。從另一方面來看，「厚葬僭越」者之所以在墓中放置超過其身分的禮器，除了有炫耀其財富之意，也可能是為了要在另一世界中得到更高的地位。這種心態，應該也是隨葬明器的另一基

38　參見馮友蘭，〈儒家對於婚喪祭禮之理論〉，《燕京學報》3 期（1928），頁 343–358。

39　見李濟，〈殷虛出土青銅禮器之總檢討〉，《中國上古史待定稿》第二本《殷商編》（台北：中央研究院，1985），頁 491–492。李濟認為隨葬品、祭器，乃至於貴族用的奢侈品是否有固定的分別，是不易解決的問題。即使是青銅隨葬品，也還可以分別為一、日常用過的器物，二、為死人特別製造的用器（即祭器？），三、為死人製造的明器。

40　《儀禮注疏》，卷 38，頁 14。

41　鄒衡，《商周考古》，頁 88。

本理念，即人死之後，藉著所帶走的隨葬品，可以改變其在另一世界
中之身分。進一步討論見本書第七章。

　　與隨葬品的問題密切相關的，就是墓葬等級的問題。就以分別等
級最明顯的棺槨制度而言，文獻材料中對於先秦時代棺槨等級的記載
並不一致。以記載禮制爲主的《禮記》有下面的記載：

　　　　天子之棺四重，水兕革棺被之，其厚三寸，杝棺一，梓棺
　　　　二，四者皆周，棺束縮二衡三，衽每束一，柏槨以端長六尺[42]。

　　　　君大棺八寸，屬六寸，椑四寸；上大夫大棺八寸，屬六寸；
　　　　下大夫大棺六寸，屬四寸；士棺六寸[43]。

　　　　天子崩七月而葬，五重八翣；諸侯五月而葬，三重六翣；大
　　　　夫三月而葬，再重四翣[44]。

在這裡分級的方法至少有兩種：第一種爲君、上大夫、下大夫、士四
級；第二種只列舉天子、諸侯、大夫等三級，沒有提到士。棺槨的層
數，則有三種。第一種是君棺四層、槨層數不明（可能只有一層）；
第二種是君有大棺、屬棺、椑棺等三層，上下大夫各二層，士一層；
第三種是天子五重、諸侯三重、大夫再重。後面二種均沒有說明槨的
層數。在《荀子》和《莊子》中，均有「天子棺槨七重，諸侯五重、
大夫三重、士再重」[45] 的說法，是分爲四級，但到底棺槨各爲幾層，
仍然不清楚。這種情況至少顯示出二種可能性：一、棺槨制度在西周
時代縱使曾有過確定的等級制，但其後則逐漸廢弛，就如鼎制自西周
以來逐漸的崩壞一樣（詳見下文），二、棺槨制度從來不曾完全定
型，只是在每一時代中有其特殊的規範。這二種可能性均可使得春秋
戰國以來有關棺槨制度的記載發生互不相符的情況。由考古發掘所得
墓葬材料來看，棺槨層數與陪葬鼎數之間亦並無嚴格的對應關係（見

42　《禮記注疏》卷 8〈檀弓上〉，頁 22。
43　同上，卷 45，頁 16。
44　同上，卷 23，頁 6。
45　《荀子・禮論》，頁 239；郭慶藩，《莊子集釋》（台北：明倫出版社，1975 ）
　　〈天下〉，頁 1074。

本文第四節），這也就是說，文獻記載中的棺槨制度或隨葬鼎制可能是周王朝所希望天下臣民共同遵守的禮制，但並非一成不變地爲各地、各時代的人們所遵行，社會中實際實行的喪葬禮儀可能遠較任何官方的或固定的制度都更有彈性。

至於與棺槨配合的各類文飾，如：

> 君裡棺用朱綠，用雜金鐕；大夫裡棺用玄綠，用牛骨鐕；士不綠。君蓋用漆，三衽三束，大夫蓋用漆，二衽二束，士蓋不用漆，二衽二束[46]。
>
> 君殯用輔，至于上畢塗屋，大夫殯以幬，置于西序，塗不暨于棺，士殯見衽，塗上帷之[47]。

充分表現出這種禮制所欲維持並在其中運作的社會結構，是一個靜態的封建社會。然而這靜態的社會實際上是不可能存在的[48]。

值得注意的是，自三《禮》以下，乃至於漢代的一些文獻如《鹽鐵論》和後漢趙咨的討論之中，凡是論及墓葬形制的，總是以豎穴木槨墓爲對象，對於西漢中葉後逐漸開始流行的橫穴磚室墓不甚注意。可見新的習俗雖已經成形，舊的習俗仍然在人們的觀念中占有重要的地位。

總之，由文字材料中反映出的中國古代墓葬制度是有一種「發展」的觀念，雖然其中所述發展的步驟也許不合歷史事實；也有一種等級觀念，雖然一種嚴格的等級制度並不見得曾經長期普遍實施過。以下各節，則從考古材料方面來看，曾經實行過的墓葬制度究竟如何，與文字材料所提供的消息有何異同。

第二節　　史前時代

《禮記注疏·喪服大記》，卷 45，頁 18。

47 同上，卷 45，頁 19。

48 參見〈鳳凰山 168 號漢墓所見漢初地主階級的喪葬禮儀〉，《文物》1976（10）：47－50；有關棺束的問題，見高崇文，〈淺談楚墓中的棺束〉，《中原文物》1990（1）：81－89。

　　如果要向上推究中國古代墓葬習俗的根源，應該推到何時？我們
只能從中國文明形成的時候開始。但代表中國古代文明的又是那些
人？根據最近的研究，從人種方面來說，自新石器時代以來，至少從
西元前五千年開始，在中國北方和南方活動的人都屬於同一種族[49]。
從考古遺跡來看，一般以仰韶文化為中國新石器時代早期的代表，但
在一些比仰韶文化為早的遺址中[50]，考古者發現了不少墓葬，其中絕
大多數為長方豎穴墓，也發現了甕棺葬。另外，少數人骨出於灰坑
中，這些灰坑葬應該不能算是正常的墓葬，而只是利用現成的坑洞。
這種情況應如何解釋？若死者為社會中正常的一員，而被葬於灰
坑（即當時的垃圾坑）之中，顯然意味著埋葬死者的地點和方式尚沒
有受到嚴格的社會規範所限制，人們對於將死者葬在何處並沒有一定
的意見。但此時已有公共墓地，則似乎又說明當時社會已經發展出一
套固定的處理死者的規則。因此，灰坑中的死者應該是非常情況，或
者為俘虜，或者為身分低下的奴隸和不屬於該社會的人。兒童甕棺葬
通常不在公共墓地內，也可以說明凡是身分不足以成為社會中正式成
員的，均不能被葬在公墓中。在葬式方面，此時的墓葬多為單人仰身
直肢，偶而有雙人合葬或多人二次合葬的情況，沒有葬具的痕跡。墓
穴的長寬多半在 2×0.5 公尺之間，深度則在 0.5 公尺左右。隨葬品方

49　W.W. Howells, " Origins of the Chinese People: Interpretations of the
　　Recent Evidence, " in *The Origins of Chinese Civilization*, ed. D. N.
　　Keightley (Berkeley: U. of California Press,1983),pp. 297-319. 不過在同
　　一範圍內人們所使用的語言並不完全一致，見 E. G. Pulleyblank, " The Chi-
　　nese and their Neighbors in Prehistoric and Early Historic Times, " in
　　Keightley, op.cit., pp.411-466.
50　有關磁山、裴李崗與仰韶文化的關係，見〈 新石器時代早期文化的新發
　　現 〉,《 考古 》1979（ 1 ）:45-50；〈 仰韶文化淵源探索 〉,《 鄭州大學學
　　報 》,1978（ 4 ）：7；〈 放射性碳素測定年代報告（ 三 ）〉,《 考古 》1974
　　（ 5 ）：333-338；〈 陝西西鄉李家村新石器時代遺址 〉,《 考古 》1961（ 7 ）：
　　352-354；〈 陝西西鄉李家村新石器時代遺址 1961 年發掘簡報 〉,《 考
　　古 》1962（ 6 ）：290-291；《 考古 》1964（ 10 ）：486；〈 試論斐李崗新石器時
　　代早期墓葬的分期 〉,《 考古與文物 》,1987（ 2 ）：31。如河北武安縣的磁山遺
　　址（ 6000 B.C.至 5600B.C. ），河南新鄭縣的裴李崗遺址（ 與磁山年代相當或略
　　早 ），以及陝西西鄉縣李家村、寶雞縣北首嶺、和甘肅省秦安縣大地灣遺址（ 年
　　代在 5800 B.C.至 5000 B.C. ），都或多或少與仰韶文化有著繼承關係。

面，以生活用的陶器和生產工具爲主，尚無大量非實用器出現。

到了仰韶時代，近三十年來發現的墓葬已逾兩千座[51]。這些墓葬大多數集中於關中及其附近地區[52]。其墓葬形式，成人仍以豎穴土坑爲主，兒童大多爲甕棺葬，但是在姜寨遺址也發現了一些兒童和成人一樣行土坑葬[53]。如果和另外一些得到厚葬的幼童一併考慮[54]，我們可以推測這些兒童應該是那些社會中統治家族的成員，因而受到和一般兒童不同的待遇。有些學者認爲半坡、姜寨、元君廟等地對幼女厚葬的情況代表當時仍是母系社會，婦女享有崇高地位之故[55]。但此說無法解釋男童厚葬的原因，而且其他被用來支持母系社會說的證據，如半坡、北首嶺的多人同性合葬代表血緣紐帶關係緊密的母系社會[56]，或者如橫陣遺址的集體葬坑分屬一些母系家族[57]，都沒有足夠的說服力。另外有些學者也根據墓葬材料而推論當時的社會是父系社會[58]，又有人主張仰韶文化是處於母系氏族社會向父系氏族社會過渡的時期，或者剛入父系氏族社會[59]。通觀仰韶時代墓葬與其它時代墓葬最顯著的差別，在於多人二次合葬的普遍。到仰韶晚期，多人二次合葬逐漸絕跡，可能代表了社會結構的一種轉變，如何正確瞭解多人二次合葬的意義，顯然是解釋這種社會結構轉變的關鍵。但直到目前爲止，尙沒有確切結論。主要的問題在於這些討論總是想要讓考古材

51　《新中國的考古發現和研究》（1982）:63。

52　詳細的資料可參見〈仰韶文化的埋葬制度〉，《考古學集刊》4（1981）：248-251。

53　《考古與文物》1980（3）:1。

54　如半坡、姜寨、北首嶺等處所發現者，參見注52。

55　同上註。

56　《西安半坡》（1963）:226；〈元君廟墓地反映的社會組織初探〉，《中國考古學會第一次年會論文集》（1979）:23-31。

57　〈橫陣仰韶文化墓地的性質與葬俗〉，《考古》1976（3）:168-172；〈從仰韶文化半坡類型文化遺存看母系氏族公社〉，《文物》1975（12）:72-78。

58　〈關於中原新石器時代文化幾個問題〉，《文物》1960（5）:36；〈仰韶時期已進入父系氏族社會〉，《考古》1962（5）:256-261。

59　《考古學集刊》4（1981）:241-243。

料完全配合某些民族學理論[60]　，但這些理論多半建立在有限的民族誌上，是否有普遍性，尚成疑問，而且即使理論一致，各人對材料本身的解釋又不相同，因此結論時或相互矛盾。

這一時期的葬式變化相當大，除了單人仰身直肢葬之外，尚出現了屈肢葬、俯身葬、多人二次合葬等情形，史家墓地中竟然有多達51人的合葬墓[61] 。絕大多數的墓都沒有葬具的痕跡，唯有半坡（一幼女）和北首嶺墓地中有葬具發現，而元君廟有一墓用礫石砌成「石棺」，算是特殊的例子。

墓葬方向大部分為西向或西北向，少數西南向，可以說基本上仰韶時代的墓向是朝西的。西方為日落之處，死者頭向西，是否意味著日落象徵死亡，而日落的方向即代表死後世界的方位和死者將去之處？這種解釋雖然在世界其他文明中有類似的例子[62]　，但死者將去的世界的方向在各個相信死後世界的文化中並不相同[63]　，而且，墓葬的方向也有指向該民族神話傳說中的民族起源地[64]　，甚至有因死者身分不同而有不同墓向者[65] 。在沒有文字，又缺乏口傳資料的新石器時代，墓葬方向到底有何種象徵意義，實在很難斷定，此處暫且存而不論。不過可以知道的是，中國後世「葬於北方、北首」的傳統在此時應該尚沒有成形。

在隨葬品方面，仰韶文化墓葬中除了有占大多數的生活及生產用具之外，還有一些裝飾物，如骨珠及非實用的明器[66]　。

在此時墓葬中另外有幾點值得注意的，就是二層台的出現，以及

60　如前引文以雲南納西族為例來證明其「母系血緣近親集團」的假說。關於這個問
　　題的總評，請參見汪寧生，〈仰韶文化葬俗和社會組織的研究〉，《文物》1987
　　（4）：36－43。又嚴文明，〈半坡類型的埋葬制度和社會制度〉，《仰韶文化
　　研究》（北京：文物出版社，1989），頁262－302。

61　〈陝西渭南史家新石器時代遺址〉，《考古》1978（1）：41－53。

62　《西安半坡》，頁219。

63　見 E. Bendann, *Death Customs*, pp.211 ff..

64　同上，p.214.

65　同上，p.201.

66　在元君廟、半坡、下王崗等地均有發現。參見注52。

人骨塗朱和甕棺底鑿孔的現象。二層台爲墓坑底部四周凸出的平台，可以放置隨葬品。它的出現，代表人對埋葬死者的方式有了進一步的考慮。不過二層台的使用一直要到商代才開始普遍。甕棺底鑿孔的現象被解釋爲當時已有靈魂的觀念，小孔爲供給幼童靈魂出入之用。但是這種解釋由於無法有具體證據，只能做爲一種假說。實際上，要說明當時有靈魂之觀念，也可以考慮其他的證據，如下面要談的人骨塗朱，甚至埋葬制度本身，都以說反映出某種靈魂的觀念。同時，兒童多半被葬在房屋附近而不和成人葬在一起，顯示出社會中對於幼兒的死亡給予不同的處理，而其背後的社會習俗爲何？是由於兒童尚未成爲社會中一正式成員[67] ？或是由於當時人基於親情而不願讓孩童離家太遠？前者的說法有民族學上的根據，後者則據人情之常，但證據似不夠充分。倒是人骨塗朱的現象[68] ，有二種情況，一是一次葬，一是二次葬。一次葬人骨上的塗料應該是紋身的塗料，在肉體腐爛之後沾在骨上去的。二次葬人骨上的塗料則可能是後來塗上去的。因而應該是一種宗教性的習俗，而與靈魂或再生的觀念有關。朱紅爲血之顏色，在人骨上塗朱，很可能是一種咒術（ magic ），象徵白骨已被賦予血肉，而死者之靈得以再生[69] 。而二次葬本身也被認爲是由靈魂不滅的觀念所促成的[70] 。除了上面的解釋之外，我們似乎也應該考慮第三種可能性，就是人骨上的「紅色」是土壤中化學物質的結晶所造成的。但這尚需要進一步的化學鑑定才能知道[71] 。

　　在黃河中游，包括陝西、山西南部、河北南部、河南等地區，有所謂黃河中游龍山文化的發現。由於此區的龍山文化面貌與山東地區

67　在許多原始社會中均有成年或加入成人社會的儀式（ rite of passage ），中國後代則有及冠及笄的成人禮，《西安半坡》，頁 219–220。

68　《考古》1959（ 11 ）：585；1961（ 4 ）:175。

69　這種在屍體上施以紅色的習俗在世界各地都有發現，參見 M. Eliade, A *History of Religious Ideas*（ Chicago: U. of. Chicago Press, 1984 ）， v.2, pp. 9–10.

70　《考古學集刊》4（ 1981 ）：239。

71　類似的例子在近東 Ur, Eridu 等考古遺址中也有發現，見 Seton Lloyd, *The Archaeology of Mesopotamia*（ 1984 ）：46–47.

的典型龍山文有所不同，所以近來考古學者多分別其爲兩大支不同的
文化系統[72]。這黃河中游龍山文化的墓葬形制大致上與仰韶文化相
同，成人以豎穴土坑葬爲主，間以灰坑葬，而幼兒則爲甕棺葬，常埋
在房屋附近或房基下。而不同的是，仰韶文化的公墓多在村落附近，
而黃河中游龍山文化的村落附近則很少發現墓地，其原因爲何，尚有
待進一步探究[73]。墓坑的大小，長約在 2 至 2.5 公尺，寬約在 0.5 至 1
公尺，深約在 0.5 公尺左右，其中也有較大的墓[74]，但爲數甚少。在
葬式方面，以單人仰身直肢葬爲主，屈肢葬和俯身葬次之。與仰韶時
代不同的是，多人合葬墓極少，男女合葬墓也有發現（橫陣）[75]。葬
具仍然很少發現（僅陶寺有木質葬具，神木石則發現石棺）[76]，而墓
向則爲南向或東南向，與仰韶時代有所不同。

　　在隨葬品方面，由於有些墓有精緻玉器以及代表財富的豬頭骨的
出現（如神木、陶寺），而有些墓則空無一物，形成強烈的對比，因
而有人主張這是社會階級出現，貧富之間差距加深的結果。這種解釋
雖然可能說明隨葬品差距的現象，但並不足以據而論定階級社會的出
現或貧富不均現象的發生就在此時，因根據相同的推理方式，仰韶文
化中有些幼童受到厚葬，而大多數幼童則爲簡單的甕棺之情況，亦可
以被認爲是社會中有階級的分化所造成的。另外值得注意的是卜骨
的出現，使得黃河中游龍山文化與殷商文明有了更具體的關聯。

　　若我們轉移注意到山東省，在典型龍山文化之前尚有大汶口文化
[77]。在大汶口文化中，較重要的墓葬現象是木槨的出現，這種木槨是
由原木交叉疊構成爲「井」字型，顯然已經具有後世殷商時代木槨的

[72]　《新中國的考古發現和研究》，頁 68; K. C. Chang, *The Archaeology of Ancient China*, 4th ed.（New Haven: Yale U. Press, 1986），pp.256ff.
[73]　《新中國的考古發現和研究》，頁 84。
[74]　〈山西襄汾縣陶寺遺址發掘報告〉，《考古》1980（1）:18-31。
[75]　〈陝西華陽橫陣發掘簡報〉，《考古》1960（9）:5-9。
[76]　〈陝西神木石龍山文化遺調查〉，《考古》，1977（3）:154-157。
[77]　《大汶口》（北京：文物出版社，1974）；吳汝祚，〈大汶口文化的墓葬〉，《考古學報》1990（1）：1-18。

雛型。大汶口 10 號墓的墓穴相當大，長 4.2 公尺，寬 3.2 公尺，規模已可以與殷商以下中型墓相比，尤其是其中的隨葬品豐富，有玉器、象牙雕器、骨雕器。大約在半數的墓中隨葬各類陶器以及裝飾品如骨珠、玉串、玉斧，有些死者尚有佩戴龜甲及手持獐牙的習俗。當然，另外一些墓葬則不僅墓穴狹小僅足容屍，而且無任何隨葬品，這種現象又被認為是階級社會形成的象徵。

　　在葬式方面，大汶口文化各遺址有些各別的現象，如大汶口本地多單人仰身直肢葬，而在王因遺址則有相當多的同性合葬及二次合葬墓（約占八分之一）[78]，而在呈子遺址則有多人合葬墓（個人又各有葬具）[79]，但基本上單人仰身直肢葬仍然是葬式的主流[80]。

　　各遺址的個別性也表現在墓葬方向上。各遺址本身的墓向大致均一致，但遺址與遺址之間的差別則較大，如大汶口、大墩子及西夏侯[81]為東向，王因為東南，劉林[82]為北向，呈子、東海峪[83]、三里河[84]等地則為西北向。

　　最後應該注意的是大墩子墓地中發現三座隨葬陶屋[85]。這三座陶屋到底是否和漢代才開始流行的明器陶屋具有相同的宗教功能，是不容易確定的。主要的原因，是這種隨葬陶屋的事實屬於孤立的例子，很難就此證明當時有一普遍的習俗存在。這種考慮同樣可以應用到前面提到的仰韶文化中的「明器」上[86]。我們可以認為隨葬器物是此時墓葬習俗的一部分，但當時人是否有一種特別為了隨葬而製造某

78　〈山東兗州王因新石器時代遺址發掘簡報〉，《考古》1979（1）:5–14。

79　〈山東諸城呈子遺址發掘報告〉，《考古學報》1980（3）:329–386。

80　另外有些特殊的葬式如無頭、折骨等，見《大汶口文化討論文集》（1980）。

81　《考古》1986（3）:315–317。

82　〈江蘇邳縣劉林新石器時代遺址第一次發掘〉，《考古學報》1962(1):81–102；
　　〈江蘇邳縣劉林新石器時代遺址第二次發掘〉，《考古學報》1965(2):9–48。

83　〈1975年東海峪遺址的發掘〉，《考古》1976（6）:378–382。

84　〈山東膠縣三里河發掘報告〉，《考古》1977（4）:262–267。

85　〈青蓮崗文化的經濟型態和社會發展階段〉，《文物集刊》，1。

86　《西安半坡》，頁 198;《文物》1972（10）:6。

些「明器」的習俗，就不能只靠少數的例子來證明了。這些「明器」
很可能只是當時人的玩具或模型，在偶然的機會下存留在墓中。

緊接著大汶口文化的就是典型龍山文化。在這一時期的墓葬中，
木質葬具出現的比例提高，如呈子出土的 87 座墓，有 10 座有木槨
[87]，顯示木槨逐漸的開始成爲墓葬制度中的常數。在葬式方面，以單
人仰身直肢爲主，間亦有屈肢葬、俯身葬。但是沒有二次葬的情況出
現。也沒有甕棺葬，兒童與成人葬法相同，這與大汶口時代流行二次
合葬、多人合葬的情況有所不同。墓葬方向在各遺址之內相當一致，
但各遺址之間彼此卻有差異，東海峪、三里河爲西偏北（與大汶口時
代大約相同），呈子爲東偏南，姚官莊爲北偏東[88]，大范莊則爲東或
稍偏北[89]。龍山文化也有以豬下顎骨隨葬及死者手持獐牙的習俗，顯
示與大汶口文化有相當的繼承關係，而卜骨的出現，則又與黃河中游
龍山文化有了相接點。隨葬品以黑灰陶爲主，此時的陶器已經普遍使
用轉輪，造型整齊，而陶器中又以一種高柄杯最特殊，其杯身薄如蛋
殼，華美而不實用，應該是一種代表特殊身分的器具。而三里河墓葬
中出土成組玉器，日照兩城鎮出土刻花石斧上以及黑陶片上[90]的類似
雲雷紋、饕餮紋的紋飾，則更進一步顯示典型龍山文化與殷商文化之
間的密切關係。

與山東龍山文化同時或稍早，又有黃河上游的馬家窯文化和齊家
文化。馬家窯文化的年代大約由西元前 3100 年延續到 2000 年左右，
而齊家文化的年代約在西元前 2000 年左右。馬家窯文化主要分布於
甘肅、青海、及四川西北部地區。這種文化的器物類型雖與仰韶文化
有相當的差異[91]，其墓葬型式仍以豎穴土坑墓爲主，也有兒童甕棺

87　〈山東諸城呈子遺址發掘報告〉，《考古學報》1980（3）：329－386。
88　〈山東濰坊姚官莊遺址發掘簡報〉，《考古》1963（7）:347－350。
89　〈山東臨沂大范莊新石器時代的發掘〉，《考古》1975（1）:13－22。
90　〈山東日照兩城鎮遺址勘察記要〉，《考古》1960（9）:10－14。
91　〈談馬家窯、半山、馬廠類型的分期和相互關係〉，《中國考古學會第一次年會
　　論文集》，頁 50－71。

葬[92]。此外，自馬家窯文化以下各類型文化中都有土洞墓的出現。有學者認爲這種土洞墓可能是由於模仿黃土高原上的半地穴式房屋而成的[93]，葬具方面，在半山類型（張家台、花寨子）和馬廠類型（柳灣）中發現有木棺和石棺。葬式有仰身直肢、側身屈肢、俯身葬、二次葬、合葬等[94]。

　　與馬家窯文化分布地區部分相重疊的齊家文化，主要分布在甘肅和青海東部，其墓葬形式基本上仍爲豎穴土坑，長約 1.5 至 2 公尺，寬 0.5 至 1 公尺左右。其中也有凸字形墓和圓坑葬。每一墓地中的墓坑通常排列整齊，方向一致[95]。葬具有木棺、獨木棺、墊板等，以獨木棺最爲特別。葬式有單人仰身直肢葬、俯身、屈肢、二次葬、側身、以及甕棺葬等，同時也有各種合葬墓，包括男女合葬、成人與兒童合葬、多人合葬等。男女合葬時，男仰身直肢，女面向男側身屈肢，並有一男二女合葬的情況[96]。另外，齊家文化中有所謂的「殉葬墓」出現，這些殉葬墓有的是女子殉男子（皇娘娘台 M 76，男女合葬，男仰身直肢，女子側身屈肢、無頭；柳灣 M 314，男子仰臥墓中，女子側屈棺外），或多人殉一男主人（男子仰臥墓中，其餘葬式零亂，或身首分離）。隨葬品中除玉、石、陶、骨器和家畜之外，還有卜骨和銅器。銅器的出現爲齊家文化最突出的成就，包括刀、鑿、錐、鏡、斧等[97]。

92　〈青海樂都柳灣原始社會墓地反映出的主要問題〉，《考古》1976(6):365–377;〈蘭州土谷台半山–馬廠文化墓地〉，《考古學報》1983(2):191–222。

93　參見謝端琚，〈試論我國早期土洞墓〉，《考古》1987(0（12）:1097–1104。

94　〈永昌鴛鴦池新石器時代墓葬的發掘〉，《考古》1974（5）:299–308;《考古》1976（6）:365–377;〈蘭州馬家窯和馬廠類型墓葬清理簡報〉，《文物》1975（6）:76–84;〈廣河地巴坪「半山類型」墓地〉，《考古學報》1978（2）:93–210;〈甘肅景泰張家台新石器時代的墓葬〉，《考古》1976（3）:180–186;〈蘭州花寨子「半山類型」墓葬〉，《考古學報》1980（2）:221–238。

95　有西北、西、東南、南、東北、西南等不同方向。〈甘肅永靖秦魏家齊家文化墓地〉，《考古學報》1975（2）:57–96。

96　〈甘肅武威皇娘娘台遺址發掘報告〉，《考古學報》1960（2）:53–72;〈武威皇娘娘古遺址第四次發掘〉，《考古學報》1978（4）:421–448。

97　〈中國早期青銅器的初步研究〉，《考古學報》1981（3）:287–302。

　　通觀中國北方黃河流域新石器時代的墓葬形制，可作一簡述如下：

　　在墓穴方面，自仰韶文化以下即以長方豎穴土坑墓爲主，輔以灰坑葬和甕棺葬，後兩者均不能算是正常成人之墓葬方式。豎穴墓一般長約在 1.5 至 2 公尺之間，寬則在 0.5 至 1 公尺之間，最大的墓，如大汶口 10 號墓，也只長 4.2 公尺，寬 3.2 公尺。到了馬家窯文化和齊家文化中，有凸型土洞墓出現，可能是後世土洞墓的雛形。

　　葬具方面，在仰韶文化中尚沒有木質棺槨存在的證據，最早的木葬具出於大汶口，到龍山文化中始較普及，又有少數以礫石或石塊砌成之石棺葬。齊家文化中的獨木棺則可能與日後西南少數民族的獨木棺有傳承關係，而與中原地區的木棺有所不同。兒童一般行甕棺葬，極少的情形是如成人一般的葬式，而成人行甕棺葬的也是極少數的二次葬。

　　葬式方面，自仰韶文化以下均以仰身直肢爲主，屈肢、側身屈肢、俯身等葬式被解釋爲代表從屬、罪犯、俘虜等身分。合葬的方式，有從早期仰韶文化中同性多人合葬到大汶口龍山文化和馬家窯齊家文化中男女合葬的變化。

　　墓向在每一時代中均有變化，仰韶時代以西、西北、西南，大致是西向爲主。大汶口、龍山、馬家窯、齊家文化則相當無規律，然而在每一遺址之公墓中，其墓向大致相同，顯示社會成員有共守之習俗。

　　隨葬品方面，除各類生活、生產用具和裝飾之外，值得注意的是禮器（包括齊家的玉斧、玉鏟、玉琮，龍山文化三里河的成組玉器，以及蛋殼陶高足杯等）的出現，代表社會階級分化的深刻。

　　由以上的簡述，我們可以說，中國古代黃河流域各地區墓葬的發展到了新石器時代末期，已經具備了殷商以後中原墓葬形制的重要因素：豎穴木槨墓，仰身直肢葬，隨葬代表身分的禮器。

　　除了黃河流域之外，長江流域和東南沿海地區亦有相當大量新石

器時代遺址出土。在長江中游及漢水流域，有以四川巫山縣大溪爲名的大溪文化，湖北京山屈家嶺文化，和從屈家嶺文化發展而來的青龍泉三期文化，其年代大約從西元前 4000 年左右持續到西元前 2400 年左右[98]。

　　大溪文化的墓葬多豎穴單人葬，以仰身直肢爲主要葬式，但也有相當數量的屈肢葬。此種屈肢葬又分仰曲、側曲、俯曲三類，而以仰曲最爲普遍。屈肢的角度均相當大，有的足根折至臀部，有的膝蓋抱在胸前[99]。這種屈肢葬的角度和中原地區新石器時代的屈肢葬有明顯的差異，兒童葬俗基本上與成人相同，也有隨葬品。

　　屈家嶺文化的葬俗，成人爲單人仰身直肢葬，隨葬品則一般比較貧乏[100]。

　　青龍泉三期文化墓葬習俗與屈家嶺相似，隨葬品中則有較多的家畜，以豬頭顎骨爲多[101]。

　　到了長江下游地區，新石器時代的墓葬形式有了較大的不同。在南京北陰陽營遺址[102]，浙江餘姚河姆渡遺址[103]、馬家濱文化遺址[104]、以及良渚文化遺址中[105]，經常發現不掘墓坑，就地掩埋的墓葬。但是雖不掘坑，這些墓葬仍然有隨葬品，良渚文化中隨葬玉器的習俗更是特殊。至於葬式則仍以仰身直肢爲主，只有馬家濱類型文化多俯身直肢葬，頭向則各地不同。

98　《新中國的考古發現和研究》，頁 327。
99　〈四川巫山大溪新石器時代遺址發掘記略〉，《文物》1961（11）:15－21.
100　《京山屈家嶺》（北京：新華書店，1965）:12，25，39。
101　〈當陽季家湖考古試掘的主要收穫〉，《江漢考古》1980（2）；〈江陵張家山遺址的試掘與探索〉，《江漢考古》1980（2）；〈湖北圻春易家山新石器時代遺址〉，《考古》1960（5）:1－6。
102　〈南京市北陰陽營第一、二次的發掘〉，《考古學報》1958（1）:7－24。
103　〈河姆渡遺址第一期發掘工作座談會紀要〉，《文物》1976（8）:15－17。
104　〈浙江嘉興馬家濱新石器時代遺址的發掘〉，《考古》1961（7）:345－351；〈江蘇吳縣草鞋山遺址〉，《文物資料叢刊》1980（3）:1－24；〈圩墩新石器時代遺址發掘簡報〉，《考古》1978（4）:223－240；〈青浦縣崧澤遺址第二次發掘〉，《考古學報》1980（1）:29－57。
105　〈上海馬橋遺址第一、二次發掘〉，《考古學報》1978，（1）:109－136。

不掘墓坑就地掩埋的葬法在廣西南寧[106] 和桂林甑皮岩[107] 均有發現，不過這兩地的葬式多爲屈肢蹲葬。然而在長江下游和廣西之間的福建[108] 和廣東石峽[109] 等地的新石器時代墓葬中，卻又是單人豎穴土坑葬，兒童與成人葬同墓地。值得注意的是在石峽文化和南寧墓葬中均發現在人骨上或四周撒紅色粉末的習俗，這與仰韶文化中人骨塗朱的習俗很可能代表相類似的宗教信仰。

若再往西方移轉注意力，可以雲南賓川白羊村遺址[110] 爲代表。此遺址除甕棺外，爲豎穴土坑墓，無葬具和隨葬品。葬式有單人仰身直肢，亦有多人合葬，且有無頭之墓葬。（貴州、西藏等地區雖亦有新石器時代遺址出土，墓葬資料不足，故暫不討論。）

縱觀中國長江流域、東南沿海及西南部地方新石器時代的墓葬，可以看出和中原新石器時代墓葬有相似之處（如豎穴土坑、甕棺葬、二次葬、合葬），也有相異處（如屈肢蹲葬、無墓坑葬等）。這種葬式上的異同之處，說明此時中國境內各文化圈之相互影響及交融已經相當明顯[111]　，這種由物質遺留所反映出的文化上的差異要到了漢代才大致上得到統一。

第三節　殷商至西周時代

中國古史上的夏代究竟是否存在？如果存在，在考古遺址中是否能找到證據？這些都是考古學者迄今尚未完全解決的問題。現在學者

106　〈廣西南寧地區新石器時代貝丘遺址〉，《考古》1975（5）:295－301。
107　此遺址年代尙不確定，現有數據均爲 4000B.C. 以上，《考古》1978（4）:284；
　　　〈廣西桂林甑皮岩洞穴遺址的試掘〉，《考古》1976（3）:175－179。
108　年代測定爲 1300B.C. 左右，偏晚。〈閩侯曇石山新石器時代遺址第二至第四次
　　　發掘簡報〉，《考古》1961（12）:669－672；〈第五次發掘簡報〉，《考
　　　古》1964（12）:601－602；《考古學報》1976（1）：83－102。
109　3000至2000B.C.，〈廣東曲江石峽墓葬發掘簡報〉，《文物》1978(7):1－15。
110　年代約爲 2000B.C.。《考古學報》1981（3）:349－368。
111　K. C. Chang, *The Archaeology of Ancient China*（1986），p.234, 使用
　　　interaction shpere 之關念說明此現象。

公認最有可能與夏代有關係的，是河南偃師二里頭的遺址。一般將二里頭遺址分爲四期，此四期到底與夏商文化有何相對關係，目前由於二里頭的發掘工作乃在進行之中，又缺乏文字材料出土來證明其地是否確爲夏代遺址，學者們尙無一致的看法[112]。

在二里頭上層遺址中所發現的墓葬，最大的一座墓坑口呈斗口形，上端長 2.9 公尺，寬 1.77 公尺，坑底長 2.4 公尺，寬 1.5 公尺，其餘的墓葬長約 2 公尺，寬 0.9 公尺[113]，死者多爲仰身直肢葬，葬具不明，隨葬品以實用陶器爲主，雜以珠、玉、石、貝等飾物。另有一類灰坑葬，死者無一定葬式，亦無隨葬品，可推測爲非自然死亡之罪犯與奴隸之埋葬坑。由這兩種不同的墓葬方式，可以推斷此時二里頭文化的社會已有至少兩種不同的階級，但是這種情況本身並不足以說明二里頭文化與前此新石器時代晚期的龍山文化有何重大的差別，因爲甚至在仰韶文化中也早已有了灰坑葬的事實。眞正賦予二里頭文化重要性的，乃是在遺址上層發現的大型宮殿遺跡，以及出土的各種靑銅工具、兵器、禮器，說明此一時期的政治和工藝有了重大的發展，也因而提示我們，現有的墓葬材料並不足以表現二里頭早商文化的特性[114]。

與二里頭上層文化約同時的鄭州二里岡早商遺址中，墓葬制度似乎有了進一步的發展。二里岡型的墓葬可分爲大型墓、小型墓兩類，大型墓長約 2.9 公尺，寬約 1 公尺，深約 2 公尺，小型墓則一般長 2 公尺，寬 0.6 公尺。分別大、小型墓的不僅是墓坑大小，還有隨葬品的差別。大型墓中經常有銅鼎、盤、罍、爵，觚等禮器，有木質葬具；

112 〈河南偃師二里頭早商宮殿遺址發掘簡報〉，《考古》1974(4):234－248;〈關於二里頭文化〉，《考古》1980(6)：521－525;〈二里頭文化探討〉，《考古》1978(1):1－4; Ying,Wei－chang, "A reexamination of Erh－Li－T'ou culture," in K.C. Chang ed., *Studies of Shang Archaeology* (New Haven: Yale U. Press, 1986), pp.1－13. 又參見 K.C. Chang, *The Archaeology of Ancient China*, 4th ed. (New Haven：Yale U. Press,1986), p.315－316.

113 〈河南偃師二里頭三、八區發掘簡報〉，《考古》1975（5）:302－309。

114 張光直，〈殷商文明起源研究上的一個關鍵問題〉，收入《中國靑銅時代》（台北：聯經出版公司，1983），頁 65－90。

小型墓中則只用陶器隨葬，這種差別很明顯的表現出兩種不同的社會階級[115]。若再配合一些集體葬的灰坑看[116]，二里岡的墓葬材料較二里頭墓葬更能表現出早商時期社會分化的情況。

與二里岡約同時期，在湖北黃陂盤龍城附近發現一批早商墓葬[117]，其中最大的一座爲長方豎穴墓，坑底長 3.77 公尺，寬約 3.4 公尺，有饕餮紋雕花木質棺槨，殉葬三人，隨葬品有鼎、鬲、甗、簋、盤、罍、盉、觚、爵、斝等靑銅禮器和各種武器工具和玉器等，是二里岡時期早商遺址中規模最大、隨葬品最多的墓葬[118]。由此墓的隨葬器物、殉人等情況看來，已經具備商代貴族墓葬的成熟形制。若再考慮盤龍城遺址發現的城牆和宮殿基址，以及湖北地區在早商時代不可能爲商文化中心的事實，則可以推測當時商人的文物制度已經基礎大定，以後的發展只是在這基礎上踵事增華而已。

在河北城縣發現的一批 122 座二里岡晚期和殷墟早期的墓葬，均爲長方豎穴，一般長約 2 公尺，寬不足 1 公尺，最大的也不過長 3.4 公尺，寬 1.5 公尺[119]，其中有九座墓葬有殉人。葬具大部分爲有棺無槨，兒童墓則無棺槨，有的僅在身下墊甕片，上覆木板。這批墓葬的隨葬品主要爲陶器，僅稍大墓中出靑銅鼎、鬲、斝、爵等禮器和兵器。墓葬方向以南向爲主，占 45%，其次爲東向，占 30%。而葬式則仰身或側身直肢葬占 51%；俯身直肢葬占 25%，另有少數的屈肢葬。由此看來，這地區的葬俗雖在隨葬品和墓穴大小上無甚特殊之處，在葬式和墓向上卻表現出當的多樣性。至於其中發現合埋一棺的男女合葬與同性合葬墓，則爲特例。

商代最重要的墓葬區域自然爲安陽殷墟。從民國十七年至二十六

115　〈鄭州商代遺的發掘〉，《考古學報》1957（1）:53－74。

116　〈鄭州商城遺址內發現夯土台基和奴隸頭骨〉，《文物》1974（9）:1－2。

117　〈1963年湖北黃陂盤龍城商代遺址的發掘〉，《文物》1976（1）:49－59；〈盤龍城1974年度田野考古紀要〉，《文物》1976（2）:5－15。

118　《文物》1976（2）:11－14。

119　〈河北城縣商代遺址與墓葬的調查〉，《考古》1973（1）:27－29；〈河北城縣台西村商代遺址發掘簡報〉，《文物》1979（6）:33－43。

年，曾在後岡、小屯村及附近侯家莊等地進行了十五次發掘；發現屬
於商王室的十字形大墓八座，中字型大墓三座[120]，後來又在武官村發
現中字型大墓一座[121]，在殷墟周圍陸續的進行了二十多次發掘[122]，
又在小屯西北發現婦好墓[123]以及近三千座的小型墓葬[124]。此外，在
後岡地區，也先後發現了四座中字型大墓和一座甲字型墓[125]，這些墓
葬使我們對商代的墓葬制度有了一個比較完整的瞭解[126]。

　　有關商王朝大墓的形制前人已多有論述[127]，此處僅略論其重要特
徵，以與商代前後及其他較小墓比較。在侯家莊發現的大墓，其墓形
最大的特點除了墓室空前巨大之外[128]，就是其十字形的墓道構造
[129]。這種四面皆有墓道的形制固然是為了建築挖取土方便而設，也同
時成為墓主人身分的象徵，有四條墓道若為王墓，則有二條或一條墓
道之中字型、甲字型墓主人的身分可以依次類推。婦好墓的主人若真
是武丁的配偶[130]，而其墓尚無墓道，則可推想具有二條或一條墓

120　高去尋，" The Royal Cemetery of the Yin Dynasty at An-yang, "《考古
　　　人類學刊》13/14（1959），頁1-9。
121　《考古學報》1979（1）：27-146。
122　〈一九五〇年春殷墟發掘報告〉，《考古學報》1981（5）：1以下。
123　《殷墟婦好墓》（北京：文物出版社，1981）。
124　《新中國的考古發現和研究》，頁232。
125　石璋如，〈河安陽後岡的殷墓〉，《歷史語言研究所集刊》13本（1948）；
　　　〈1971年安陽后岡發掘簡報〉，《考古》1972（3）：14-25。
126　K. C. Chang, *Shang Civilization*, pp.110-124.
127　高去尋，" The Royal Cemetery of the Yin Dynasty at An-yang, " pp.1-
　　　9；Chang, *Shang civilization*, pp. 111-119.
128　1001大墓墓坑底長約16公尺，寬約11公尺，見梁思永、高去尋，《侯家莊》
　　　第二本（上）《1001號大墓》（1962），頁17。
129　其中1217大墓南墓道長達60公尺，最寬9公尺，見梁思永、高去尋，《侯家
　　　莊》第六本《1217號大墓》（1968），頁16。
130　〈論殷墟五號墓的「婦好」〉，《考古學報》1977（2）：1-21，否認此說法。
　　　又見〈論婦好墓的年代及有關問題〉，《文物》1977（11）：32-37；〈安陽殷墟
　　　五號墓的年代問題〉，《考古》1979（2）：165-170。有關婦好墓在商代考古上
　　　的重要性，參考 K. C. Chang, " Yin-hsu tomb number five and the
　　　question of the P'an Keng/Hsiao Hsin/Hsiao Yi period in Yin-hsu
　　　archaeology, " in K. C. Chang, ed., *Studies of Shang Archaeology*, pp.65-
　　　80.

道之墓葬應該屬於王室之重要成員[131] 。同時，若後岡發現的中字型墓是早殷王陵，在侯家莊西北岡發現的十字型大墓中也有可能不全是王墓[132] 。

　　自商代以下以至於春秋戰國，凡有墓道之墓一般均為具重要政治地位者所有。不過在商代，這種嚴格的以墓道有無或多寡為身分等級之分別的禮制也許並沒有成形。譬如在山東益都蘇埠屯出土的一座大型墓，就具有四條墓道，其規模不亞於侯家莊商王大墓[133] ，據推測其墓主為殷末東夷薄姑氏君主[134] ，若其不屬於商王之臣邦，則使用和商王完全相同的葬制的行為顯示其已完全在文化上與商文化認同，甚至有可能意味著政治上的野心，或者其政治地位竟與商王可相抗衡。若其為商王之臣邦，則其葬制與商王相同之事實若不意味其僭越，而為商王室所無法禁，就表示此制度尚未成為商王的專利。這些或者均可說明當時所謂商王朝的性質，並不是一絕對的一統君王，毋寧應說是一共主的地位，其諸侯附庸之國力不一定低於商王朝本身[135] 。

　　除了這些較大的墓之外，在殷墟出土的數千座墓葬大多數為小型墓。在西北岡發現二百多座祭祀用的排葬坑，共葬了約一千三百多人，由於這些葬坑屬於殺祀者的掩埋處，故不能視之為正常的墓葬[136] 。在殷墟西區、大司空村、小屯等地發現的小型墓葬均為長方豎穴，通常有木棺，少數兼有木槨，此種情況，與二里岡和城縣的小墓相當。根據筆者目前搜集之資料，殷代晚期有1238個無墓道之小墓[137] 。

131　持此說者如 Yang, hsi－chang," The Shang Dynasty Cemetery System," in K.C. Chang ed., *Studies of Shang Archaeology*, p.51.

132　曹定云，〈殷代初期王陵試探〉，《文物資料叢刊》19（1988）：80－87。

133　〈山東益都蘇埠屯第一號奴隸殉葬墓〉，《文物》1972（8）:17－30。

134　〈山東益都蘇埠屯墓地和亞醜銅器〉，《考古學報》1977（2）:23－33。

135　參見 Keightley," The Late Shang State: When, where and·what," *The Origins of Chinese Civilization*, pp. 523－64, esp. 551 ff.

136　〈安陽殷墟奴隸祀祭坑的發掘〉，《考古》1977（1）:20－36; K. C. Chang, *Shang Civilization*, p.123f.

137　此處的平均值乃是根據有資料之墓數來計算的，1233個墓中長度有資料者共1210個，故長平均為此1210個墓的長平均，而非1233個墓的長平均。這種考慮主要來自於使用電腦處理資料時可能會有的疏忽。即有某筆資料之墓雖不足

這些小墓中其實仍有大小之差別，現依其等級連同中、甲字型墓，表
列其長寬平均值如下：

表 2-1　商代晚期墓室長寬平均值

	中字型	甲字型	無墓道	無			墓		道
				殉一人	殉二人	殉三人以上	無棺槨	單棺	一棺一槨
長	10.00	4.66	2.41	3.54	3.21	4.34	2.02	2.37	3.06
寬	7.45	3.21	1.01	2.26	1.66	3.04	0.70	0.96	1.54

由此簡表可以看出，商墓之規模誠然與墓道之有無，殉人之多寡，棺
槨之層數有直接之對應關係。

在葬式方面，在 690 座知道葬式的商代墓中仰身直肢占 68.5%，
俯身直肢占 28.1%，而側身屈肢葬（包括側身、仰身、俯身）僅占
3.4%，可見仰身直肢葬仍為主要的葬式。葬式不同是否代表身分不
同？這是一直有人爭論的事[138]　。殺殉坑和灰坑中死者的葬式一般較零
亂，其身分也不成為大問題，但是在平民墓之墓地中，不同葬式者往
往有相似的葬具和隨葬品。若以為俯身葬者身分較仰身葬者為低，

續　1233 個，在計算時卻以 1233 之總數相除，所得平均值自然就不正確了。此一問
　　題在本文所有平均值計算中均已考慮到，故以下不再重覆。又筆者雖多方搜集，
　　仍不能完全網羅所有已發表之考古報告。將來若有新資料加入，當修正計算結
　　果。不過在墓葬數字已大至千筆以上時，新資料的數目除非亦相當大，否則對整
　　體平均數字之影響應有限。又這些墓葬之墓主身分當然不是僅以本文中所持用的
　　棺槨數一項因素就可以決定的。但由於使用其他的標準來分墓葬之等級，如隨葬
　　器物的多寡，質地的好壞等等，也有事實上的困難，我們在此只有採用棺槨數和
　　殉人數來作為討論的依據。資料來源：〈1953 年安陽大司空村發掘報告〉，《考
　　古學報》第 9 冊（1955）：25-90；〈1958 年春河南安陽市大司空村殷代墓葬發
　　掘簡報〉，《考古通訊》1958（10）：51-62。〈1969-1977 年殷墟西區墓葬發
　　掘報告〉，《考古學報》1979（1）：27-146。〈1971 年安陽后岡發掘簡
　　報〉，《考古》1972（3）：12-25。石璋如，《小屯》第一本，丙編，丙區墓葬
　　上（1980）。又此處及下文中所引資料，常有一篇報告中兼有不同時代之墓葬
　　者，統計時均一一分別，然而有原報告不清楚者，筆者必須自行判斷其年代，不
　　同學者可能有不同之斷定。

138　《考古》1956（6）：85-90.

則有例子顯示墓主人爲俯身，而殉葬者反而爲仰身[139]，故不同葬式的實際意義尚有待進一步研究。

　　西周時期之墓葬發掘主要集中於陝西岐山周原、灃鎬，洛陽，以及包括河北、遼寧、江蘇、安徽等地在內的廣大地區。現以簡表顯示此時期墓葬大小之變化[140]。

表2-2　西周時代墓室長寬平均值

		中字型	甲字型	無墓道	無	墓			道
					殉一人	殉二人	無棺槨	單棺	一棺一槨
長	早期		5.70	2.72	3.34	3.69	2.77	2.51	3.09
	中期	7.14	6.38	2.77		4.20	2.27	2.53	3.31
	晚期	6.50	8.00	2.85	3.48	2.08	2.78	2.50	2.97
寬	早期		4.50	1.43	1.82	2.25	2.15	1.23	1.69
	中期	5.38	4.70	1.52			1.14	1.29	1.92
	晚期	5.00	6.00	1.54	2.48		1.42	1.20	1.67

若將此表與上文商代晚期之表相較，可以明顯的看出，西周時代的墓

139　《考古》1973（1）:25－29。又參見〈商代的俯身葬〉，《考古與文物》1988（2）:17－23。

140　以下統計根據之資料如下:〈陝西岐山賀家村西周墓葬〉，《考古》1976（1）:31以下;〈寶雞竹園溝等地西周墓〉，《考古》1978（5）:289－296;〈陝西扶風齊家十九號西周墓〉，《文物》1979（11）:1－11;〈扶風雲塘西周墓〉，《文物》1980（4）:39－55;《灃西發掘報告》（1962）:168－173;〈1967年長安張家坡西周墓的發掘〉，《考古學報》1980（4）:457－502;〈洛陽龐家溝五座西周墓的清埋〉，《文物》1972（10）:20－31;〈北京發現西周奴隷殉葬墓〉，《考古》1974（5）:310;〈河北元氏縣西張村的西周遺址和墓葬〉，《考古》1979（1）:23;〈遼寧朝陽魏營子西周墓和古遺址〉，《考古》1977（5）:306以下;〈1961－62年灃西發掘簡報〉，《考古》1984（9）:784－789;《考古》1981（1）:18;〈江蘇丹徒煙墩山西周墓〉，《文物》1956（12）;〈安徽屯溪西周墓葬發掘報告〉，《考古學報》1959（4）:590;《考古與文物》1982（4）:15－38;1985（1）:7 M4,10;《洛陽中州路》:151;《上村嶺虢國墓地》（1959）:55－79。〈洛陽東關五座西周墓的清理〉，《中原文物》1982（3）:25－28;《文物資料叢刊》2:45;8:89－92。

葬，除了大型的中字型墓之外，普遍要比同形制的商代墓爲大。具有一條墓道之甲字型墓在西周亦不多見，至於無墓道的小墓，基本上規模相去甚微，而較商代晚期的無墓道墓平均長多了 0.3－0.4 公尺左右，寬多了 0.4－0.5 公尺左右。這種情況也許代表了整個社會財富的增加。

殉人的情況，西周早、中期仍然流行，到了晚期，乃至於春秋時代，殉人墓之數目均甚少，這情況似乎指出，至少在社會中下階級，殉人的風氣在周代有逐漸消失的傾向，但殉人的事實一直到戰國末年仍然存在。

葬式方面，西周時 342 座確知葬式墓中，仰身直肢葬 76%，側身直肢葬占 10%，屈肢葬占 14%，其屈肢葬之比例要比商代爲高。

第四節　春秋至戰國時代

春秋戰國時代爲中國古代史上一個鉅變的階段。從春秋開始，周天子的威權陵夷，封建紐帶崩解，勢力強大的諸侯彼此爭霸，開始起用非貴族的人才，士大夫的地位在各國普遍上升，封建舊貴族由於內部的傾軋，土地喪失，常常淪入下層社會。到了戰國時代，大國兼併小國益形激烈，春秋時列國林立的情況逐漸轉變爲少數強國相抗的局面。南方的楚國和越國以及西方的秦國等原本比較和周文化關係疏遠的國家，經過春秋以來不斷與中原文化各國的往來，在文化上逐漸的與中原文明相融合，但是仍然保有各地特殊的風格。這種政治與文化上的發展，可以在墓葬制度中得到更進一步的闡明。

平王東遷，與周王朝關係最密切的是鄭、虢兩國，由虢國墓地發掘的結果來看，有一清楚的等級制：第一級：虢太子墓，出七鼎、六簋、六鬲、十車、二十馬；第二級：卿，出五鼎、四簋、四鬲、五車、十馬；第三級：大夫，出三鼎、四簋、二鬲；第四級：士，出二鼎或一鼎，有的同出盤、匜，有的同出盆、豆等陶器；第五級：庶

人，無青銅禮器[141]。這是主張周代有嚴格墓葬禮制，並且為其諸侯所遵守的學者所看重的例子。不過虢國國祚不長，在春秋前期即為晉所滅，所以從墓葬中看不出日後的變化。

魯國為周公旦之後，在文化上最能保存周的制度，所謂「周禮盡在魯矣」[142]。由於墓葬方面的考古工作尚未有計畫的進行，我們無法印證是否在墓葬制度上魯國也嚴守周制，又維持到何時[143]。

與周王室關係密切的晉國，春秋時期的墓葬中曾有七鼎[144]、五鼎[145]、三鼎[146] 等形制的墓葬。到了三家分晉，進入了戰國時代以後，就出現了規模遠較西周、春秋時代為大的墓葬，如在河南輝縣固圍村發現的一座大墓，南北墓道通長達 170 公尺以上，深至 15 公尺以下，足可以與殷代大墓相比[147]。這種大墓，據推測應為魏國王室的墓葬，則可以想見，到了戰國時代，稱王的各諸侯國已經在禮制上取得了與周天子相等的地位。與此相類的大墓，尚有在河北平山發現的中山國王陵，其主墓室長寬 29 公尺，南北墓道通長 110 公尺[148]。湖北隨縣曾侯乙墓雖無墓道，卻具有隨葬九鼎、八簋的禮制[149]。

在魏、韓、中山國的墓葬中有一項共同的特色，就是用石塊構築槨室，棺外槨內再積以木炭以防潮溼[150]。而中山王墓中出土的「兆窆圖」上又有「椑棺、中棺視哀后，其題湊長三尺」的字樣[151]，其情

---

141 《上村嶺虢國墓地》（北京：科學出版社，1959），頁 55 - 79。
142 《左傳》閔公元年：「仲孫曰：『……魯不棄周禮，未可動也。』」
143 〈三十年來山東省文物考古工作〉，《文物考古工作三十年》（1979）：190 - 192。
144 〈山西侯馬上馬村東周墓葬〉，《考古》1963（5）:229 - 245。
145 〈山西萬榮縣廟前村的戰國墓〉，《文物》1958（12）:34 - 35。
146 〈山西侯馬上馬村發現東周銅器〉，《考古》1959（7）:371。
147 《輝縣發掘報告》（北京：科學出版社，1956），頁 69 - 70。
148 《文物》1979（1）:1 - 31。
149 《隨縣曾侯乙墓》（北京：文物出版社，1980）。
150 《輝縣發掘報告》，頁 89；〈山西長治分水嶺古墓的清理〉，《考古學報》1957（1）:103 - 118；〈山西長治分水嶺戰國墓第二次發掘〉，《考古》1964（3）:111 - 137；〈山西長治分水嶺 126 號墓發掘簡報〉，《文物》1972（4）:38 - 46；〈長治分水嶺 269、270 號東周墓〉，《考古學報》1974（2）:63 - 86；《文物》1979（1）:1 - 31。
151 《考古學報》1980（1）:125。

況正如《呂氏春秋‧節喪篇》中所說：「題湊之室，棺槨數襲，積石積炭以環其外。」《呂氏春秋》此段文字所反映出的戰國時代的厚葬習俗，自然不限於戰國王室貴族，也不限於中原地區。

在離中原文化中心稍遠的地區，墓葬形制也有各種不同的地方色彩。齊、燕兩國一處東海濱，一偏東北，都具有一些與中原墓葬不同的習俗。其一是在槨室之外積以蚌殼[152]，其二是在建構墓穴時將四壁夯築，以火燒烤使土質變硬的加固方式[153]。前面第一節中已討論過，此種加固方式可能並不是一種普遍的制度。偏處西方的秦國，一般文化上雖落後，其上層階級仍然採取周制，在鳳翔發現的秦公陵園，有18座中字和3座甲字型大墓，其中最大的中字型墓墓室長約 60 公尺，寬約 40 公尺，深達 24 公尺，兩端墓道通長 300 公尺，為春秋中晚期的墓葬[154]，這樣龐大的墓室反映出其墓主人在政治上實有睥睨周天子的氣勢。不過秦國普通墓葬的特色主要在其葬式。從春秋時代開始，秦人墓中就有很多屈肢葬的情況，而且不限於殉葬者[155]。有關屈肢葬的意義為何，一直是學者爭論的問題[156]，最近又有人認為屈臥是一種帶有法術意味防止鬼物侵襲的姿態，可能是屈肢葬的用意所在[157]。但是這種說法的主要根據是雲夢秦簡《日書》中的一段材料，其中在窋臥和屈肢葬之間關係的牽連只能說是間接的證據，同時也無法解釋在其他文化中屈肢葬的問題。

秦國墓葬的另一特點便是戰國末年洞室墓的出現。所謂洞室墓，其一般為在豎穴土坑的底部橫向掘一洞穴，起初放置隨葬品，後來則連棺木一併放入，豎穴中不再置物，成為一豎井墓道。有人認為這是

152　〈臨海郎家莊一號東周殉人墓〉，《考古學報》1977（1）:73－104；〈山東長清崗辛戰國墓〉，《考古》1980（4）:325－332；《牧羊城》（東京：東亞考古學會，1931），頁 34－42。

153　〈河北易縣下都第十六號墓發掘〉，《考古學報》1965（2）:79－102。

154　〈略論陝西春秋戰國秦墓〉，《考古與文物》1981（1）:83－93。又見〈鳳翔秦公陵園第二次鑽探簡報〉，《文物》1987（5）:85－65。

155　同上；〈秦墓初探〉，《考古》1982（1）:35ff.

156　高去尋，〈黃河下游的屈肢葬問題〉，《中國考古學報》1947(2)：121－166。

157　〈秦人屈肢葬仿象「窋臥」說〉，《考古》1987（12）:1105－1106。

由豎穴墓的壁龕演變而來的[158]。又有人認爲當時人之所以會要將壁龕擴大成爲墓室，是由於有了一種「事死若生」的觀念，要模仿在黃土高原上的窯洞式房屋，讓死者住在類似他平日起居的環境中[159]。實際上，前面曾經提到，在黃河流域上游及其支流湟水流域一帶，從新石器時代晚期的馬家窯文化以下各類型文化中都有土洞墓出現，而這種土洞墓的形狀和當時人居住的半地穴式房屋也相類似。有學者因此主張，這種土洞墓也可能就是後世在此一廣大地區中流行的土洞墓的先驅[160]。這種說法固然言之成理，但洞室墓之土洞一般均甚爲狹小，僅容一棺和少數隨葬品，是否眞的能象徵死者生時所居的窯洞或半地穴式房屋，實不無疑問。不過，以墓室象徵生人居所的觀念當然在戰國時代早已存在，如《荀子·禮論篇》：「凡禮，事生，飾歡也，送死，飾哀也，……故壙壠，其貌象室屋也。」近年也有學者以春秋戰國以來的槨室形制論其與生人居屋的關係[161]，關於此問題見本書第七章之討論。

　　楚國爲春秋戰國時代疆域最廣的國家，其先世雖屬所謂的「荊蠻」，自春秋以來積極在政治上和文化上參與中原諸國活動，實已成爲華夏文化的一部分。楚墓之發掘，爲先秦墓之大宗，據估計各地發掘的先秦楚墓已超過五千座，占全部春秋戰國時代墓葬之80%強[162]。

　　楚墓的基本形制仍爲豎穴木槨墓，在數千座墓中，大型墓葬並不多，以江陵天星觀一號墓爲例，長寬約 20 公尺，沒有墓道，但墓坑口上部爲梯階式，這種梯階式坑口是楚墓的特色之一[163]。楚墓的另一特色爲其槨室的構造。在較大的槨室中，往往用槨板隔出頭箱、足

158　《考古》1982（1）:65 以下；　K. C. Chang, *The Archaeology of Ancient China*, 3rd ed.（New Haven: Yale U. Press, 1977）,pp.359–361.

159　《考古》1982（1）:65ff。

160　謝端琚，〈試論我國早期土洞墓〉,《考古》1987（12）：1097–1114。

161　兪偉超，〈漢代諸侯王與列侯墓葬的形制分析〉,《中國考古學會第一次年會論文集》（1980）:332–337。

162　張正明，〈楚墓與楚文化〉,《中原文物》1989（2）:39; 《新中國的考古發現與研究》,頁 304。

163　〈江陵天星觀一號楚墓〉,《考古學報》1982（1）:71–116。

箱、邊箱等，以放置隨葬品，大約箱數愈多者，墓室規模也愈大[164] 。近年在西安地區出土一批商代墓葬，不但說明商人勢力範圍的西向擴張界限，其墓葬中又有木槨，槨內有殉人用的邊箱，論者以爲這種木槨的形制很可能就是春秋以後豎穴木槨楚墓的源頭[165] 。這種梯階式墓坑口及槨室結構的特色一直延續到漢代，長沙馬王堆一號墓便是例子。

　　另外值得注意的一個現象是，楚墓中雖然有些墓具有墓道[166] ，但一般墓穴規模並不大，墓穴長寬約在三至五公尺左右，這種情形爲戰國以來的趨勢，下文將再論及。

　　從隨葬器物上，仍然可以看出楚墓具有其地方特色。除了一些大墓中隨葬銅器的形制與周制相同之外，一般中小型墓中隨葬器物之組合與中原地區有相當之差別，主要在楚墓中往往出現兩兩成套的隨葬品，多的甚至有三對、四對的組合[167] 。在個別的器形上，也可以看出楚器受中原器物傳統之影響[168] 。

　　吳、越爲春秋時期東南地區的大國，春秋末越滅吳，據有其地，入戰國後，吳又爲楚國所滅，故吳越墓葬有時不易與楚墓分別。考古發掘證明爲吳越時代之墓葬數目亦不多[169] 。比較特殊的土墩墓[170] ，有墳丘而無墓穴，在地面上安置死者及隨葬品，再覆以土墩。這種墓葬形式自新石器時代以來就流行於長江下游地區（見本文第二節）。

164　俞偉超，〈漢代諸侯王與列侯墓葬的形制分析〉。

165　〈西安老牛坡商代墓地初論〉，《文物》1988（6）：23－27。

166　《江陵雨台山楚墓》（北京：文物出版社，1984），頁5；〈當陽趙家湖楚墓的分類、分期和年代〉，《中國考古學會第二次年會論文集》（北京：文物出版社，1980），頁41－50。

167　〈楚墓葬制初論〉，《中國考古學會第二次年會論文集》，頁33－40。

168　〈論楚鬲文化特徵的兩重性〉，《中原文物》1989（4）：4－13; 楊權喜，〈從葬制看楚文化與中原的關係〉，《中原文物》1989（4）：14－17。

169　〈江蘇六合和仁東周墓〉，《考古》1977（5）：298－301；〈河南固始侯古堆發掘報告〉，《文物》1981（1）：1－8。

170　〈江蘇溧水發現西周墓〉，《考古》1976（4）：274；〈江蘇句容浮山果園土墩墓〉，《考古》1979（2）：107－128；〈江蘇吳縣草鞋山遺址〉，《文物資料叢刊》1980（3）：1－24。

在分區討論了春秋戰國的墓葬特徵之後，我們再從巨觀的統計數字方面來看此一階段的墓葬形制[171]。

春　秋

		甲字型	無墓道	無	墓		道
				無棺	單棺	一棺一槨	一棺二槨
長	早期		3.12		2.51	3.26	
	中期		2.96	2.23	2.45	2.85	
	晚期	13.5	2.74	2.50	2.47	3.19	3.95
寬	早期		1.80		1.30	1.98	
	中期		1.70	0.86	1.42	1.62	
	晚期	13	1.45	1.53	1.10	2.05	1.85

戰　國

		甲字型	無墓道	無	墓		道
				無棺	單棺	一棺一槨	一棺二槨
長	早期	3.66	2.87	2.67	2.31	3.50	4.75
	中期	3.81	2.96	2.79	2.79	3.07	5.75
	晚期	6.04	2.85	2.83	2.89	2.95	4.48
寬	早期	2.11	1.58	1.24	1.15	1.84	3.54
	中期	2.39	1.77	1.46	1.35	1.73	4.98
	晚期	4.55	1.79	0.86	1.71	1.88	2.90

---

171 以下統計，春秋時代資料如下：《考古學報》1983（3）:379－381；《考古》1962（5）:225；1963（5）:245；1966（3）:131；1972（3）：24；1973（3）:15 M3,10;1973（6）:344；1976（1）:48；1985（4）:358;1985（6）：521;《文物》1977（3）:43；　1985（6）:4；《考古與文物》1981（1）:36;1985（1）:7 M6,7,9;《江陵雨台山楚墓》，152－156。戰國時代資料如下：《考古》1962（5）:225－26;1962(10)：513 以下；1962(12):613 以下;1963(3):111 以下；

一般而言，春秋早期墓較寬，而春秋晚期至戰國早期較窄，單墓道之
甲字型墓在春秋時代甚少發現，而戰國時代甲字型墓則大增，有愈晚
愈大的趨勢。中字型墓，如春秋中晚期的秦公墓，規模特大，前面已
提及。通觀春秋戰國一般的發展，可得一初步之印象，即貴族墓（甲
字型）有增大的趨勢，而一般平民墓則有由寬變窄的趨勢。

　　若再將春秋戰國時期墓葬之數據拿來與商、西周時代相比，則商
代之平民墓規模最小，西周時長增至 3 公尺左右，寬增至 1.58 以上，
此後之平民墓即維持此規模，僅在寬窄方面有所變化。至於甲字型
墓，就目前所有資料而言，以春秋時代晚期規模最大，這種情況也許
可以做爲春秋時代卿大夫之勢力高漲的象徵，但究因目前所能掌握之
資料不足，而春秋時代，禮制尚多少被遵行，故不能遽然肯定此點。
到戰國時代甲字墓規模變小，則可能與貴族陵夷，平民崛起有關。即
具備有建甲字墓身分者，其財力不足以建大型甲字墓，或者原本不具
此身分者也想藉修甲字墓以象徵自己的社會地位。同時我們也不應忽
視在戰國末年甲字墓有增大的趨勢。當然，墓主身分除了有文字資料
之外，一般均不易分辨，尤其是到了戰國時代，西周禮制已不一定被
遵守，即使從隨葬品之等級（如鼎數）上也往往只能看出墓主所希望
自己所具備的身分，但不一定眞的能反映出其生前之地位。

　　在葬式方面，春秋時代確知葬式的 125 座墓中，仰身直肢葬占
40%，餘爲屈肢葬，而戰國時代 547 座確知葬式墓中，仰身直肢葬占
57%，其餘絕大部分爲屈肢葬，若與商周時代相較，屈肢葬在春秋戰
國時代出現之頻率大增。當然，若考慮大部分的墓葬中葬式均不清
楚，而墓葬發掘之結果常爲不完全取樣，任何統計數字僅能做研究者

續　1963(50):245;1966(3):131;1973(3):151 以下;1973(6):384;1984(6):527;1985(4):358;19
85(6):521;《考古學報》1954(8):127 以下;1978(2):252 以下;1981(4):523 以
下;1983(1):122 以下;1983(2):252;1983(3):379 − 81;1985(1):313 以下;《考古與文
物》1981(1):36 − 38;1982(6):6 − 15;1984(3):8 − 17;1985(1):7;《考古學集刊》1:111;
2:47;《江漢考古》1985(1):1 − 37;《文物》1977(3)：44 − 46;1985(6):13;《鄭州二
里岡》，44 以下;《江陵雨台山楚墓》，157 − 90。

之參考，不宜遽然據以下肯定之結論。

　　至於自西周以來隨葬銅鼎與陶鼎以及棺槨制度的配合，一般雖有
隨棺槨層數增加而增加的趨勢，但並不一定完全依照一種理想的規則
[172]。根據三《禮》中的記載，諸侯用大牢九鼎，卿、上大夫用七鼎，
下大夫用少牢五鼎、三鼎、士用一鼎，是周代的禮制。然而透過考古
材料的印證，有人主張這套制度在西周前期即已完備，此後則不斷受
到破壞[173]。亦有人以爲，隨葬鼎制是在西周晚期、春秋早期始趨完備
[174]。不論如何，值得注意的是，用同一棺槨制度者並不一定使用相同
的鼎制，反之亦然。因此就整個墓葬制度而言，同樣是反映墓主身分
的這兩套禮制並不一定是相互配合的。戰國以後，使用陶鼎隨葬之情
況相當普遍，足以說明西周以來的禮制已經不再是貴族的專利，一般
庶人也習於以鼎隨葬之俗。從戰國時代開始，在無葬具和單棺墓中都
大量出現了陶鼎爲隨葬器，有些甚至有隨葬銅鼎。這些墓可能大多屬
於庶人階級。雖然他們之中許多人也許並沒有足夠的財力用銅鼎，但
仿銅的陶鼎也聊勝於無，這中間當然還牽涉到所謂「明器」的問題，
即人們對死者所需要帶至地下的器物有了與從前不同的想法。他們不
再以可以實用的銅禮器隨葬，而僅用象徵性的明器（見本章第

172　參見蒲慕州，〈論中國古代墓葬形制〉，《國立台灣大學文史哲學報》37
　　（1989），頁276-279。

173　兪偉超曾經結合考古與文獻材料來研究周代的用鼎制度，他認爲西周前期（武王
　　至恭王時期）一套符合三《禮》中的大牢九鼎（諸侯）、七鼎（卿、上大夫）、
　　少牢五鼎（下大夫）、三鼎、一鼎（士）的禮制已經完備。從西周後期至春秋初
　　期，這禮制受到第一次破壞，即有下級身分者僭用高級禮制的情況。同時陶製仿
　　銅禮器出現。到春秋末期、戰國初期之間，諸侯之卿僭用天子禮制，庶人使用士
　　禮，則又顯示出周初禮制的進一步崩壞，但此時禮制的基本形態仍然維持著。到
　　了戰國中晚期之後，連這一套九、七、五、三、一的用鼎制也不能完全維持，而
　　有用二鼎、四鼎之墓出現（見上文楚墓部分）。漢初，曾經一度有恢復舊制的企
　　圖，但政治社會情況的改變終於使得周代鼎制成爲歷史陳跡。見兪偉超，〈周代
　　用鼎制度研究〉，《先秦兩漢考古學論集》（1985）：62-107。

174　王飛以爲周鼎制在周代並不完全被遵從，倒是在春秋時代比較被嚴格遵守，至戰
　　國而衰。（見王飛，〈用鼎制度興衰異議〉，《文博（西安）》1986（6）：29-
　　33。）杜正勝也認爲周禮身分制至西周晚期、春秋早期始趨完備，其說表面上與
　　王說相似，然而其理由實不同，見杜正勝，〈周禮身份制之確定及其流變〉（中
　　央研究院第二屆國際漢學會議論文稿，1986）。

一節），包括木俑、陶俑等代替殉人的器物，陪伴死者於地下。這種
轉變當然是一極爲緩慢的過程，因爲有人認爲新石器時代的墓葬中就
有明器出現（雖然這時的「非實用器」是否應被稱爲「明器」尙是問
題，見本章第二節）。不過戰國以來明器的使用開始普遍，則很可能
是整個墓葬制度大轉變中的一環，其中不但包括貴族禮制的平民
化（即貴族陵夷平民崛起的雙向結果），死後世界觀的發展，還牽涉
到整個社會結構的轉變的問題。此一大轉變始於戰國中晚期，成於漢
代，正是以下各章所要討論的主題。不過在討論這些問題之前，我們
將先從考古發掘之結果來看看漢代墓葬制度的類型及其在兩漢時代中
之分布與演變。

第三章 漢代墓葬概論

第一節 漢代墓葬之類別

在整個漢帝國或漢文化圈之內，墓葬形制大約可分爲主流與旁支兩類。在主流方面，是繼承先秦以來的豎穴木槨墓、土洞墓、以及由此二者發展出來的橫穴磚室墓。在支流方面，如四川的崖墓、山東的石板墓、東北地區的貝墓等，屬於地方性的墓葬形制。而在邊境地區，少數民族的墓葬也表現出與漢文化相融合的痕跡。本節的目的就在對於這些不同類別的墓葬作一概括性的討論，作爲瞭解整個漢代中國墓葬形制的張本。以下四、五、六諸章，則以主流葬制爲討論分析之對象。

（一） 豎穴木槨墓

漢代豎穴木槨墓的基本結構與先秦木槨墓相同，即由地面垂直向下開掘一長方形土壙，作爲放置棺槨的墓室（圖3-1）[1]。槨室之構造一般均爲長方箱形，槨板結合以凹槽榫卯爲主要方法。槨內可再分隔出不同大小之空間，以放置棺木及隨葬品。棺木之形狀，仍以長方箱形爲主，亦有頭部較寬之例。弧形棺蓋極爲少見[2]，棺板之結合

---

1 「理想型」的木槨墓，參見 K. C. Chang, *The Archaeology of Ancient China* 3rd ed.（1977），p358, fig.216.

2 如廣西貴縣羅泊灣一號墓中之棺木。〈廣西貴縣羅泊灣一號墓發掘簡報〉，《文物》1978（9）：25-42。

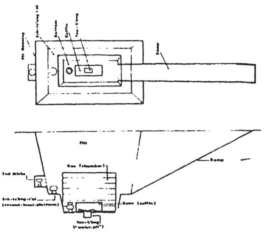

圖 3-1

以榫卯或棺釘爲之。槨室之外，填土亦有各種類型，大抵爲防潮而設
者有白膏泥及木炭，少數墓底有排水設施。而在挖掘墓室時爲取土方
便，其墓坑口通常呈斗形。又在楚文化影響區內，墓道爲相當普遍的
設置，亦爲施工方便而設，與墓主身分之高低並無絕對之關係。這些
將在第四章中詳細討論。

（二） 土洞墓

　　土洞墓之基本結構與磚室墓相同，故在本研究的分類中將漢代土
洞墓放在磚室墓之類型中一併考慮，亦即認爲土洞墓爲「沒有用磚塊
的磚室墓」。實際上，有些土洞墓墓室底部全部或部分用磚砌[3]，可
見至少在一部分情況中，墓主的財力多少很可能是土洞墓是否最後能
成爲磚室墓的原因。以下先將磚室墓的來源與基本構造做一介紹。

3　　如《洛陽燒溝漢墓》（北京：科學出版社，1959），頁47，墓114。

（三）　磚室墓之形制與起源

　　典型磚室墓的建造，基本上乃先由地面向下掘一豎坑，在豎坑底部橫開一穴，再在此橫穴中以磚塊砌成墓室，置棺其中。有些磚室墓築有斜坡墓道，也有的磚室即築於豎穴之底部，不再開橫穴。由於使用磚塊和砌法的不同，磚室墓的墓室結構可以發展成相當複雜的形式（詳見第五章）。不過此種墓葬形式並非突然出現於西漢中期，其源頭也許可以上溯到戰國時代。在第二章第四節曾經提到，戰國中期時在山西、陝西地區有使用土洞墓的習俗。其洞穴其實形制與上述磚室墓之橫穴相似，即由地面向下開掘一豎穴墓道，到底部之後，再向旁邊橫挖一洞穴，最初做爲放置隨葬品之用的龕室，後來逐漸擴大，成爲放置棺木之墓室。惟此時洞穴之形狀爲寬淺洞，而後來的洞穴爲深長洞（圖 3-2）[4]。 另外，在戰國晚期河南地區又有一種豎穴空心磚槨墓的出現[5]。這種墓穴的構造基本上與豎穴木槨墓相同，惟木槨的部分爲一種以大型長方空心磚砌成的槨室所代替，磚槨內仍置木棺（圖 3-3）[6]。由此類墓的規模和隨葬品看來，墓主的身分不可能太高，可能爲低級官吏或士人。以磚築成之槨室自然要比木槨耐久，使用磚築墓是否來自於一種想要使墓室永遠不朽的希望？但此種希望又爲何起始於社會中較低階層？有人主張這是由於當地缺乏木材，因而經濟力量較差的人就用比較便宜的磚來代替[7]。此說雖有可能，究竟沒有直接的證據。不論如何，我們可以推測，漢代的磚室墓，很可能就是將豎穴磚槨墓的磚槨移置到洞室墓的橫穴中的結果[8]。此一推測有一有力的證據。在鄭州出土的一批戰國初年至西漢初年墓葬中，

4　《文物》1955（10）：4。
5　《文物》1955（10）:3 以下；《鄭州二里崗》，49f.
6　《考古學報》1957（3）：57-90。
7　《河南出土空心磚拓片集》（北京：人民美術出版社，1963），頁 2；《文物》1972（10）：46；又見 R. Thorp, *The Mortuary Art and Architecture of Early Imperial China*（University Microfilms Inc., 1980），p.123.
8　R. Thorp, op. cit., pp.122ff.

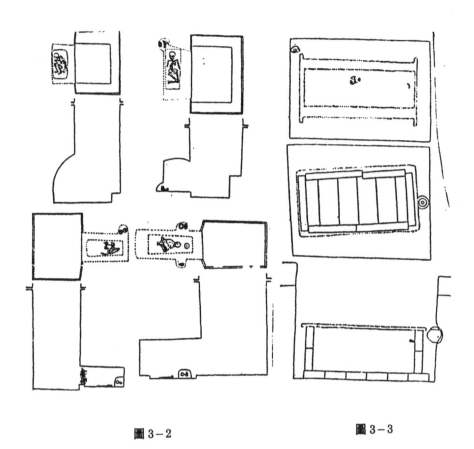

圖 3－2　　　　　　　　　　　　　　　　圖 3－3

依年代早晚順序排列，最早爲豎穴土坑，次爲豎穴空心磚槨墓，其次
爲土洞墓，再而爲土洞空心磚槨墓，也就是橫穴磚室墓，最後有狹長
土洞墓（圖3－4）[9]。可見磚室墓由豎穴磚槨墓和土洞墓發展而來是
有軌跡可循的。至於磚室墓在漢代的發展，正是本書第五章所要討論
的問題。

　　以上簡單的討論了漢代磚室墓的淵源和發展。至於推動此種墓葬
制度發展的背後原因，以及其所代表的宗敎、社會與工技方面的意義
如何，將於第七章中詳論。

　　9　〈鄭州崗杜附近古墓葬發掘簡報〉，《文物》1955（10）:3－23。

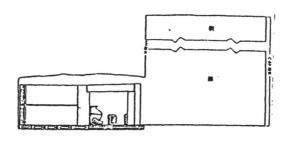

圖 3－4

（四） 畫像磚墓、畫像石墓、壁畫墓

在磚室墓的發展之中，有一些特殊的墓型是比較受學者注意的，就是有圖像裝飾的畫像磚墓、畫像石墓，和壁畫墓。在本書的分類之中，這些形式的的墓葬均屬於磚室墓的大項之下，因爲其墓室的結構基本上相同，只是所用的材料和刻畫技巧不同而已。

在墓室壁上以圖案加以裝飾是由來已久的習俗。商代大墓中就已發現有雕刻花紋的木板[10]。不過由於豎穴墓中的棺槨通常不易保存，此類的資料極少。戰國早期曾侯乙墓之木棺上漆有花紋、窗戶、以及神人的圖案，爲極珍貴的例子[11]。然而由於豎穴木槨墓本身形制之限制，除極少數大墓或下面要談的黃腸題湊墓之外，墓中不能容人走動，棺槨上之裝飾也就不可能具有如眞正居室中的壁畫的規模和意義。在磚室墓開始出現之後，情況有了轉變。由於磚室墓的規模一般較豎穴墓爲大，形制又近生人居所，於是在墓中壁上施以某些畫像裝飾就比較容易爲人所考慮採行。（相關之討論，見本書第五章、第七章。）

---

10 高去尋，《侯家莊第二本，1001 號大墓》（台北：中央研究院，1962），下冊，圖版xiii。
11 《隨縣曾侯乙墓》，圖 4。

　　所謂畫像磚墓，即指以印有畫像之磚塊砌成之墓葬。在早期磚室墓，也就是上面提到的空心磚墓之中，所用的大型空心磚上常常印有一些裝飾花紋。西漢中期以後人字頂空心磚墓所使用的空心磚上的圖案開始較有敍事性或象徵意義。隨著磚室墓的發展，所用的磚塊除了空心磚之外，又有長條形實心大磚，以及小磚，均可以模造方式予以畫像裝飾，並且可以在畫像上施以彩繪[12]。空心畫像磚墓之分布與空心磚墓相同，河南、山西、陝西為主要地區，而小畫像磚墓則以四川為主要分布地[13]。

　　所謂的畫像石墓，其結構基本上與磚室墓相同，唯所用的建材以石塊為主。此類石塊主要為長方形石板，上面雕有各式圖案。基本上這些圖案的內容與畫像磚之圖案相類，反映出相似的藝術與宗教傳統。由分布地區來看，畫像石墓出現的地區主要是山東、蘇北、南陽、陝北等地方，與畫像磚墓分布之地區有相重合之處，亦有相異之處[14]。如四川地區即以畫像磚墓為主，畫像石墓較少。此種情況，除了以地區性傳統不同來解釋，似乎無更有說服性的理論[15]。畫像石墓的出現，一般以為最初是受到西漢中期空心磚墓的影響，而當畫像石上的圖案有進一步發展之後，又轉而影響了空心磚上之畫像表現方式[16]。

　　從西漢晚期開始，在河北、河南、遼陽等華北地區又有一種壁畫墓，即將空心磚、小磚、或石板墓之墓室壁施以彩繪壁畫裝飾，以代替雕刻及模印的方式[17]。這種墓室裝飾的方式除了技巧上與畫像磚墓

12　較新的討論可參見呂品，〈河南漢代畫像磚的出土與研究〉，《中原文物》1989（3）：31－39。

13　馮漢驥，〈四川的畫像磚墓及畫像磚〉，《文物》1961（11）：35－42。

14　參見《新中國的考古發現和研究》，頁451－456。

15　米田如，〈漢畫像石墓分區初探〉，《中原文物》1988（2）：53－58，認為畫像石墓之發展因各地文化經濟上的差異而有所不同。這原則雖尚不無道理，但是他的解釋並不夠周延。詳見第五章之討論。

16　參見周到，〈河南漢畫像石考古四十年概論〉，《中原文物》1989(3)：46－50；閻根齊，〈商丘漢畫像石探源〉，《中原文物》1990（1）：39－42。

17　參見《新中國的考古發現和研究》，頁447－451。

和畫像石墓有一些差異之外，其爲畫像之本質並無不同。而不論是畫像磚墓、畫像石墓或壁畫墓，其中的畫像通常並不是完全佈滿整個墓室。其不同主題的圖像在墓中不同位置之分布亦有重點上的差異。同時，隨著時代的演進，畫像的內容在各地亦有不同的發展。如山東地區的畫像內容偏重歷史人物故事，南陽地區畫像偏重祥瑞辟邪和羽化升仙等等[18]，這些問題在第五章中將有比較深入的討論。

　　最後必須討論的是墓上建築的問題。漢代豎穴墓一般上面均有封土，已經是無可懷疑的事實，磚室墓情況亦然。但除了封土之外，是否還有享堂？在皇帝陵而言，答案是肯定的[19]，但是一般臣民百姓如何？根據文獻記載，和墓葬有關的建築物包括了闕、祠堂、碑、像等等[20]。考古發掘結果說明有一些東漢時代磚室墓墓前有祠堂之建構。這些祠堂的目的主要在於提供死者家屬一個舉行墓祭儀式的場所。論者以爲這種祠堂的出現是一般人受到東漢皇室將「廟」「寢」合而爲一的上陵制度的影響[21]，而模仿產生的結果。姑不論這說法是否反映實際情況，但祠堂出現之後，的確成爲墓葬的重要部分，不但成爲生者表達孝思，宣揚其德行的工具，又有可能成爲表現宇宙觀和政治倫理的一種手段[22]，似乎無可疑議。不過在本研究中，享堂或祠堂並非主要關心點，一則由於現有之考古材料不多，而學者已在其形制構圖、意識形態等方面有相當深入之探討[23]。

18　米如田，〈漢畫像石墓分布初探〉；周到，〈河南漢畫像石考古四十年概論〉。

19　巫鴻，〈由「廟」到「墓」〉，《慶祝蘇秉琦考古五十五年論文集》（北京：文物，1989），頁 98－101；楊寬，《中國古代陵寢制度史研究》（上海：古籍出版社，1983）。

20　楊樹達，《漢代婚喪禮俗考》（台北：華世出版社，1983），頁 147－199。

21　巫鴻，〈由「廟」到「墓」〉。

22　Wu Hung, *The Wu Liang Shrine* (Stanford: Stanford U. Press, 1989), pp. 229－230.

23　有關武梁祠及孝堂山祠堂，前人論述已甚多，現僅舉以下有關祠堂結構之數文爲參考：Wilma Fairbank, " The Offering Shrines of Wu Liang Tzu ," *Harvard Journal of Asiatic Studies*, 6 (1941)：1－36；〈武氏祠畫像石建築配置考〉，《考古學報》1981(2):165－184；〈孝堂山郭氏墓石祠〉，《文物》1961(4/5):44－51，另外，參見〈漢代的小祠堂〉，《考古》1983(8):741－751；J. James, *An Iconographic Study of Two Late Han Funerary Monuments:*

（五）　黃腸題湊

　　在木槨墓的發展中，比較特殊的情況是所謂的「黃腸題湊」墓。這種墓葬形制至少在戰國晚期已經出現。《呂氏春秋·節喪篇》在描述當時厚葬風氣時曾經提到：「諸養生之具無不從者，題湊之室，棺槨數襲，積石積炭以環其外。」《呂氏春秋》作者在此所指的厚葬者是「世俗大亂之主」，也就是諸侯國君。類似的例子見於《吳越春秋》，其中記載吳王女滕王死后，「鑿池積土，文石爲槨，題湊爲中。」[24] 戰國平山中山王陵 M1 出土的〈兆域圖〉中有「題湊」的說明（見第二章第四節），而輝縣固圍村 2 號墓中以長短木枋縱橫交疊而成的槨室，亦可能即爲早期黃腸題湊墓的例子[25]。

　　到了漢代，考古發掘證實爲黃腸題湊墓的有石家莊北郊漢墓，很可能爲趙王張耳之墓（卒於高祖五年，202B.C.）[26]；長沙象鼻嘴一號墓，墓主爲長沙王吳著（卒於文帝後元七年，157 B.C.）或劉發（卒於武帝元朔元年，128 B.C.）[27]；長沙咸湖曹墓，墓主曹爲長沙王后[28]；北京葆台一號墓，墓主爲廣陽頃王劉建（卒於元帝初元四年，45 B.C.）[29]；江陵高郵天山一號墓，墓主爲西漢中晚期廣陵

續　　 the Offering Shrines of the Wu Family and the Multichamber Tomb at Holingol（Universlity Micro films Inc. 1983）；id., "The Iconographic Program of the Wu Family Offering Shrines," Artibus Asiae（1989）, pp. 39−72; Wu Hung, The Wu Liang Shrine（Stanford: Stanford U. Press, 1989）.

24　《吳越春秋》（台北：世界書局，1962）卷 4〈闔閭內傳〉，頁 98。惟《吳越春秋》一書作成時代可能晚至東漢，故其中所記文物制度是否反映出春秋戰國時代的情況，尚有疑問，見張心澂，《僞書通考》（台北：鼎文書局，1973），頁 661−663。

25　《輝縣發掘報告》（1956），頁 90；主張此說的言論見《考古》1985（11）：1015−1024。

26　〈河北石家莊市北郊西漢墓發掘簡報〉，《考古》1980（1）:52−55。

27　〈長沙象鼻嘴一號西漢墓〉，《考古學報》1981（1）:111−130。

28　〈長沙咸陽湖西漢曹墓〉，《文物》1979(3):1−16；又其年代之討論，見〈略談長沙象鼻嘴一號漢墓陡壁曹墓的年代〉，《考古》1985(11):1015−1024。

29　大葆台西漢墓發掘組，《北京大葆台漢墓》（北京：文物出版社，1989），頁 95−97。又見M. Loewe, "The Han Dynasty Tomb at Ta−pao−t'ai," Early China, vol.13（1988）, pp. 288−290。

王[30]；河北定縣40號墓，墓主爲中山懷王劉修（卒於宣帝五鳳三年，55B.C.）[31]。據《後漢書·禮儀志》，天子之喪「方石治黃腸題湊便房如禮」[32]，而諸侯王、列侯以下，並沒有用黃腸題湊的記載[33]，然而〈禮儀志〉所沒有記載的，並不表示實際情況即如此。不僅諸侯王得用黃腸題湊，一些特受尊寵的大臣也可由皇帝賜以黃腸題湊，如霍光[34]、董賢[35]及梁商[36]等人。甚至民間也有私自僭用的，如崔寔《政論》所說：「送終之家，亦大無法度，至用檽梓黃腸，多藏寶貨。」[37]這是當時厚葬風氣之下的產物[38]。

黃腸題湊墓墓穴基本上與一般木槨墓相同，爲豎穴土坑，具墓道，其特點在使用大量長短寬厚相同的枕木（黃腸）環繞在槨室四周，形成所謂的「題湊」[39]。這種「題湊」起初可能只是環繞在槨室的外圍，形成保護槨室的圍牆，槨室內部的情況則與一般木槨墓無大不同，如石家莊張耳墓就是如此（見圖3－5）[40]。後來則在題湊裡面用立柱、隔板隔成內、外槨，內外槨之間遂形成回字形的「迴廊」，如曹墓（見圖3－6）[41]與象鼻嘴一號墓（見圖3－7）[42]。

---

30 〈江陵高郵發掘一座大型漢墓〉，《人民日報》1980年7月18日；《新中國的考古發現和研究》，頁445－446。

31 〈河北定縣40號漢墓發掘簡報〉，《文物》1981（5）:1－10。

32 《後漢書·志第六禮儀下》，頁3144。

33 同上，頁3152。

34 《漢書》卷68〈霍光傳〉，頁2948：光薨，「賜梓宮便房黃腸題題湊各一具，縱木外藏槨十五具」。

35 《漢書》卷93〈董賢傳〉，頁3734：哀帝「令將作爲賢起冢塋義陵旁，內爲便房，剛柏題湊」。

36 《後漢書》卷34梁商傳，頁1177：「賜東園朱壽之器、銀鏤、黃腸、玉匣什物二十八種。」

37 崔寔，《政論》，見嚴可均，《全上古三代秦漢三國六朝文》二《全後漢文》（台北：世界書局，1982），卷46，頁5。

38 參見本書第八章。

39 《漢書》卷68〈霍光傳〉注，頁2949，蘇林曰：「以柏木黃心致累棺外，故曰黃腸，木頭皆向內，故曰題湊。」

40 《考古》1980（1）:53. 此墓墓室四周二層台上有四個圓形柱洞分布於四角，並在東西台中間有兩個對稱的較小的方柱洞，可見題湊木的外面可能還有其他的木結構。

41 《文物》1979（3）:2。

42 《考古學報》1981（1）:114。

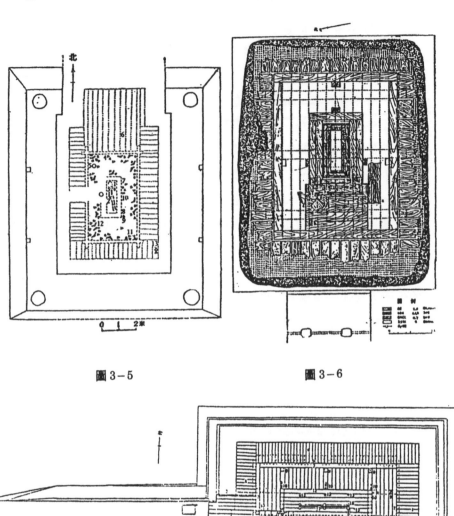

圖3－5   圖3－6

圖3－7

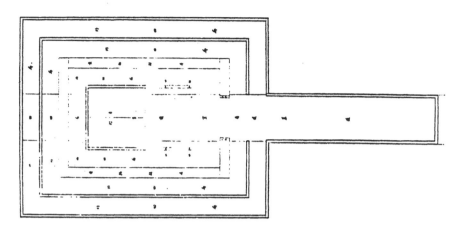

圖 3-8

而象鼻嘴一號墓的內槨中又有 U 字型的「棺房」，於是在「棺房」
與內槨之間又形成「內迴廊」，內外迴廊均用木板隔爲許多相連的小
室。當然，在棺室的正面，不論內、外槨均有門與墓道相通。這內槨
室中曲形的迴廊是否即「便房」，而外迴廊的小室是否即「外藏」，
學者有不同的說法[43] 。若依《漢書》卷 68〈霍光傳〉顏師古注：「便
房，小曲室也」，既用「曲室」之詞，便房應該指的就是棺室外的曲
形「內迴廊」。而外迴廊爲「外藏」似乎也無可疑，如霍光傳補注中
劉敞曰：「以次言之，先親身者衣被，次梓宮，次便房，次題湊，次
外藏」[44] ，外藏爲便房以外的空間，非外迴廊莫屬。劉敞所說的外藏
在題湊之外，次序與象鼻嘴一號墓不一致。但這並不是重要的問題，
因爲在比象鼻嘴一號墓稍晚的大葆台一號墓中（見圖 3-8）[45] ，正是
外迴廊位於題湊之外，而且是二重。不過此墓題湊內卻沒有內槨，而
只有 U 形棺房，故此墓之結構似乎是將象鼻嘴一號墓的題湊搬至內
槨之內，但由於題湊沒有與內槨壁相接，遂形成了三重迴廊。有學

43　〈試談大葆台西漢墓的「梓宮」、「便房」、「黃腸題湊」〉，《文物》 1977
　　（6）:30-33；《考古學報》1981（1）:129-130；俞偉超，前引文。
44　王先謙，《漢書補注》（台北：藝文印書館，1951），頁 1328。
45　《文物》1977（6）:23-33。

　　者認爲這類墓葬正是黃腸湊墓在西漢中期之後的新發展[46]。

　　　　然而所謂的「外藏槨」也有在正藏墓室之外的，如咸陽楊家灣 M
4M5 夫婦并穴合葬墓，在 M5 墓室中即有二具「外藏槨」，墓道中又
有三具，墓外不遠處又有十三具，均作長方木槨結構。這種「外藏
槨」顯然與黃腸墓中外迴廊爲外藏的情況不同，但這兩種外藏槨的形
式並不一定不可並存，如〈霍光傳〉中，霍光得賜的包括「梓宮、便
房、黃腸題湊各一具，縱木外藏槨十五具。」他的黃腸墓中同時
有「迴廊」（即便房）和十五具個別的「外藏槨」（如楊家灣漢墓那
樣的），並非不可能。蓋「外藏」一詞原本可能只是指在「正藏」之
外的空間，並不一定有形式上的限定。戰國初年的曾侯乙墓中，除了
「正藏」之外，另有三個槨室，與「正藏」形成一種不規則的形狀，
也可說是一種「外藏槨」的早期形式[47]。有學者甚至主張春秋晚期莒
南大店 M1、M2 中主槨室旁之器物室亦即「外藏槨」[48]，總
之，「正藏」與「外藏」的制度在先秦時代就已存在，在漢代亦不限
於黃腸題湊墓之中[49]。

　　　　除了上述黃腸題湊墓之外，在平面結構上與其相近似，但建材爲
石塊與磚塊的墓，有東漢中山簡王劉焉墓（見圖 3-9）[50]，此墓亦有
中央棺房（主室）與迴廊，最外一層石塊築作的牆壁，地位略如黃腸
題湊。那麼這些石塊是否就是所謂的「黃腸石」？傳世「黃腸石」見
於著錄者不在少數[51]，其寬度在羅振玉所記二十八石中「皆廣三尺，
厚則尺五寸者十有九，二尺者七，尺三寸及三尺者各一，長則自

46　參見《考古》1985（11）：1015－1024。
47　《隨縣曾侯乙墓》（北京：文物出版社，1980）。
48　俞偉超，〈漢代諸侯王與列侯墓葬的形制分析〉，《先秦兩漢考古學論集》
　　（1985），頁 119。
49　如江蘇鹽城出土之木槨墓，在正槨之外另築頭廂、側廂，亦相當於外藏，見《考
　　古》1964（8）：393－402。又如長沙楊家大山西漢中期劉驕墓，爲正藏槨 前置
　　左右二個外藏槨，有「耳室」之作用。見《長沙發掘報告》，頁 96。
50　〈河北定縣北莊漢墓發掘報告〉，《考古學報》1964（2）:127－159。
51　有端方，《陶齋臧石記》（台北：藝文印書館，1966）；周進，《居貞草堂漢晉
　　石影》（天津，1929）；羅振玉，〈松翁近稿漢黃腸石拓本跋〉（1925）　；羅
　　振玉，〈丙寅稿黃腸石拓本跋〉（1927）等。

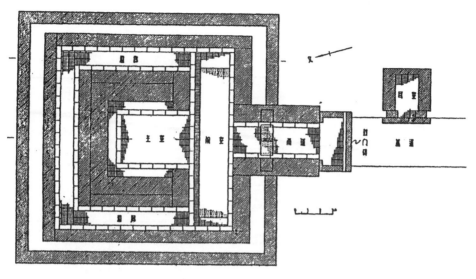

圖 3-9

二尺二寸至三尺八寸不等，殆廣有定而長無定也。」[52] 羅振玉根據石上刻字（如「更黃腸掾王條主」「更黃腸石史表袁庚主」等），及出土地點（洛陽）判斷這些石塊是漢帝陵墓中的黃腸石。在中山簡王墓中石塊，「大部分鑿成近方形，每塊長寬各約一米左右，厚約 25 厘米」[53]，形制與著錄者略爲不同，這些石塊上雖有些亦具銘文，內容與羅振玉等人著錄的也不同[54]，沒有「黃腸掾」或「黃腸石史」等名稱。然若依此墓之平面結構近似黃腸題湊墓而言，稱之爲「黃腸石」似無不可。

　　這類的石磚墓也不限於諸侯王才能使用。根據目前考古發掘結果，在河南地區至少有七座這種中爲 U 字型棺室，四周有迴廊的石磚墓葬[55]。

52　羅振玉，〈松翁近稿漢黃腸石拓本跋〉（1927）。
53　《考古學報》1964（2）:128。
54　同上，155-159。
55　《文物》1973（6）：26-40；1980（3）：69-72；1984（4）：22-29；《考古學報》1963（1）：111-138；1980（2）：239-262；《考古》1988（11）：961-971；《中原文物》1982（1）：5-11。

　　至於黃腸題湊墓中的棺槨制度，如下表所示，

表 3-1　漢代黃腸題湊墓棺槨數之比較

趙王	張 耳	高祖五年	(202 B. C.)	二棺一槨
長沙王	吳 著	文帝後七年	(157 B. C.)	三棺二槨
長沙王后	曹	西漢早期		三棺二槨
中山懷王	劉 修	宣帝五鳳三年	(55 B. C.)	五棺二槨
廣陽頃王	劉 建	元帝初元四年	(45 B. C.)	五棺二槨
廣陵王		西漢中晚期		不明

　　最高級的有五棺二槨，合於「天子棺槨七重」之制，其次為三棺二槨，合於「諸侯五重」之數，而石家莊張耳墓則只有二棺一槨，僅合「大夫三重」之數。若由年代先後順序來看，則年代愈後的黃腸題湊墓中，棺槨數目愈多。這種情況應如何解釋？如果我們認為當時諸侯王的墓葬制度基本上仍遵行周代以來的棺槨制度，那麼此「張耳」可能並非趙王而為另外一人，而大葆台一號墓的天子之制為燕王旦的僭越（雖然這種情況到了漢代已經相當普遍），只有長沙象鼻嘴一號墓與陡壁山曹墓中的諸侯之制尚為合於古禮的葬制。當然我們也必須注意到，周代的棺槨制度早在春秋時代已經逐漸崩解，漢初這些例子若合於周制，也只是歷史的遺留，並不代表漢人仍然遵守周制。長沙馬王堆一號墓與三號墓墓主為夫妻關係，兩者之棺槨數卻不一致，且夫之棺槨數少於妻，可見即使在一家族中之葬制亦不一定能有定規[56]。

56　同註36。

（六）　崖洞墓

　　漢代諸侯王的墓葬除了黃腸題湊之外，尙有崖洞墓。這種墓基本上是依山開鑿的橫穴墓；通常有墓道、甬道、墓室等三大部分，墓室的形狀及間數則視個別情況而定。結構簡單的，如山東巨野紅土山崖墓（見圖3-10），僅在長方形墓穴中用地面和穴頂的高低分出寬度相同的前後兩室，後室中再置木質棺槨，墓主可能爲昌邑哀王劉髆（卒於武帝後二年，87 B.C.）[57]。比較更能適合諸侯王身分的崖墓，有徐州石橋一號漢墓（見圖3-11），可能爲西漢中晚期某楚王

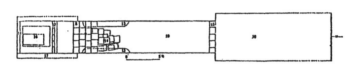

圖 3-10

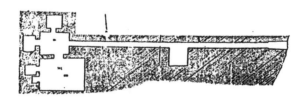

圖 3-11

___

[57]　〈巨野紅土山西漢墓〉，《考古學報》1983（4）：471-498。

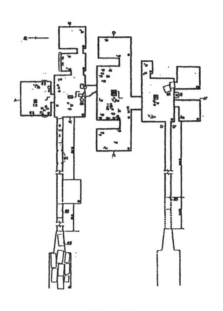

圖 3－12

墓[58]　，徐州銅山縣龜山二號墓（見圖3－12），可能爲楚襄王劉注之
墓（卒於武帝天漢元年，100 B.C.）[59]。龜山二號墓實際上爲二座
墓，其中南邊的墓較大，爲王墓，北邊的墓較小，爲王后墓，兩墓之
間有通道相通。而目前所發現規模最大的此類崖洞墓爲徐州北洞山漢
墓（圖3－13），可能爲某楚王之墓[60]。

　　從平面上觀察，石橋一號墓與龜山二號墓的結構基本相同，都有
梯形墓道，墓道後是狹長的甬道，甬道通至前室，由前室側開一主
室。前室與主室均可加開耳室或側室。同時在甬道半途有單耳室的設

58　〈徐州石橋漢墓清理報告〉，《文物》1984（11）:20－40。
59　〈銅山龜山二號西漢崖洞墓〉，《考古學報》1985（1）:119－133。〈對「銅山
　　龜山二號西漢崖洞」一文的重要補充〉，《考古學報》1985（3）：352。
60　〈徐州北洞山西漢墓發掘簡報〉，《文物》1988（2）：2－18, 68。

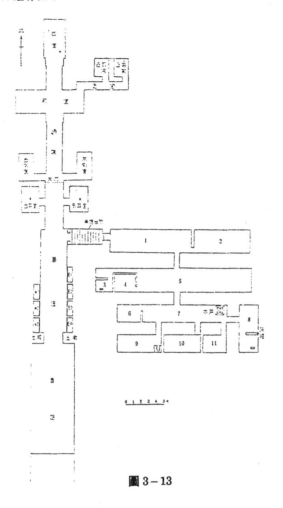

圖 3-13

置。與這種墓室結構不同的崖墓，有滿城中山靖王劉勝（卒於武帝元
鼎四年，113 B.C.）墓（圖3-14）[61]和曲阜九龍山二至五號魯王墓
（圖3-15）[62]。這五座墓的結構均基本相同，即墓道半途開築對稱
的長方形左右耳室，再向前則有甬道（惟劉勝墓此甬道較短），甬道
後有前中後等主室（但不一定每一墓均有此三室），位於與甬道同一
主軸線上，在主室兩側尚可向外開鑿對稱的側室或耳室，因此這

61　《滿城漢墓發掘報告》（北京：文物出版社，1980）。
62　〈曲阜九龍山漢墓發掘簡報〉，《文物》1972（5）:39-44。

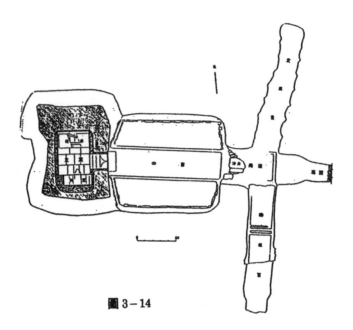

圖 3-14

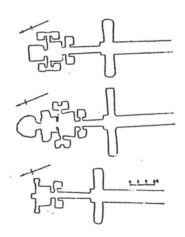

圖 3-15

幾座墓的結構較徐州地區的崖墓爲左右平衡，表現出地域性的葬俗差
異。實際上，九龍山魯王墓及劉勝墓的形制與西漢中期開始出現的十
字形空心磚墓基本上相當接近，可見此種墓形的出現是整個漢代墓葬
形制轉變中的一部分（詳細討論見第五章）。

徐州石橋墓、龜山墓、北洞山墓的墓室結構與滿城、九龍山等墓
稍爲不同（即主室不在中軸線上），前二者卻同樣的有墓室內模仿房
屋的帶瓦頂木結構[63]，後者也有各種附屬房間，則又顯示，到了西漢
中葉，以墓室爲「地下房屋」的觀念已經成熟，也就是意味著漢人對
死後世界的形象已經逐漸的明朗。至於這一現象在其他方面的表現，
我們將繼續於以下數章中討論。

殆至東漢，在四川地區有大批的崖墓出現，其分布地點大致在岷
江、嘉陵江流域。這些崖墓的規模一般雖不及西漢諸侯王的崖墓爲
大，建造地點又常在半山腰處，但仍然必須具備相當的財力始可建
造。其一般建築方式爲先在崖壁上縱向山腹削鑿出一墓道，到達相當
深度後，開鑿墓門。入門之後，簡單的墓即爲一長方形墓室（見圖3
－16）[64]，稍微講究的，在墓室兩側鑿出壁龕或側室（見圖
3－17）[65]。這些都還是單人葬或雙人合葬墓。但尚有更爲複雜的多室
家族合葬墓，有的在入墓門之後繼續開縱向走道（甬道），然後向旁
側開墓室（圖3－18）[66]，有的在崖壁上先鑿出寬闊的大廳（或稱享

---

63 在龜山二號墓中發現許多瓦片，應爲室內木構建築所有，惟木結構已完全無法辨
認。而劉勝墓中則尚保持有木結構，其爲模擬生人居所的作用殆無可疑。

64 涪陵 F.H.YM1：〈四川涪陵東漢崖墓清理簡報〉，《考古》1984（12）:1085－
1091；類似的有成都天迴山崖墓2：〈成都天迴山崖墓清理記〉，《考古學
報》1958（1）:89，墓2；雲南大關、昭通地區亦有類似的崖墓，見〈雲南大
關、昭通東漢崖墓清理報告〉，《考古》1965（3）:119－123；〈雲南昭通象鼻
嶺崖墓發掘簡報〉，《考古》1981（3）:219‧222。

65 遂寧船山坡 M1，M2，〈四川遂寧船山坡崖墓發掘簡報〉，《考古與文
物》1983（3）:31－33；類似的有〈四川榮經水井坎溝岩墓〉，《文
物》1985（5）:23－28；〈四川宜賓縣崖墓畫像石棺〉，《文物》1982（7）:24
－27；〈四川宜賓縣黃傘崖墓群調查及清理簡報〉，《考古與文物》1984（6）:
12－21, M5, M11, M29。

66 《考古學報》1958（1）:89，墓1、3。

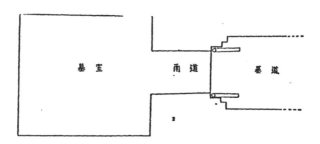

圖 3－16

圖 3－17

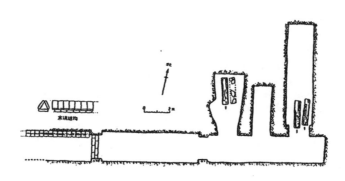

圖 3－18

堂），再從大廳後壁向裡開鑿甬道及墓室（圖 3－19）[67]，這種大廳
的作用顯然是爲了便於祭祀，基本上與中原地區墓前的祠堂（如山東
武梁祠、孝堂山祠等）具有相同的作用，也是家族合葬墓常有的設
置。另外，亦有一種盝頂式的崖洞墓，其縱剖面極似人居之屋室（圖
3－20）[68]。

　　在此類崖洞墓中，常有石棺，而這些石棺有的是以整塊石塊雕鑿
而成[69]，有的是用大石塊鑲成[70]，有的是就洞室壁上原有岩石鑿成爲
固定的棺[71]。

　　崖墓中瓦棺的使用亦相當普遍，棺蓋多作弧狀，質料與磚瓦相近
[72]。木棺的使用當然仍極爲普遍，惟木質多腐朽，常只有棺釘爲棺存
在之證據[73]。比較特殊的，是以磚塊砌成的「磚棺」[74]，棺底用長形
方磚，四角砌以長條磚及凹形磚，蓋以弧形的磚塊。

　　由崖墓中使用棺具的種類看來，此區居民的葬儀有相當多元的變
化，至於這種變化是同時存在，或隨時代改變，就不易從遺跡中辨明
了。

　　四川地區崖墓與山東、江蘇等地諸侯王的崖墓尙有一大不同之
處，就是有浮雕壁畫（雲南地區的崖墓亦無浮雕），這些浮雕有的仿
木構建築式樣，在墓口鑿成「闕」[75]，在墓室壁上浮刻各種人、物、
獸、建築等[76]，與四川的畫像磚和山東、江蘇等地的畫像石同爲漢墓

67　宜賓黃傘 HY1M1：《考古與文物》1984（6）:13；另外例子見 R.C. Rudoph, *Han Tomb Art of West China*（Berkely: U. of California Press, 1951），p.14, fig.A.
68　《考古》1988（3）：219。
69　《考古學報》1958（1）:94，南二室石棺；《文物》1982（7）:24。
70　〈四川焦山、魏家沖發現漢代崖墓〉，《考古》1959（8）:448。
71　《考古學報》1958（1）:94，北三室石棺，《考古與文物》1984（6）:16。
72　《考古通訊》1958(8):32；《考古學報》1958(1):89, 91；《考古與文物》，1984(6):16；《考古》1988(3)：220；《考古學報》1958(1):89，墓1, 91，墓3。
73　《考古》1959（8）:419。
74　《考古通訊》1955（6）:31；《考古學報》1958（1）:94－95；《考古》1988（3）：220。
75　《考古與文物》1984（6）:13。
76　同上，20－21，《文物》1982（7）:24－27, Rudoph, op. cit.,1－75.

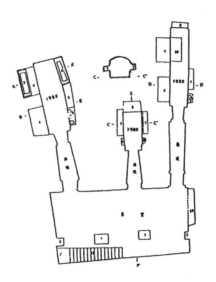

圖 3-19

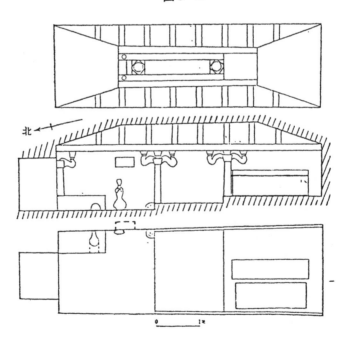

圖 3-20

裝飾藝術之一環。

　　西漢時代，四川地區尙流行豎穴木槨墓，東漢時幾乎絕跡，而磚室墓較盛（參見表3-2），崖墓的出現亦在東漢時代，其淵源爲何？本世紀初法人Victor Segalen曾經猜測此類崖墓可能與埃及、西亞、波斯地區之崖墓有關聯，但並沒有提出具體證據[77]。時至今日，西亞考古學之發展固已較十年前大爲進步，同時亦發現古代埃及墓葬形制的發展與中國確有相類似的步驟，即由早期的豎穴土坑墓發展爲土洞墓，再則爲磚室墓，進而爲崖洞墓[78]，但是有關中亞地區之墓葬形制，與中國華夏文明之墓制之間有何關係，尙爲一未經詳細探究之問題，故若要討論中國墓葬形制與西亞地區墓形之關係，必須先將中亞地區之墓葬形制釐淸始可。何況，相似之演進步驟或可說明其演進之合於某種社會邏輯，並不一定表示其中有因襲關係。古埃及的墓葬在年代上與漢代相去數千年，其墓葬形制的發展階段與中國相似，只能說在理念上有偶合之處，而不太可能有直接之關係（進一步之討論見下文第七章）。不論如何，現已知西漢時代在山東、江蘇等地已有崖洞墓出現，雖其形制與四川崖墓不盡相同，但仍不失其爲四川崖墓之先驅的可能性。而山東、江蘇之崖墓又是中國古代墓葬從豎穴土坑轉變爲橫穴磚室墓之過程中的一環。其爲本土發展出的形制應無可疑。

77　色伽蘭（Victor Segalen）著、馮承鈞譯，《中國西部考古記》（台北：商務印書館，1962），頁41。

78　有關埃及墓葬制的發展，學者論述極多，參見 G. A. Reisner, *The Development of the Egyptian Tomb Down to the Accession of Cheops* (Cambridge: Harvard U. Press, 1936），豎穴土坑：p.17, Fig.14,15; p. 193, Fig.90-92.所有的 Mastaba 墓基本上均爲豎穴墓，或以木爲槨，或以磚爲槨，見上書 Chapter II,III.有些 Mastaba 在地下建槨墓室，則又似土洞墓與崖洞墓之混合，見上書 p.175, Fig.80; p.179, Fig.84.至於崖洞墓，參見 A. M. Blackman, *The Rock Tombs of Meir*, 6 vols.(London:Egypt Exploration Society, 1914-24), vol.2,p1. 至於金字塔，爲國王、王后之特殊墓制，但基本上仍爲帶斜坡墓道之洞室墓，上覆以石砌之墳堆。見 I. E. S. Edward, *The Pyramids of Egypt* (Baltimore: Penguin, 1961), p.56, fig.6; p.80, fig.13; p.91, fig.17；p.98, fig. 19, 20; p.109, fig.25; p.119, fig.27.

表 3-2　漢代墓葬的年代地區分布

	地點	南部地方					中部地方						
		福建	廣東	廣西	貴州	雲南	江蘇	浙江	安徽	江西	湖北	湖南	四川
西漢	早		202	22	20	61	4		3		64	42	45
	中		66	20	12	31	14	2		14	8	9	4
	晚	2	35	26	4	14	12		3		9	69	19
	不明		1	1	1	18	5		2			39	30
	小計	2	304	69	37	124	35	2	8	14	81	159	98
東漢	早		43	11	7	44	17	3	19	5	7	36	2
	中		13			14	4	2	1	3	2	70	
	晚		92	11	7	1	19	11	13	16	13	45	9
	不明		51	2	17	8	9	1		2	2	42	9
	小計	0	199	24	45	53	49	17	33	26	24	193	20
	總計	2	503	93	82	177	84	19	41	40	105	352	118

	地點	北部地方						東北地方	塞北地方		西部地方		
		山東	河北	河南	山西	陝西	甘肅	遼寧	寧夏	內蒙古	新疆	青海	總計
西漢	早	6	31	31	9	3	3	1			2		549
	中		55	155	5	2							397
	晚	6	56	314	1	5	5		1	1		1	533
	不明	7	2	4	4		5	2		2	2	1	123
	小計	19	94	504	19	10	13		1				1602
東漢	早	3	35	99	6	5	3			2			351
	中	1	2	293		10	31	2					448
	晚	8	7	113	4	18	8	10		1		1	407
	不明	8	6	16		9	26			23	0	2	232
	小計	20	50	521	10	42	68	12	3	26			1438
	總計	39	144	025	29	52	82	15	4	29	2	3	3040

（七）　貝墓與石板墓

　　四川崖墓爲漢代墓葬在西部的區域性發展。在東部和東北部，也有一些地域性的變化，其中比較重要的有遼陽地區的石板墓和旅大（旅順、大連）地區的貝墓。

　　所謂的「貝墓」基本形制仍爲豎穴土坑木槨，但在槨室底部和四周塡以各種貝殼，或亦以磚、石混合砌築，稱「貝磚墓」、「貝石墓」[79]。這種以貝殼構築墓室的習俗自然是沿海地區所特有的習俗，但《左傳》成公二年有「八月，宋文公卒，始厚葬，用蜃炭」的記載，《周禮·地官》有「掌蜃，掌斂互物蜃物，以共　壙之蜃」[80]的職事，可見至少從春秋時代開始，在中原地區也有使用貝殼於墓壙中以禦潮濕的習慣。不過漢代的貝墓卻集中發現於旅大附近[81]。從目前考古發掘結果來看，此類貝墓規模最大者不過長 4.80 公尺，寬 4.40 公尺，深 1.80 公尺[82]，墓主身分均不明，但從出土隨葬品來看，最多亦不可能高於中級地方官吏。

　　貝墓年代分布自西漢初年起，一直延續到東漢末年[83]，可說與漢代相始終，但在距旅大不遠的遼陽地區卻有另一種特殊的墓葬，年代均集中於東漢中晚期乃至於漢魏之際，就是以大石板構築而成的畫像石墓，這種石板墓構造簡單的如 T 字型（見圖 3－21）[84]，或爲工字型（見圖 3－22）[85]，即前室與後室橫夾中間的棺室。棺室又可再分

79　〈旅順市三澗區墓葬清理簡報〉·《考古通訊》1957（3）：25－27。
80　《周禮注疏》卷 16，頁 17。
81　〈營城子貝墓〉，《考古學報》1958（4）：71－89；〈旅順李家溝西漢貝墓〉，《考古》1965（3）：154－156；〈遼寧新金縣花兒山漢代貝墓第一次發掘〉，《文物資料叢刊》1981（4）：75－85；〈遼寧新金縣馬山漢代貝墓〉，《文物資料叢刊》1981（4）：86－95。
82　《文物資料叢刊》1981（4）：75－85，M7。
83　《考古學報》1958（4）：88。
84　〈遼陽舊城東門里東漢壁畫墓發掘報告〉，《文物》1985（6）：25－42，棺室與器物室呈垂直狀態。
85　〈遼陽發現三座壁畫墓〉，《考古》1980（1）：56－58，墓1、3。

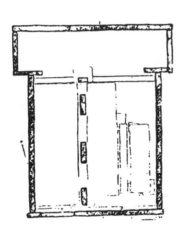

圖 3—21

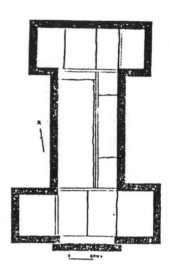

圖 3—22

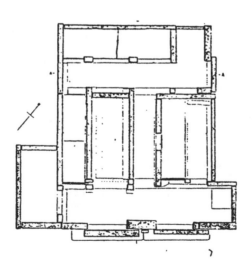

圖 3—23

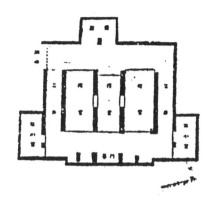

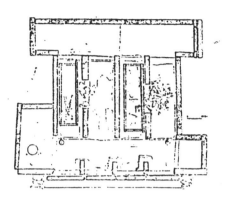

圖 3−24　　　　　　　　　　　　　　　　圖 3−25

隔爲二（見圖 3−23）[86]，爲三（見圖 3−24）[87]，爲四（見圖
3−25）[88]。此種結構的基本概念應該仍與西漢早期中原地區的空心
磚墓和後來的小磚墓有相似之處，惟所使用的材料不同。這些墓一般
均用靑石板築成，墓底與頂蓋均爲石板，墓室壁上多有彩色壁畫，內
容多爲人物、車騎、家居、宴飲等日常生活之寫照。此類壁畫與山
東、徐州地區畫像石墓中畫像最大不同之點，在於缺少歷史故事、宗
敎及神話性的題材。其原因爲何，尚有待進一步討論。

（八）　少數民族之墓葬

　　以上所論，大致包括漢代幾種流行之墓葬形制。在漢文化圈的邊
緣地區，具有不同文化背景的族群也各自發展出特殊的墓葬形制。在

86　〈遼寧遼陽縣南雪梅村壁畫墓及石墓〉，《考古》1960（1）：16−19，墓1：
　　兩棺室之間有連接前後室之過道間隔。
87　〈遼陽發現的三座壁畫古墓〉，《文物》1955（5）：15−42，圖二。
88　〈遼陽市棒台子二號壁畫墓〉，《考古》1960（1）：20−23；〈遼陽三道壕兩
　　座壁畫墓的清理工作簡報〉，《文物》1955（12）：49−58，圖二，此墓有前橫
　　室（廊）而無後器物室，平面亦呈 T 字型，類似結構之墓有本文墓二；《文
　　物》1955（5）：28，圖17。

四川西部以及雲南德欽、祥雲等地，有所謂的「石棺（板）墓」，是
一種大足以容身的長方豎穴墓，以石板築成棺的形狀[89]。這類墓葬流
行的時間大約由戰國末年即開始，一直到東漢時代[90]。由隨葬品形制
以及其地望判斷，其使用者的文化背景應爲西漢時內附的氐羌人[91]。
由於與漢文化的接觸程度不同，因而在各地發現的這些氐羌族人墓葬
中隨葬品特徵亦有所差異，其漢化的表現在於隨葬銅錢與使用漢字
[92]，其羌文化共同的特徵是出一類劍身中部起脊，劍格呈隆起三叉形
的長短銅劍，是與漢文化墓葬中所發現的劍式不同的。陶器形制與其
上裝飾花紋亦與漢人陶器有別[93]，類似的隨葬品也出於一些沒有石棺
的的土坑墓中，無疑是羌人中財力身分較低者之墓。在西昌地區發現
的一些大石墓，在建築理念上與羌人石棺墓相似，即用石板築成墓
室，但由於其爲多人二次合葬所用，因此墓室較大。由出土器物判
斷，此類大石墓的使用者很可能爲當時少數民族，有可能與羌人或邛
都夷有關[94]。

　　整體而言，這批氐羌人墓葬表現出漢代西南邊境少數民族文化與
漢文化融合的部分具體情況，可以看出，一直到東漢時代，這些在四
川、雲南地區的羌人雖然已經吸收部分漢文化，但仍然保有相當程度

89　《考古》1982（4）：377－380；《考古學報》1973（2）；《考
　　　古》1975（4）：244－248；《文物》1983（5）：33－41；〈四川寶興隴東東漢
　　　墓群〉，《文物》1987（10）：34－53。
90　《中國考學會第一次年會論文集》（北京：文物出版社，1980），頁249－257。
91　《史記》卷116，頁2991，「自巂以東北，君長以什數，徙、筰都最大；自筰以
　　　東北，君長以什數，冉駹最大。其俗或土箸，或移徙，在蜀之西。」此處之冉
　　　駹，據《括地志》（《正義》引：「蜀西徼外羌，茂州、冉州本冉駹國地
　　　也。《後漢書》云冉駹其山有六夷、七羌、九氐，各有部落也。」），即爲今岷
　　　江上游地區，與《後漢書》卷76〈南蠻西南夷列傳〉，頁2857－58；劉琳，
　　　《華陽國志校注》卷3〈蜀志〉（台北：新文豐出版社，1988），頁130的記載
　　　相合，討論參見上注引文。
92　如川西茂汶、汶川等地墓葬中出半兩、五銖等錢幣，但寶興、德欽等地則不出，
　　　茂汶出土的陶器上有漢字，德欽出土陶器上則無，這些都反映出不同的漢化程
　　　度。至於寶興墓葬使用三塊東漢花紋磚（《考古》1982（4）：377），到底是由
　　　於漢化的結果，或者只是就地取材，尚值得再考慮。
93　同註86。
94　〈西昌壩河堡子大石墓發掘簡報〉，《考古》1976（5）：326－330。

的傳統文化特質。晉代常璩著《華陽國志》時，此一地區華夷之間的分別仍然是相當明顯的事實[95] 。

漢文化與少數民族文化融合的另一個例子是雲南滇文化區的墓葬，如晉寧石寨山[96] 、江川李家山[97] 、安寧太極山[98] 呈貢石碑村[99] 等地所發現的滇文化或受滇文化影響的漢人墓葬，有明顯的滇式銅器如戈、劍等[100] ，而由出土的錢幣、文字，如呈貢所出之五銖、銅器銘文、印章等，可以看見漢文化的影響[101] 。

其他類似的少數民族與漢文化融合的例子有宜昌地區發現的巴人墓葬，其漢化的程度又較羌氐墓葬爲深，考古學者除了由姓名及一些銅器上尙可尋得一些蛛絲馬跡之外，幾乎已經無法分辨其與漢人墓葬之差異[102] 。廣西貴縣羅泊灣發現的一座多人殉葬墓，其木槨結構基本爲楚式，隨葬器物多與戰國末西漢初兩廣地區墓葬相似，惟殉葬的事實較爲特殊，而出土之銅鼓、銅桶等，則稍有越人的風格。整體而言，此時越人的漢化程度已相當深[103] 。

（九） 其它特殊形制之墓葬

以上所論，並沒有將所有特殊之墓葬包括在內。這些特殊的墓葬，如江蘇漣水的石槨墓，以大塊碎石爲槨，似反映古代文獻中「積

95 見劉琳，《華陽國志校注》卷3〈蜀志〉。
96 雲南省博物館，《雲南晉寧石寨山古墓群發掘報告》（北京：文物出版社，1959）。
97 〈雲南江川李家山古墓群發掘報告〉，《考古學報》1975（2）：97－155。
98 〈雲南安寧太極山古墓葬清理簡報〉，《考古》1965（9）：451－458。
99 〈昆明呈貢石碑村古墓群第二次清理簡報〉，《考古》1984（3）：231－242。
100 童恩正，〈我國西南地區青銅戈的研究〉，《考古學報》1979（4）：441－460。
101 臧振華，〈從滇青銅文化的考古資料看雲南滇池地區的族群互動與社會發展〉，《民族學研究所集刊》（台北：中央研究院，1990），頁45－66。又見汪寧生，〈試論石寨山文化〉，《民族考古學論集》（北京：文物出版社，1989），頁322－342；張增祺，〈從土文物看戰國至西漢時期雲南和中原地區的密切聯繫〉，《文物》1978（10）：31－3。
102 〈荊門出土一件銅戈〉，《文物》1963（1）：64；〈宜昌前坪戰國兩漢墓〉，《考古學報》1976（2）：135－136。
103 〈廣西貴縣羅泊灣一號墓發掘簡報〉，《文物》1978（9）：25－35。

石積炭，以環其外」的墓葬方式[104]，天津北郊之筒瓦槨墓，以長形筒
瓦砌成墓室壁[105]，四川綿竹之木板墓，以大木板鋪墓底，置尸其上，
有人認為可能是一種薄葬之形式[106]，其使用者主要仍為漢人。而其特
殊之墓葬結構除了說明了漢代社會中各地方性的差異之外，也提示研
究者，一時代雖有流行之制度，並不能完全阻止人們自發性的創造力
（如筒瓦墓即僅此一例）。不過由於這類特殊的墓葬多為個別的例
子，甚至不能算是地方性的葬制，故此處暫時不擬詳細討論。

第二節　漢代墓葬之時代與地理分布

　　本研究在藉大量考古資料來討論漢人主要墓葬形制的演變趨勢，
並希望討論墓葬形制改變所反映出的社會與宗教信仰的變遷。但在分
別討論各類墓葬本身的問題之前，應先將這批墓葬在兩漢之時代及地
理分布加以釐清，以便做為以後討論的基礎。現即就豎穴木槨墓、磚
室墓，以及土洞墓三大類墓葬加以討論，而不及於上節中黃腸題湊、
崖洞墓、石板墓、貝墓等支流或地方性之墓葬。

　　近數十年來發現之漢墓到底為數多少，尚無一精確之統計。早在
1961 年，夏鼐就估計從 1950 至 1961 年之間有二萬至三萬漢墓出土
[107]，到了 1982 年，王仲殊卻估計「超過一萬座以上」[108]。事實上，
大多數的墓葬出土之後並無正式之考古記錄，而有記錄之墓後來能發
表在期刊雜誌上的也是少數。根據筆者初步統計，截至 1987 年初，
在上述三類墓葬中，有個別墓葬資料可供登錄、分析之漢代墓葬共約
3000 座以上，其中西漢約 1600 座，東漢約 1400 座。這些墓葬在兩漢

104　〈江蘇漣水三里墩西漢墓〉，《考古》1973（2）：80－87。
105　〈天津北郊發現一座西漢墓〉，《考古》1972（6）：16－24。
106　〈四川綿竹縣西漢墓發掘簡報〉，《考古》1982（4）：296－300；又《考古》
　　　同期,頁373。
107　《新中國的考古收穫》（北京：文物出版社，1962），頁 74。
108　Wang, *Han Civilization*, p.175.

時期之年代及地理分布可以由表 3–2 顯示。若以豎穴木槨墓、磚室墓、土洞墓分別統計其年代及地理分布，則其情況如表 3–3、3–4、3–5 所示。以下分別就此三類墓葬加以討論。

（一） 豎穴木槨墓

表 3–3顯示出，豎穴木槨墓的使用在漢代大致呈隨時代前進而漸漸減少的趨勢。但此一趨勢只是根據現有資料而得到的推論，如何能夠進一步證實此推論？我們在第一章中已經提到，由於歷年在中國大陸地區之考古發掘缺乏全面性的計畫，多爲配合現代建築工程而進行，因而每一地區發掘出來，見於報告，且可供單獨登錄之墓葬數字本身並不能說明該地區在某一時代中墓葬之多寡。例如表 3–3 中廣東一地出土之豎穴木槨墓總計 350 座，占全部豎穴墓之 27%，而河南一地僅出 91 座，還不到 10%。這當然不能說漢代時豎穴墓在河南較廣東爲少，或者在河南不若在廣東流行。其基本原因，就在於我們不能憑現有的墓葬登錄數字來回溯漢代的情況。因爲當我們考慮到，兩漢四百年間所曾經有過的墓葬何止千萬，而兩千年來滄海桑田，所能留下的墓葬只能說是九牛一毛而已。尤其是中原地區，自古天災人禍頻仍，墓葬可能保存下來的機率應該又小於其他邊遠地區。表中北部地方六省所出西漢豎穴墓目前共 149 座，而廣東一地所出之西漢豎穴墓即達 304 座，除了前述考古報告之不完備之外，或許也可以從此一歷史角度來解釋。因而表 3–3 中之數字不能作爲木槨墓的地區分布之相對數量之參考。當然，表中顯示在東南、東北、西北等在西漢仍屬於中原文化邊緣地區的標本數字不多，由於當時漢文化尚未普及，因而這些地區墓葬數字之稀少，仍然可以反映漢文化勢力分布的狀況。

另一方面，我們也不能因爲在表中看見廣東地區西漢時代之豎穴墓較東漢時爲多，即據而推論豎穴墓在東漢不如西漢流行。這一推論

表3-3　漢代墓葬的年代地區分布

地點		南部地方					中部地方						
		福建	廣東	廣西	貴州	雲南	江蘇	浙江	安徽	江西	湖北	湖南	四川
西漢	早		202	22	20	61	4		3		64	42	45
	中		66	20	12	31	13	2		14	8	9	4
	晚	2	35	26	4	14	11		3		9	63	19
	不明		1	1	1	18	5		2			39	30
	小計	2	304	69	37	124	33	2	8	14	81	153	98
東漢	早		29	9	7	43	13	2	10	2	1	18	1
	中						2					56	
	晚		17	3								21	
	不明			2			1	1		1		5	2
	小計	0	46	14	7	43	16	3	10	3	1	100	3
總計		2	350	83	44	167	49	5	18	17	82	253	101

地點		北部地方						東北地方	塞北地方		西部地方		
		山東	河北	河南	山西	陝西	甘肅	遼寧	寧夏	內蒙古	新疆	青海	總計
西漢	早	6	31	3	9	3	2	1			2		520
	中		52	3	5	1							240
	晚	6	3	3			3		1			1	203
	不明	7	1				5	2		2			114
	小計	19	87	9	14	4	10		1				1077
東漢	早		20		1								156
	中												58
	晚												41
	不明			2						20	0	0	34
	小計	0	20	2	1	0	0	0	0	20	0	0	289
總計		19	107	11	15	4	10	3	1	22	2	1	1366

表 3-4　漢代磚室墓的年代地區分布

地點		南部地方					中部地方						
		福建	廣東	廣西	貴州	雲南	江蘇	浙江	安徽	江西	湖北	湖南	四川
西漢	早												
	中						1						
	晚											5	
	不明												
	小計	0	0	0	0	0	1	0	0	0	0	5	0
東漢	早		14	2		1	4	1	9	3	6	15	1
	中		13		14		2	2	1	3	2	14	
	晚		75	8	7	1	19	11	13	16	13	24	9
	不明		51		17	8	8			1	2	37	7
	小計	0	153	10	38	10	33	14	23	23	23	90	17
	總計	0	153	10	38	10	34	14	23	23	23	95	17

地點		北部地方						東北地方	塞北地方		西部地方		
		山東	河北	河南	山西	陝西	甘肅	遼寧	寧夏	內蒙古	新疆	青海	總計
西漢	早			13									13
	中		3	112		1							116
	晚		3	146	1	4				1			161
	不明		1	3				0		1	0	0	4
	小計	0	7	274	1	5	0		0				294
東漢	早	3	15	51	2	5	1		3	2			138
	中	1	2	205		5		2					266
	晚	8	7	87	1	15	6	10		1		1	332
	不明	8	6	8		9	20			3	0	2	186
	小計	20	30	351	3	34	27	12	3	6			922
	總計	20	37	625	4	39	27	12	3	7	0	2	1216

表3-5　漢代土洞墓的年代地區分布

地點		南部地方					中部地方						
		福建	廣東	廣西	貴州	雲南	江蘇	浙江	安徽	江西	湖北	湖南	四川
西漢	早												
	中						1						
	晚											1	
	不明												
	小計	0	0	0	0	0	1	0	0	0	0	1	0
東漢	早											3	
	中												
	晚												
	不明												
	小計	0	0	0	0	0	0	0	0	0	0	3	0
	總計	0	0	0	0	0	1	0	0	0	0	4	0

地點		北部地方						東北地方	塞北地方		西部地方		
		山東	河北	河南	山西	陝西	甘肅	遼寧	寧夏	內蒙古	新疆	青海	總計
西漢	早			15			1						16
	中			40									41
	晚			165		1	2						169
	不明			1	4			0		0	0	0	5
	小計	0	0	221	4	1	3		0				231
東漢	早			48	3		2		1				57
	中			88		5	31						124
	晚			26	3	3	2						34
	不明			6			6				0	0	12
	小計	0	0	168	6	8	41	0	1	0			227
	總計	0	0	389	10	9	44	0	1	0	0	0	458

表3-6　豎穴墓之百分比分布

地點		南　　部　　地　　方					中　　部　　地　　方						
		福建	廣東	廣西	貴州	雲南	江蘇	浙江	安徽	江西	湖北	湖南	四川
東漢	早		100	100	100	100	100		100		100	100	100
	中		100	100	100	100	92.86	100		100	100	100	100
	晚	100	100	100	100	100	91.67		100			91.30	100
	不明		100	100	100	100	100		100			100	100
西漢	早		67.44	81.82	100	97.73	76.47	66.67	52.63	40.00	14.29	50.00	50.00
	中		0.00		0.00		50.00	0.00	0.00	0.00	0.00	80.00	
	晚		18.48	27.27	0.00	0.00	0.00	0.00	0.00	0.00	0.00	46.67	0.00
	不明		0.00	100	0.00	0.00	11.11	100		50.00	0.00	11.90	22.22

地點		北　　部　　地　　方						東北地方	塞北地方		西部地方	
		山東	河北	河南	山西	陝西	甘肅	遼寧	寧夏	內蒙古	新疆	青海
東漢	早	100	100	100	100	100	66.67	100			100	
	中		94.55	0.94	100	50.00						
	晚	100	50.00	0.96	0.00	0.00	60.00		100	0.00		100
	不明	100	50.00	0.00	0.00		100	100		100		
西漢	早	0.00	57.14	0.00	16.67	0.00	0.00		0.00	0.00		
	中	0.00	0.00	0.00		0.00	0.00	0.00				
	晚	0.00	0.00	0.00	0.00	0.00	0.00			0.00		0.00
	不明	0.00	0.00	12.50		0.00	0.00			86.96		0.00

表3-7　磚室墓之百分比分布

地點		南　　部　　地　　方					中　　部　　地　　方						
		福建	廣東	廣西	貴州	雲南	江蘇	浙江	安徽	江西	湖北	湖南	四川
東漢	早		0.00	0.00	0.00	0.00	0.00			0.00	0.00	0.00	0.00
	中		0.00	0.00	0.00	0.00	0.00			0.00	0.00	0.00	0.00
	晚	0.00	0.00	0.00	0.00	0.00	8.33	0.00	0.00		0.00	7.25	0.00
	不明		0.00	0.00	0.00	0.00			0.00			0.00	0.00
西漢	早		32.56	18.18	0.00	2.27	23.53		47.37	60.00	85.71	41.67	50.00
	中		100		100		50.00	33.33	100	100	100	20.00	
	晚		81.52	72.73	100	100	100	100	100	100	100	53.33	100
	不明		100	0.00	100	100	88.89	100		50.00	100	88.10	77.78

0.00

地點		北　　部　　地　　方						東北地方	塞北地方		西部地方	
		山東	河北	河南	山西	陝西	甘肅	遼　寧	寧夏	內蒙古	新疆	青海
東漢	早	0.00	0.00	41.94	0.00	0.00	0.00	0.00			0.00	
	中		5.45	72.26	0.00	50.00						
	晚	0.00	50.00	46.50	100	80.00			0.00	100		0.00
	不明	0.00	50.00	75.00	0.00		0.00	0.00				
西漢	早	1.00	42.86	51.52	33.33	1.00	33.33		100	100		
	中	1.00	1.00	69.97		50.00		100				
	晚	1.00	1.00	76.99	25.00	83.33	75.00	100		100		100
	不明	1.00	1.00	50.00		100	76.92			13.04		100

雖然可能沒有錯，還需要進一步的證據。根據表3-2、3-3，我們可以製成表3-6，顯示出各地區在每一時代中出土豎穴墓所佔該時該地全部出土各類墓葬的百分比。由此表可以看出，不論就各個地區而言或就全國總計而言，豎穴木槨墓出土的比率的確呈現隨時代前進而遞減的現象。由於每一地區所現有之墓葬數可以被視為是「任意取樣」（random samples），其中包括之豎穴墓之比例應該有可能接近實際情況，再考慮此一遞減的比例不限於某一地區，而為全國性的趨勢，我們可以相信豎穴木槨墓的使用是西漢盛而東漢衰。

（二）　磚室墓

用與分析木槨墓相同的辦法，我們可以用表3-2與3-4製成表3-7。由此表中的百分數來看，即各地區在每一時代中出土磚室墓所占該地區全部出土墓葬的百分比，磚室墓的使用在全國各地均為從東漢初期始發展，至東漢末而大盛，幾乎完全取代了木槨墓。單由表3-4亦可看出，整體而言，磚室墓在西漢時之分布地區大致局限於中原、關中等地，直到東漢後始普及於全國各地。以後新發現之墓葬雖然會改變表中之數字，但於上面推測之整體情況應不發生影響。

磚室墓本身有一發展之過程，上節中已大致討論過。此過程乃由最初的豎穴空心磚墓演變為土洞空心磚墓，而此種空心磚墓最初為平頂，後則改變為人字型頂，而後有小磚卷頂墓之出現。從此小磚墓之結構再由簡趨繁，有穹窿頂、橫前堂墓之出現。此一演變之情況可以用下表3-7表示：表中共分平頂空心磚、卷頂（含人字頂空心磚、小磚卷頂）、小磚穹窿頂、疊澀頂、橫前堂墓等五大類。由於此表為供電腦分類之用，無法完全表現出磚室墓所有各類複雜之結構，如耳室或側室即不在表中顯示，而某些大型的磚室墓在中軸線上可能有超過三室者。

表 3-8　磚室墓類型表

A. 平頂				
\<A1\>	\<A2\>	\<A3\>	\<A4\>	\<A5\>
平	平｜平	平 平｜平	平 平	磚槨
		平 /＼ 平　平	平 ｜ 平	
		平 /＼ 平｜平		

B. 卷頂							
\<B1\>	\<B2\>	\<B3\>	\<B4\>	\<B5\>	\<B6\>	\<B7\>	\<B8\>
卷	卷 ｜ 卷	卷 /＼ 卷　卷	卷 ｜ 卷 ｜ 卷	卷 ｜ 卷 /＼ 卷　卷	卷｜卷	單一卷頂但內部分二室	同＜B7＞，但分爲三室

C. 穹窿頂								
\<C1\>	\<C2\>	\<C3\>	\<C4\>	\<C5\>	\<C6\>	\<C7\>	\<C8\>	\<C9\>
穹	穹 ｜ 穹	穹 ｜ 穹 ｜ 穹	穹 ｜ 卷	卷 ｜ 穹	卷 ｜ 穹 ｜ 卷	穹 /＼ 卷　卷	穹 /｜＼ 卷卷卷	卷 ｜ 穹 ｜ 穹

D.　疊澀頂				
＜D 1	＜D 2	＜D3＞	＜D 4	＜D5＞
疊 | 疊	疊 /＼ 疊　疊	疊 | 疊 | 疊	疊 | 疊 /＼ 疊　疊	

E.　橫前堂						
＜E1＞	＜E2＞	＜E3＞	＜E4＞	＜E5＞	＜E6＞	＜E7＞
橫前堂	橫前堂 | 卷	橫前堂 /＼ 卷　卷	卷 | 橫前堂 | 卷	橫前堂 /|＼ 卷卷卷	卷 | 橫前堂 /|＼ 卷卷卷	卷 | 橫前堂 /|＼ 卷卷卷

　　由表 3－6、3－7 也可以看出，豎穴木槨墓與磚室墓之發展正好呈反比，其盛衰之交替期在東漢初年。

（三）　土洞墓

　　土洞墓於戰國中晚期即出現於山西、陝西地區。入漢之後，以山西、陝西、甘肅、河南為主要分布地。其年代及地區分布已見表 3－5。此類墓之所以終漢之世均未曾普及於全國，或許與土洞之建造所需之土質有關。大部分出土洞之地區均為黃土區，土質一般比較堅硬，適合土洞之開鑿。表 3－5 中顯示，東西漢時代土洞墓之數字約略相當，此種情況與木槨墓和磚室墓在東西漢時代各自發生的轉變有所不同。若再看土洞墓在各地區占該區全部出土墓葬之百分比，則河南占 38%，山西、陝西、甘肅三省合計亦占 38%。雖然我們必須對

現有之數字採取保留的態度，但仍大致可以推測，在土洞墓流行之地域，其使用之比例相當高。不過我們又不能據此而以爲此 38% 反映出漢代土洞墓與其他二類墓葬之實際比例。由於土洞墓之墓主均爲身分低、財富少者，其所代表之社會階層應與磚室墓與木槨墓有所不同，若依常理推斷，社會中有能力可建磚室墓者之數目應相當地少於那些只有能力使用土洞墓者，則現有考古資料中土洞墓之數目在比例上並不占多數之現象，只能由各種歷史和機遇的因素來解釋了。

以上的討論是根據目前我們所能掌握的個別墓葬爲基礎。由於這批墓葬的數字並非經過任何有計畫的發掘和篩選而得到的結果，因此，對於兩漢墓葬的年代和地區分布這一議題而言，這批數字所提供的消息最多只能算是可供參考而已，不應視爲具有絕對的可信度。然而，對於一些其他的議題，如下節所要討論的墓葬方向，或者第四、五、六等章所要討論的墓葬結構及隨葬品內容而言，這批墓葬之數字就可以被視爲相當可靠的樣本，因爲這一類的議題所偏重的是墓葬內部的相對比較關係，比較不受墓葬絕對數字的影響。

第三節　漢代墓葬之方向

在前一章中曾經論及墓葬之方向。仰韶文化之墓葬大多西向，是否與宗教信仰有關，雖有其他文化中的例子爲佐證，究竟只是一種可能性而已。仰韶文化以下，直至春秋戰國時代，各地區之墓葬方向似乎並無明顯的偏重，亦已經有所說明。本節則討論漢代的情況。

風水堪輿之術起源於何時，已不可考，有學者認爲與古代黃土高原的居住環境有很大的關係[109]。殷人已經有對於四方神明的信仰[110]，

109　尹弘基，〈論中國古代風水的起源和發展〉，《自然科學史研究》8 卷 1 期（1989），84－89。有關風水之研究，有 Stephen D. R. Feuchtwang, *An Anthropological Analysis of Chinese Geomancy* (1974,Taipei,Southern Materials Center reprinted)。

110　陳夢家，《殷墟卜辭綜述》（北京：科學出版社，1956），頁 584－594。

但這四方神明是否與人的建築物的方位有某種相應關係，以致於降禍福於人，則不得而知了。王充以《左傳》中哀公欲西益宅之事來說明將房宅的方位與禍福關聯的觀念是「所從來者遠矣」[111]。然而方位究竟為何與禍福相關，在王充的時代固然有一套以陰陽五行為主的解釋，在《左傳》材料中尚沒有明確的線索。但戰國末年以來，風水觀念與東西南北四方已有極密切的關係，則是可以確定的。具體的證據，可以雲夢睡虎地秦簡《日書》中的一段文字為例：

> 凡宇邦之高，貴（？）貧；宇邦之下，富而　，宇四旁高中央下，富；宇四旁下中央高，貧；宇北方高南方下，母寵；宇南方高北方下，利賈市；宇東方高西方下，女子為正；……為池西南，富；為池正北，不利其母，……圂居宇西南，貴吉，圂居宇正北，富；……圂居宇西北，不利；……井當戶牖間，富；……圂居正北，吉；……門出衡，不吉；小宮大門，貧；大宮小門，女子善[112]。

由此可知，此時人論房宅風水，不但考慮房宅本身的方位，也考慮到與房宅相關的池、圈、困、井、圂等附屬建築和房宅的相對位置，可說已經是相當複雜的風水觀念。

《史記·蒙恬傳》記載蒙恬死前的話說：「恬罪固當死矣，起臨洮，屬之遼東，城萬餘里，此其中不能無絕地脈哉？此乃恬之罪也。」[113] 這話中提到的地脈顯然是風水觀念的產物，至少反映了司馬遷時代的風水思想。

《漢書·藝文志》有《堪輿金匱》十四卷，屬五行家。《後漢

---

111 《論衡》卷23〈四諱篇〉，頁227；《淮南子》卷18〈人間訓〉，頁16–17；《新序》（上海：上海書店，1989）卷5，頁7a，則云東益宅不祥。

112 《雲夢睡虎地秦墓》（北京：文物出版社，1981），圖版131。有關陰陽五行觀念的起源及發展，學者已有詳盡之討論，可參見徐復觀，〈陰陽五行觀念之演變及若干有關的成立時代及解釋的問題〉（上中下），《民主評論》12卷19、20、21期；李漢三，《先秦兩漢之陰陽五行學說》（台北：鍾鼎文化出版公司，1967）。西文方面有 Joseph Needham, *Science and Civilisation in China*, vol. II (Cambridge: Cambridge U. Press, 1955), pp. 232ff.

113 《史記》，卷88，頁2570。

書·王景傳》云：「景參紀象數術文書冢宅禁忌堪輿日相之屬適於事用者，集於大衍玄基云。」[114] 顯然當時已有不少此類談論堪輿術的作品流傳。王充曾談到當時「諸工技之家，說吉凶之占，皆有事狀。宅家言治宅犯凶神，…喪葬言犯剛柔，皆有鬼神凶惡之禁。」[115] 又提到當時有「葬曆」，中有「葬避九空地臽，及日之剛柔，月之奇耦」的說法[116]。又有《周公卜宅經》[117]、《圖宅術》[118] 等書術，可見當時人在修建宅第墳墓時已經考慮許多吉凶禁忌，其中當包括陰陽（即剛柔）五行的問題。實際的例子，可以《後漢書·袁安傳》爲例：

> 初，安父沒，母使安訪求葬地，道逢三書生，問安何之。安爲言其故，生乃指一處云，葬此地，當世爲上公。須叟，不見。安異之，於是遂葬其所占之地。故累世隆盛焉[119]。

又如同書〈郭鎭傳〉云：

> （吳）雄少時家貧，喪母，營人所不封土者擇葬其中。喪事趣辦，不問時日，醫巫皆言當族滅，而雄不顧[120]。

這些例子都說明，墓葬方向的考慮在堪輿術中當占重要的地位。傳世晉郭璞著《葬經·內篇》有云：「地有四勢，氣從八方，故葬以左爲青龍，右爲白虎，前爲朱雀，後爲元武。」[121] 這是說墓葬方向以南爲主。但方位不是說風水者唯一考慮的問題，因爲風水家還要看整個環境的形勢來決定一地是否相宜。我們雖可推定漢代時已有風水之觀念，究竟文獻不足，無法得知其詳。現代考古發掘報告中，通常均有墓葬方向的資料，但是一般也都無法提供有關整個墓葬周圍環境的資

---

114 《後漢書》卷 76。

115 《論衡》卷 23〈四緯篇〉，頁 227。

116 《論衡》卷 24〈譏日篇〉，頁 232。

117 同上〈難歲篇〉，頁 241。

118 同上，卷 25，〈詰術篇〉，頁 242。

119 《後漢書》，卷 45，頁 1522，類似求吉地以葬之例尚可見《水經注》19〈渭水篇〉，卷 28〈汙水篇〉。

120 《後漢書》，卷 46，頁 1546。

121 《北大民俗叢書專號》（3），堪輿篇 3，《郭璞古本葬經》（台北：東方文化書局，1977），頁 11。

料。因而我們討論漢代墓葬的方向，只能就年代與地區性差異來看看是否有任何值得注意的現象。

《禮記》中所謂「葬於北方，北首，三代之達禮也。」[122] 就是說死者的墓向北方，頭亦北向。這種觀念在東漢《白虎通》之中也有保存[123]，可以知道死者北首是一個流傳相當長久的傳統。其原始意義，可能是基於一種北方屬陰，故爲死者魂靈所歸的觀念。在招魂儀式中，招魂者升屋，北向呼喚死者，也是由於相信死者靈魂向北方而去[124]。

然而在面對考古資料時，所謂的墓葬方向應如何定義？本研究認爲在長方豎穴墓中，若有墓道存在，則通常以墓道之方向爲墓向；若沒有墓道，通常即以死者之頭向爲墓向。但是在一些考古報告中又有死者頭向與墓向相反的描述，而在屍骨無存的無墓道木槨墓中，墓向也無法確定，因此我們將有墓道與無墓道之木槨墓分別討論。至於磚室墓及土洞墓，通常有墓道、甬道、墓門，故墓向亦比較容易確定。以下就分有墓道木槨墓、無墓道木槨墓、磚室墓（含土洞墓）三大類型來看墓向之變化（方向之角度定義爲：東 45～134 度；南 135～224 度；西 225～314度；北 315～44 度）。

表 3－9顯示所有已知墓向之豎穴墓在兩漢各時期中的百分比分布。表 3－10爲帶墓道豎穴木槨墓之年代墓向分布，表 3－11爲無墓道（或不明）豎穴木槨墓之年代墓向分布。由此三表可以大略看出，就全體而言，在豎穴木槨墓中，不論有無墓道，東西向與南北向之墓葬之百分比並沒有太明顯的差別。即使在西漢早期，北向之墓並沒有明顯的比東向墓爲多。然而這種情況在磚室墓中卻有所不同。由

122　《禮記注疏》，卷 9，頁 16。
123　《白虎通》(上海：上海書店，1989)，卷 10〈崩薨〉、〈論葬北首〉，頁 17a。
124　松田稔，〈中國古代の魂招きにおける方位觀の變遷〉，《宗敎研究》53 卷 1 輯，no.240（東京：同文館，1979），頁 47－65，認爲在殷－楚文化系統中魂是無所不之的，因而向四方招魂，如《楚辭》中所記載，而在周文化三《禮》系統中，認爲人死魂向北方而去，北首，乃殷人在定居之後追懷北方游牧生活之表示，後轉爲北方代表幽陰之處。

表 3-9　豎穴墓墓向之年代分布

	西漢早	西漢中	西漢晚	東漢早	東漢中	東漢晚	總　計
東	155	65	44	54	24	5	395　個
	32.09	31.25	24.04	38.30	41.38	13.51	32.64％
南	92	27	49	32	26	13	252　個
	19.05	12.98	26.78	22.70	44.83	35.14	20.83％
西	77	47	59	21	4	5	230　個
	15.94	22.60	32.24	14.89	6.90	13.51	19.01％
北	159	69	31	34	4	4	330　個
	32.92	33.17	16.94	24.11	6.90	10.81	27.27％
合計	483	208	183	141	58	37	1210　個

表 3-10　帶墓道豎穴木槨墓墓向之年代分布

	西漢早	西漢中	西漢晚	東漢早	東漢中	東漢晚	總　計
東	11	30	18	10	0	4	71　個
	16.18	41.67	20.69	27.78		33.33	25.54％
南	18	10	24	16	1	5	76　個
	26.47	13.89	27.59	44.44	100.00	41.67	27.34％
西	21	27	39	4	0	3	96　個
	30.88	37.50	44.83	11.11		25.00	34.53％
北	18	5	6	6	0	0	35　個
	26.47	6.94	6.90	16.67			12.59％
合計	68	72	87	36	1	12	278　個

表 3-11　無墓道（或不明）豎穴木槨墓墓向之年代分布

	西漢早	西漢中	西漢晚	東漢早	東漢中	東漢晚	總　計
東	63	19	17	10	0	0	103　個
	28.90	38.78	36.96	55.56			30.12%
南	38	9	9	3	1	0	64　個
	17.43	18.37	19.57	16.67	50.00		18.71%
西	76	8	11	4	1	0	63　個
	34.86	16.33	23.91	16.67	50.00		18.42%
北	81	13	9	2	0	0	112　個
	37.16	26.53	19.57	11.11			32.75%
合計	218	49	46	18	2	0	342　個

表 3-12　磚室墓墓向之年代分布

	西漢早	西漢中	西漢晚	東漢早	東漢中	東漢晚	總　計
東	4	9	29	180	56	89	259　個
	19.05	6.62	10.03	23.89	17.45	26.97	18.05%
南	13	25	86	60	98	99	450　個
	61.90	18.38	29.76	33.33	30.53	30.00	31.36%
西	1	11	22	18	57	65	199　個
	4.76	7.35	7.61	10.00	17.76	19.70	13.87%
北	3	91	152	59	110	77	527　個
	14.29	66.91	52.60	32.78	34.27	23.33	36.72%
合計	21	136	289	180	321	330	1435　個

表 3-13　帶墓道磚室墓墓向之年代分布

	西漢早	西漢中	西漢晚	東漢早	東漢中	東漢晚	總　計
東	3	5	20	32	20	49	138　個
	15.79	8.20	8.40	26.23	18.35	29.70	18.47％
南	12	22	73	39	35	51	245　個
	63.16	36.07	30.67	31.97	32.11	30.91	32.80％
西	1	10	19	9	13	33	86　個
	5.26	16.39	7.98	7.38	11.93	50.77	11.51％
北	3	24	126	42	41	32	278　個
	15.79	39.34	52.94	34.43	37.61	19.39	37.22％
合計	19	61	238	122	109	165	747　個

表 3-14　無墓道（或不明）磚室墓墓向之年代分布

	西漢早	西漢中	西漢晚	東漢早	東漢中	東漢晚	總　計
東	1	4	9	11	36	40	121　個
	50.00	5.33	17.65	18.97	16.98	24.24	17.59％
南	1	3	13	21	63	48	211　個
	50.00	4.00	25.94	36.21	29.72	29.09	30.67％
西	0	1	3	9	44	32	113　個
		1.33	5.88	15.52	20.75	19.39	16.42％
北	0	67	26	17	69	45	243　個
		89.33	50.98	29.31	32.55	27.27	35.32％
合計	2	75	51	58	212	165	688　個

表 3-15　豎穴墓之墓向分布

	中　原	秦	楚
東	6	8	91　個
	4.69	40.00	27.00％
南	10	1	78　個
	7.8	5.00	23.15％
西	19	2	88　個
	7.03	10.00	26.11％
北	103	9	80　個
	80.47	45	23.74％
合計	128	20	337　個

表 3-16　磚室墓之墓向分布

	中　原	秦	楚
東	123	37	27　個
	13.34	30.33	17.65％
南	280	24	74　個
	30.57	19.67	48.37％
西	100	28	34　個
	10.92	22.95	22.22％
北	413	33	18　個
	45.09	27.05	11.76％
合計	916	122	153　個

表 3-12 至 3-14 中可以看出，南北向之磚室墓比例在各時代中均較東西向者爲多，其中北向墓均占首位。如此看來，晚出的磚室墓在墓葬方向的選擇上反而較傳統的豎穴墓更接近所謂的古禮。

以上均從全國之觀點分析墓葬方向。但實際上地域性的差異又如何？以下即從地理區之角度再做一次分析，我們可依從先秦以來之文化地理區，分爲中原（山東、河南、河北）、秦（山西、陝西、甘肅）、楚（湖南、湖北、廣東、安徽、江西）等三大區，分別看看其墓向的變化如何。其他不在此三區內之墓葬則暫時不討論。

表 3-15 及 3-16 顯示上述三地理區之墓葬方向在各時代中之百分比變化，由此二表可以看出，中原地區之墓葬，不論爲豎穴墓或磚室墓，其北向之比例一般均較其他地區高出甚多，這也許可以說明中原地區可能爲「葬於北方，北首」這傳統的發祥地。

在對於兩漢時代各類主、支流墓葬的分布以及方向有了一個通盤的概念之後，以下三章就要進一步討論豎穴墓和磚室墓這兩大類墓葬及其隨葬品之結構內容及其在不同時間空間中的分布及變化。

第四章　漢代的豎穴木槨墓

第一節　槨外部分析

　　本節將就漢代豎穴木槨墓之墓坑口、墓室、墓道、塡土、腰坑等屬於槨外部分的項目一一檢討，再與先秦時代之豎穴木槨墓比較，以見其發展之軌跡。

（一）墓坑口

　　豎穴木槨墓的墓坑口一般分爲斗形和階梯兩種，均爲上端寬下端窄的形狀。這是自然且合於施工順序的一種形狀，自安陽侯家莊商代大墓以下就是豎穴墓的主要墓坑口形式。在先秦時代尚有上窄下寬的墓坑，其式樣則與新石器時代以來的地穴式房屋和地窖（灰坑）有相似之處[1]。但此種上窄下寬之墓坑構造寬窄之間的差別較上寬下窄之墓坑口的差別爲小，因爲相差過大時易造成崩塌。就漢代豎穴木槨墓之墓坑口而言，斗口爲最主要之形式，而階梯式坑口則占比例甚微，主要爲大型墓葬之用，如馬王堆一、二、三號墓均是（圖4－1）[2]。由於考古報告中不一定包括墓坑口之資料，故目前尚不能做出太具意義之統計資料[3]。

1　如《上村嶺虢國墓地》（北京：科學出版社，1959），頁3。
2　《長沙馬王堆一號漢墓》，頁4，圖4。
3　在1366座豎穴木槨墓中，僅有46座墓有關於墓坑口之資料，其中斗口42座，階梯口4座。而且大部分爲西漢墓，東漢墓僅各有一座而已。

（二）墓室

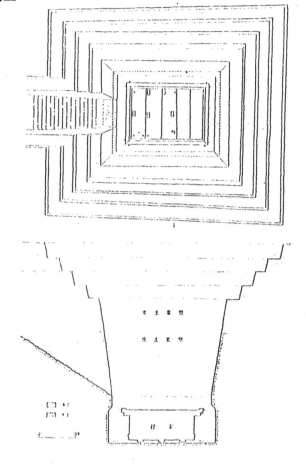

圖 4－1

　　墓室或稱墓穴，即豎穴底部容納棺槨之空間。通常其深度與長寬成正比，但在實際考古發掘中常常由於事先已受到自然或人為的破壞而無法確知其深度，此處僅就長方形豎穴墓之墓室長寬加以分析。由於資料之分散，以下數字分析以中原（河北、河南、山東）、秦（山西、陝西、甘肅）、楚（兩湖、廣東）等三大文化地理圈為主要的討論對象，再輔以全國平均數。

表 4-1　長方豎穴墓墓室長寬平均值表

（ 括號中數字爲有效之計算墓數 ）

				中原	楚	秦	全國
西漢	早期	長	有墓道	7.35(3)	4.90(49)	0	5.34(59)
			無墓道	2.89(32)	3.55(226)	4.82(12)	3.32(385)
		寬	有墓道	5.73	3.05	0	3.35
			無墓道	1.33	1.97	2.43	1.76
	中期	長	有墓道	22.10(2)	4.59(60)	6.67(3)	5.11(75)
			無墓道	3.17(38)	3.86(21)	6.22(3)	3.48(124)
		寬	有墓道	17.10	2.49	3.34	2.94
			無墓道	1.41	2.46	4.60	1.91
	晚期	長	有墓道	0	5.06(72)	0	5.08(102)
			無墓道	3.98(10)	3.59(30)	3.18(3)	3049(78)
		寬	有墓道	0	3.10	0	3.12
			無墓道	2.72	2.28	1.67	2.15
東漢	早期	長	有墓道	4.48(1)	4.95(41)	8.40(1)	5.03(54)
			無墓道	3.36(19)	5.04(2)	0	2.69(61)
		寬	有墓道	2.90	2.82	7.50	3.00
			無墓道	1.52	2.97	0	1.14
	中期	長	有墓道	0	4.29(56)	0	4.29(56)
			無墓道	0	0	0	3.41(2)
		寬	有墓道	0	2.85	0	2.85
			無墓道	0	0	0	1.78
	晚期	長	有墓道	0	4.41(31)	0	4.42(34)
			無墓道	0	4.60(2)	0	4.60(2)
		寬	有墓道	0	2.60	0	2.61
			無墓道	0	2.90	0	2.90

4　在本研究中，各類計算之根據均爲所搜集電腦資料庫中具有完整資料之墓，如此
　　處所謂有墓道或無墓道，乃指資料中明確記載者，凡不清楚是否有墓道或無記錄
　　者，一概除去，故有時計算墓數字甚小。以下各章中之情況相同，不再重覆。

　　表4-1為長方豎穴墓之墓室長寬平均值之時代及地區分布，其
一般趨勢為，在無墓道豎穴墓中，西漢中晚期乃至東漢早期之墓葬，
不論是各地方或全國都較西漢早期為大，顯示出一種普遍對墓葬的重
視的風氣由西漢中期至少延續到東漢中期。東漢中晚期無墓道墓之數
量甚少，故其平均數字暫不做為考慮對象。若從西漢時代經濟發展的
情況來看，自武帝時代國力恢復，民間財富增加，遂促長厚葬之風
氣，似乎是合理的解釋。

　　在有墓道墓中，由於楚墓占的比例相當高，故楚墓之平均長寬在
各時代中均與全國平均相去不遠。中原地區西漢早中期有一些較特殊
之大墓，秦地雖數量亦不多，現有之例子亦為較大型之墓，這些都較
全國平均數高出甚多。不過在有墓道豎穴墓中，其全國平均數字自西
漢早期以來就逐漸降低，似乎又代表了這類型墓葬逐漸不受重視。這
一點，應該由磚室墓在西漢中期之後的發展，以及其在東漢之後成為
主要墓葬形制的背景來瞭解。至於地區性的差異，無墓道墓中楚與秦
地區西漢早中期均較中原地區為大，也都高於全國平均。而西漢晚期
之中原墓反而比楚秦墓及全國平均數為大。這種情況似乎說明中原地
區之經濟力原本不如楚地區的富庶，但是到了西漢晚期之後則有漸漸
趕上的趨勢。不過由本章下一節中的數據看來，若以棺槨之大小判斷
地區性之差異，則豎穴墓楚地區之棺槨一般均較中原地區為大。因而
中原地區財富之發展在西漢末東漢初時逐漸超過楚地區的。這種印象
是否正確，還必須結合磚室墓之發展以及隨葬器物之多寡才能做進一
步的澄清。

　　此外，在同一地區之中，有墓道之墓一般較無墓道者為大，而西
漢之墓一般又比東漢為大，是全國性的趨勢。此點將於下文討論棺槨
結構時再論。

　　豎穴木槨墓之墓室一般為長方形（表4-1中之墓均是），但間
亦有例外。在廣東豎穴墓中：有呈T字形或凸字形者，即在原來長方
墓室前加築一橫室（T字形）（圖4-2）或一段甬道（凸字形）（圖

4－3）[5]。此外，有些墓室縱剖面呈靪形，形成前後兩段，前段地基向下挖出一淺坑，通常做爲貯藏隨葬品之器物室，此爲槨室分層之特例，亦多出於廣東地區（圖4－4）[6]。（詳見下文）

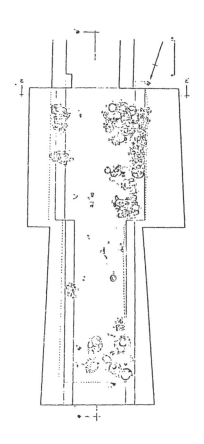

圖4－2

5　凸字形墓如廣州西漢早期墓1172（圖4－3），T字形墓如廣州西漢前期墓1174
　　（圖4－2），晚期墓3030－3032，東漢早期墓4009等，見《廣州漢墓》（北
　　京：文物出版社，1981），頁43，255，295。據編者云，此種T字形墓具有東
　　漢大型磚室墓之特點（頁294）。
6　《廣州漢墓》，頁299。

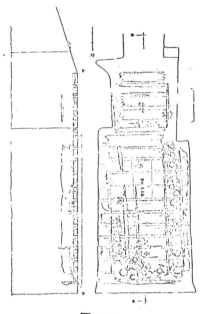

圖 4－3

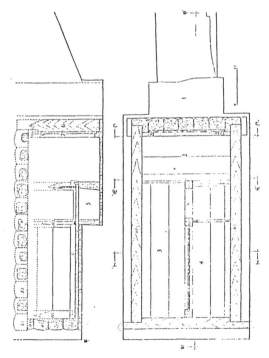

圖 4－4

（三）墓道

　　墓道的設置原有其建造墓穴時之需要，即在大型豎穴墓中（如安陽殷墟大墓），爲挖土、運土，以及搬運棺槨之便利而設。擁有大墓者自然具有高身分，於是墓道自然也成爲墓主身分崇高之象徵（參見第二章第二節）。及至春秋戰國時代，一般有墓道之墓仍較無墓道者爲大（但並非所有大墓均有墓道，如曾侯乙墓即是無墓道之大墓）。漢代，由表 4–1 已可以看出，有無墓道仍爲墓室大小之指標。就其出現之地埋分布看，則由表 4–2 所示，可見漢代使用墓道之豎穴木槨墓大部分集中於兩廣和湖南等受楚文化影響的範圍之內。在此範圍內，目前有墓道資料的豎穴墓有 54％爲帶墓道者，尤其是西漢中期之後，楚地區之豎穴墓絕大多數均爲有墓道者。由此看來，在受楚文化影響的區域中，雖然我們不能否認，墓道的存在仍然多少可以做爲墓主財富多寡的指標，但其設置已逐漸的失去作爲墓主身分地位的象徵。而成爲一種可有可無的普通墓葬形制。馬王堆一、三號漢墓，墓主身分爲列侯，但其墓並無墓道，可爲一佐證。

　　此外，與墓道形制有關者，爲墓道距墓穴底部高度之改變，其一般趨勢爲墓道之距底高愈來愈低，最後與墓底平齊。此種改變，或許與人們對於墓室的象徵義意有了不同的觀念有關：也就是原本以墓穴爲一「豎坑」的觀念逐漸變爲以墓穴爲一「橫室」，這顯然與將墓室進一步想像爲「地下房屋」有關。這種觀念表現在木槨的構造上，就是由從槨頂上封蓋的方式改變爲由面向墓道口「封門」的方式。有了「門」，槨室就很具體的象徵了墓室爲死者之居所的觀念（討論見下節）。要在木槨前面開門，自然會希望墓道口能與墓底齊平，以方便進出。當然，我們也必須注意這種改變在同一時代、同一地區仍然會有不平衡的發展，如西漢中期廣州地區有墓道木槨墓的墓道距底高由 0.38 米至 1.14 米[7]，可見一種形制的發展過程並不是簡單的單線進

　　7　如《廣州漢墓》，頁 7。

表 4-2　漢代帶墓道豎穴墓的年代地區分布

地點		南部地方					中部地方						
		福建	廣東	廣西	貴州	雲南	江蘇	浙江	安徽	江西	湖北	湖南	四川
西漢	早		35	5					2	4		12	1
	中		57	8						3	2	3	
	晚		31	23	2		2		2		1	40	1
	不明			1			2		1			1	
	小計	0	123	37	2	0	4	0	5	7	3	56	2
東漢	早		27	7	1		4		1			14	
	中											56	
	晚		11	3								20	
	不明			2								3	
	小計	0	38	12	1	0	4	0	1	0	0	93	0
	總計	0	161	49	3	0	8	0	6	7	3	149	2

地點		北部地方						東北地方	塞北地方		西部地方		
		山東	河北	河南	山西	陝西	甘肅	遼寧	寧夏	內蒙古	新疆	青海	總計
西漢	早	1	2										62
	中		2			3							78
	晚											1	103
	不明	1	1										7
	小計	2	5	0	3	0	0	0	0	0	0	1	250
東漢	早		1		1								56
	中												56
	晚												34
	不明				1								5
	小計	0	1	0	4	0	0	0	0	0	0	0	151
	總計	2	6	0	0	0	0	0	0	0	0	1	401

行。

（四）填土與排水系統

要能長久保存棺槨而不致腐壞，填土與排水是兩項必須注意的問題，古人早已明白。《左傳》成公二年記載宋文公之喪：「始厚葬，用蜃炭。」《呂氏春秋·節喪》：「題湊之室，棺槨數襲，積石積炭以環其外。」都是用特殊材料以防潮的例子。漢代豎穴木槨墓中所填充的材料，基本上有白黏土（即白膏泥）、黃沙、木炭、原坑土或雜土等，其中白黏土與木炭為最重要的防潮材料。在實際墓葬發掘中，這些材料常有各種不同的混合方式和填充次序，其詳細分類參見附表（附錄一、豎穴墓資料分類代碼表）。由於考古報告有關填土之資料常不完整，此處僅從上列幾大項來觀察楚地區之分布，如表 4−3 所示。其它地區有資料之墓葬數目太少，暫不討論。

表 4−3　楚地區主要填土材料之百分比

		白膏泥	木炭	黃沙	原坑土
西漢	早	8.80%	0.70%	53.87%	36.62%
	中	27.50%	2.50%	21.25%	48.75%
	晚	5.97%	1.49%	10.45%	82.08%
東漢	早	0	3.23%	0	96.77%
	中	0	0	0	100.00%
	晚	0	7.14%	0	92.86%

由上表可見一明顯之趨勢，就是自西漢晚期之後，楚墓葬中使用白膏泥、木炭、黃沙者急速減少，而原坑土或其它雜土之使用幾成為定例。這一情況，或許可以說明，西漢晚期之後，人們在建造豎穴墓時已不如從前慎重，因為原坑土或雜土當然是最容易取得的材料。另一可能性，則是此時建造豎穴墓者之經濟力量不若西漢中期以前。不

論如何，兩者均提示我們，豎穴墓之使用者之身分和財富有下降之趨勢。

　　至於排水設施，常爲在墓穴底部沿四週挖掘水溝，鋪以卵石。這種設施並不限於豎穴木槨墓，在磚室墓、崖洞墓中均有發現。但就現有資料來看，豎穴墓中有排水設施者實爲極少數，如表4-4所示，僅廣西之豎穴墓中有超過十分之一之墓有排水設施，而中原地區之墓葬則基本上不使用排水設備。

表4-4　有排水設施之豎穴墓

		廣東	廣西	貴州	江西	湖北	湖南	四川
西漢	早	15	2			4		
	中		3		1	1	2	2
	晚		3	1		2	2	
東漢	早		3					
	中						1	
占全部該地墓之百分比地		4.29	13.25	2.27	5.88	8.54	1.98	1.98

（五）腰坑

　　腰坑爲先秦時代墓葬中常見之設置，自殷王大墓以下，腰坑中埋有殉葬之人，也有殉葬動物，通常爲狗[8]。由於腰坑位於墓穴正中，

8　例如：石璋如，《小屯第一本，殷虛墓葬之五，丙區墓葬上》，頁13，52，169，213。

通常即在棺槨之正下方，與墓主之關係應相當密切，可能為保護墓主
於地下之忠僕或愛犬。在漢代木槨墓中，腰坑已不占重要地位，其中
埋物有動物或陶器。使用腰坑之墓大致分布於西漢早期兩廣地區[9]。

第二節　棺槨結構分析

在第二章中已經討論過，殷周以來的棺槨制度，到了戰國時代，
和隨葬鼎制一樣，已經不能做為墓主確切身分的分辨指標。但這並不
能否認一項基本的事實，即棺槨和隨葬器的多寡至少仍然可以反映出
墓主擁有的財富。由於墓主身分資料不全，本節的分析之中，僅以棺
槨本身為對象，暫時不考慮墓主身分之問題。

（一）分室與分層

在漢代木槨墓中，木槨之結構主要有分室與不分室之差別。所謂
分室，即在槨內以隔板分出頭箱（或前室）、左右邊箱（室）、足箱
（後室）等空間，以放置隨葬品。有些槨室又有分層之結構，用木板
將槨室之全部或部分以木板分為上下層，以放置器物。大抵分室分層
愈複雜之墓，其隨葬品愈豐富，顯示墓主之地位愈高與財富愈多。

若以槨之分室與否來觀察墓型之分布，可以用表 4－5 來說明，
其中數字為分室與不分室墓在各地區占該地全部已確知分室與否之豎
穴墓之百分比。

表中之數據雖不完整，仍可以看出一些趨勢，即不論在各地或以
全國而言，一棺一槨墓中分室者之比例均相當地低於二棺一槨之墓，
顯示墓葬等級、墓葬厚薄、與分室結構有直接對應關係。此外，秦地
區之墓似乎缺乏分室之習俗。這地域性差異似乎又說明，槨室之分室
與否，在楚地也許可以作為墓葬厚薄的某種指標，但在其他地區則不
一定如此。

至於槨室之分層與否，如表 4－6 所示。

9　如《廣州漢墓》，頁 30，32。

表 4-5　分室墓與不分室墓之相對百分比

（括號中數字爲有效計算墓葬數）

			中原	楚	秦	全國
西漢	一棺一槨	分室	52%(25)	22%(222)	0(16)	25%(284)
		不分室	48%	78%	100%	75%
	二棺一槨	分室	100%(2)	66%(3)	0	83%(6)
		不分室	0	34%	0	17%
東漢	一棺一槨	分室	0(1)	90%(10)	0	65%(23)
		不分室	100%	10%	0	35%
	二棺一槨	分室	0	0	0	0
		不分室	0	0	0	0

表 4-6　槨室分層墓之年代地理分布

（數字爲有效計算墓葬數）

		廣東	雲南	湖北	四川	廣東	江蘇	湖北
西漢	早	3	1					1
	中	12		2			1	
	晚	4			1		1	
東漢	早	4				19		
	晚					12		
總　計		23	1	2	1	31	2	1
百分比		6.57	0.6	2.44	0.99	8.86	4.08	1.22

由表4－5與4－6可以看出，木槨內分層之豎穴墓主要分布於受楚文化影響之粵、鄂地區。當然，由此類墓在當地所有墓中所占百分比來看，槨室分層之情況在木槨墓中仍然是少數。有學者認為槨室之分室象徵生人居宅，將生人居住的前堂、後寢與頭箱、足箱等部分相比較，另詳本書第七章。

(二)棺槨數與墓室長寬之對應關係

從常識判斷，棺槨數之多寡與墓室長寬應有正比之對應關係，此在先秦墓葬中已經有所證明 (見第二章)。漢代木槨墓之情況可以用表4－7顯示，由於樣本數量之關係，此處之數據包括一棺無槨及一棺一槨兩個等級之墓，而其中分室與否亦為考慮之對象。
將上表加以簡化，而將分室、不分室之墓平均計算，並且以西東漢各為一時代單位，可得表4－7A。

由表4－7及4－7A中的數據看來，棺槨層數之多寡與墓室大小一般成正比關係，可以得到確認。惟在一棺一槨墓中，分室墓不一定均較不分室者為大，而在同等級之墓中，楚墓之墓室一般較中原墓為大，而少數之秦墓又較楚墓為大。與全國平均值相較，中原墓常在平均以下，楚秦墓則常略高於或接近全國平均。當然，西漢墓一般平均都較東漢之同等級墓為大。唯一例外的是一棺一槨分室墓，東漢全國平均高於西漢。不過東漢墓之數字主要是一些楚地區的特殊大墓，故所得之結果或者與常態距離較遠。東漢豎穴墓一般較西漢豎穴墓為小之事實，在上節中已有所討論，此處由不同的方面得到相同的結果，可以視為定論。從比較細部之變化看，西漢中期之後，各類型之墓室大小均有增加之趨勢，至東漢早期之後衰落。

若考慮棺槨層數與棺槨本身大小之對應關係，則如表4－8所示，其中長寬之數值均為外槨與外棺之長寬。

由表4－8可見，在相同等級之墓中，楚墓的棺槨一般較中原為大，而秦墓又較楚墓為大。以資料比較充足之一棺一槨墓之墓室及棺

表 4-7　單葬墓墓室長寬平均值

（括號中數字爲有效之計算墓數）

				中原	楚	秦	全國
一棺無槨	西漢	早	長	2.74(5)	3.19(20)	3.10(1)	3.19(32)
			寬	1.10	1.57	1.50	1.56
		中	長	3.23(12)	3.27(4)	0	3.25(22)
			寬	1.37	0.92	0	1.44
		晚	長	2.85(1)	0	3.10(1)	2.97(2)
			寬	1.60	0	1.70	1.65
	東漢	早	長	3.27(3)	0	0	3.27(3)
			寬	1.23	0	0	1.23
		中	長	0	0	0	0
			寬	0	0	0	0
		晚	長	0	0	0	0
			寬	0	0	0	0
一槨一棺分室	西漢	早	長	3.18(6)	3.55(24)	0	3.50(31)
			寬	1.84	2.23	0	2.14
		中	長	3.09(3)	4.37(16)	0	3.97(23)
			寬	1.58	2.34	0	2.18
		晚	長	0	3.94(5)	0	4.57(7)
			寬	0	2.29	0	2.81
	東漢	早	長	0	5.39(5)	0	5.39(5)
			寬	0	2.63	0	2.63
		中	長	0	0	0	3.22(1)
			寬	0	0	0	1.36
		晚	長	0	4.86(4)	0	4.86(4)
			寬	0	2.56	0	2.56

			中原	楚	秦	全國
一棺一槨不分室	西漢	早 長	2.89(5)	3.98(139)	4.71(7)	4.00(153)
		早 寬	1.42	2.13	2.22	2.13
		中 長	3.17(3)	4.29(16)	5.79(3)	4.39(24)
		中 寬	1.24	2.34	3.07	2.37
		晚 長	0	4.25(16)	3.26(1)	4.53(9)
		晚 寬	0	2.07	1.40	2.33
	東漢	早 長	2.90(1)	4.08(1)	0	3.49(2)
		早 寬	1.00	2.08(1)	0	1.54
		中 長	0	0	0	0
		中 寬	0	0	0	0
		晚 長	0	0	0	0
		晚 寬	0	0	0	0
一棺一槨平均	西漢	早 長	3.05(11)	3.92(163)	4.71(7)	3.92(184)
		早 寬	1.65	2.14	2.22	2.13
		中 長	3.13(6)	4.33(32)	5.79(3)	4.18(47)
		中 寬	1.32	2.34	3.07	2.28
		晚 長	0	4.12(12)	3.26(1)	4.55(16)
		晚 寬	0	2.16	1.40	2.54
	東漢	早 長	2.90(1)	5.17(6)	0	4.85(7)
		早 寬	1.00	2.54	0	2.32
		中 長	0	0	0	3.22(1)
		中 寬	0	0	0	1.36
		晚 長	0	4.86(4)	0	1.86(4)
		晚 寬	0	2.56	0	2.56

表 4−7A　單葬墓墓室長寬平均值簡化表

（ 括號中數字爲有效之計算墓數 ）

			中原	楚	秦	全國
一棺無槨	西漢	長	3.04(19)	3.20(24)	3.10(2)	3.17(58)
		寬	1.34	1.46	1.60	1.51
	東漢	長	3.07(4)	0	0	2.48(6)
		寬	1.17	0	0	0.90
一棺一槨	西漢	長	3.06(21)	3.99(208)	4.48(15)	3.98(256)
		寬	1.72	2.31(24)	2.19	2.18
	東漢	長	2.90(1)	5.05(10)	0	4.72(12)
		寬	1.00(1)	2.55	0	2.32
二棺一槨	西漢	長	5.35(2)	4.97(2)	0	5.11(5)
		寬	3.85(2)	2.90(1)	0	3.75
	東漢	長	0	0	0	0
		寬	0	0	0	0

槨長寬平均值而論，東漢墓之墓室及棺槨普遍較西漢墓爲小。若與春秋戰國時代同一地區之墓室相較，楚地區之漢墓普遍較春秋戰國墓爲大，而中原地區之漢墓則比春秋戰國之墓葬趨向狹長形（秦之資料較少，暫不論）。由此可知，即使爲同等級之墓，墓室、棺槨之大小在各時代、各地區都有其特色。

（三）合葬墓

以上所論均爲單葬墓之情況，合葬又如何？依表4−9所示，可以得知，合葬墓之墓室平均較同等級之單葬墓爲大。

合葬墓所流行的時代與地區則如表4−10所示，表中數字爲每一地區之合葬墓所占該地全部豎穴墓之百分比。這些數字顯示出東漢時代合葬墓較西漢時代更廣爲流行，這種情況應與磚室墓做一比較，詳見第五章。

表4-8　單葬墓棺槨層數與棺槨長寬之相對關係

（括號中數字爲長寬數值均確定的墓數）

			中原		楚		秦		全國	
			槨	棺	槨	棺	槨	棺	槨	棺
一棺無槨	西漢	長		2.00		0		2.05		2.00
		寬		0.63		0		1.13		0.93
				(12)				(2)		(21)
	東漢	長		1.84		0		0		1.63
		寬		0.64		0		0		0.53
				(3)						(5)
一棺一槨	西漢	長	2.51	2.11	3.39	2.08	0	0	33.13	2.13
		寬	1.42	0.68	1.89	0.70	0	0	1.79	0.70
				(9)		(15)		(0)		(35)
	東漢	長	0	0	4.74	2.54	0	0	3.61	2.30
		寬	0	0	1.85	0.52	0	0	1.56	0.67
	(分室)					(1)				(4)
一棺一槨	西漢	長	2.53	2.18	2.93	2.05	4.24	2.07	3.55	2.11
		寬	0.93	0.63	1.48	0.54	2.03	0.73	1.66	0.70
				(7)		(6)		(12)		(32)
	東漢	長	2.78	1.80	0	0	0	0	2.56	2.02
		寬	0.70	0.50	0	0	0	0	0.99	0.54
	(不分室)			(1)						(6)
二棺一槨	西漢	長	2.30	4.03	2.72	4.16	0	0	2.51	4.09
		寬	0.83	2.51	0.96	2.91	0	0	0.90	2.71
				(2)		(2)		(0)		(4)
	東漢	長								
		寬								
	(分室)									
二棺一槨	西漢	長			2.20	3.54			2.20	3.54
		寬			0.77	1.84			0.77	1.84
						(1)				(1)
	東漢	長								
		寬								
	(不分室)									

表 4-9　單葬墓與合葬墓墓室大小之比較

（括號中數字爲長寬資料均確定之墓葬數）

			單葬	合葬
無棺槨	西漢	長	2.31(66)	
		寬	1.01(66)	
	東漢	長	2.06(40)	2.61(3)
		寬	0.70(40)	0.67(3)
一棺	西漢	長	3.17(58)	3.69(5)
		寬	1.51(58)	2.61(5)
	東漢	長	2.49(6)	3.59(3)
		寬	0.90(6)	2.40(3)
一棺一槨	西漢	長	3.98(256)	5.14(36)
		寬	2.18(256)	3.20(36)
	東漢	長	4.72(12)	4.82(27)
		寬	2.32(12)	2.92(27)
二棺一槨	西漢	長	5.11(5)	
		寬	3.75(5)	
	東漢	長		
		寬		

表 4-10　豎穴木槨合葬墓之百分比分布

（括號中數字爲各地全部墓葬數）

	中原	楚	秦	東南	全國
西漢	5.22%(115)	6.88%(538)	10.71%(28)	19.30%(57)	6.59%(1077)
東漢	22.73%(22)	17.69%(147)	100.00%(1)	34.38%(32)	16.61%(289)

（四）葬式及裝飾

死者之葬式有仰身直肢、俯身直肢、屈肢葬等，在合葬墓中尚有一仰身一側屈之葬式。大部分有資料可查之葬式均爲仰身直肢葬。

　　棺槨之上有裝飾花紋，自殷王大墓中已然[10]，戰國時代出土之一些墓中，有彩繪之棺具[11]，西漢長沙馬王堆一號墓之漆棺更是極爲華麗[12]，正如《後漢書·禮儀志》中之記載：

　　　　東園匠、考工令奏東園祕器，表裡洞赤，虞文畫日、月、鳥、龜、龍、虎、連璧、偃月、牙檜梓宮如故事[13]。

　　諸侯王、公主、貴人皆樟棺，洞朱，雲氣畫。公、特進樟棺黑漆[14]。然一般而言，考古發掘所得之棺槨多半腐朽，其上裝飾花紋得以保存者不多，大致可分爲一般紋飾、鳥獸、人物、神話、建築物等數類。這些裝飾紋主要出現於棺具上，至於槨木，則多半爲素木，不加裝飾。然而在某些地區，槨木及槨板上有一些門結構，則是特別值得注意的現象。所謂的門，指在槨結構中設置有別於一般槨板的「門板」，通常有兩扇。這種「門」的構造並不一定具有任何實用功能，有些甚至無法開啓[15]，有的墓僅外槨有門[16]，有的中槨亦有門[17]，有的門設於棺室與前室或邊室、後室之間[18]。此外又有窗結構，亦多半設於棺室與前室、邊室之間[19]。此種門窗結構在戰國時代墓中已有發現，惟爲數甚少[20]，入西漢後始有較多之例子，然而整體而言，仍占全部豎穴墓之少數，其分布地域大抵於湖、廣、皖、蘇等南方受楚文化影響區，北方之例子極少，同時其出現之年代似又以西漢早期至中期爲主，東漢初期以後則幾乎絕跡。有關裝飾及門窗結構出現之意

10　高去尋，《侯家莊 1001 號大墓》，下冊，圖版 XIII，木槨壁上之花紋。

11　如《隨縣曾侯乙墓》（北京：文物出版社，1980），圖三。

12　《長沙馬王堆一號漢墓》，（北京：文物出版社，1973）（下），圖版 32。

13　《後漢書·志第六禮儀下》，頁 3141。

14　《後漢書·志第六禮儀下》，頁 3152。

15　《考古學報》1957(1)127－131。

16　〈楊州東風磚瓦廠漢代木槨墓群〉，《考古》1980(5)：417－425，M1。

17　〈山東文登縣的漢木槨墓和漆器〉，《考古學報》1957(1)：127－131；〈楊州西漢「姜莫書」木槨墓〉，《文物》1980(12)：1－6。

18　〈安徽天長縣漢墓的發掘〉，《考古》1979(4)：320－329；〈楊州東風磚瓦廠八、九號漢墓清理簡報〉，《考古》1982(3)：236－242；〈江陵張家山三座漢墓出土大批竹簡〉，《文物》1985(1)：1－8。《廣州漢墓》，頁 60－64。

19　〈江蘇盱眙東陽漢墓〉，《考古》1979(5)：412－424。

20　《考古》1981(1)：27－47，M36。

義，將於本書第七章中詳論。

　　綜觀漢代豎穴木槨墓之墓室與棺槨結構的發展，可以西漢中期爲一分水嶺。西漢中期至晚期爲極盛，此後墓室和棺槨之規模由大趨小，壙土材料之逐漸不受重視，反映出木槨墓使用者之一般經濟力量在逐漸降低之中。當然，這並不排除少數特殊大墓存在之事實。正如東漢時王符在《潛夫論》中所描述當時富人墓葬棺槨之豪奢，其規模應比西漢時代之大墓毫不遜色。同時，豎穴墓之沒落，與磚室墓之興起爲同時並存之現象，本書第一章中已有例證說明，因而這種趨勢所代表之意義，尚需結合磚室墓之發展以及隨葬器物之變化來觀察。

第五章　漢代的磚室墓

第一節　墓形結構分析

　　漢代磚室墓形制之來源在第三章中已討論過,本章即就磚室墓在漢代之形式及分布做一分析。由於建墓時使用材料及技術之不同,本章統稱為磚室墓者實際上包括了土洞墓、空心磚墓、小磚墓、磚石混合墓、石板或石塊墓、空心磚與小磚混合墓等等(見附錄二),本節之分析實際上只處理數量較多之土洞、空心磚及小磚墓。現先分析墓葬外形結構,包括墓道、墓室結構、耳室等部分。

(一)墓道

　　磚室墓之墓道通常有豎井式(圖5-1)[1]與斜坡式(圖5-2)[2]兩類,有的斜坡式墓道為階梯形,這些都是涌天式,亦即挖掘時由地面向下切割,墓道縱剖面之土全部取走。先秦以來豎穴墓之墓道即為此種。另外,有隧道式的墓道,即由地面向地下斜開一洞道,至預定之深度後再橫向開挖墓室(圖5-3)[3]。此種隧道式之墓道在先秦時代是否存在?一般以為《左傳》中晉文公請隧之事即為當時已有此種墓道之證[4],但近年亦有人反對此種看法[5]。特殊的情況,有

1　《洛陽燒溝漢墓》,頁25。
2　同上,頁61。
3　同上,頁75。
4　僖公25年,參見楊伯峻,《春秋左傳注》(北京:中華書局,1983),頁432。
5　彭益林,〈晉文公請隧辨正〉,《晉陽學刊》1983(5):97-104。

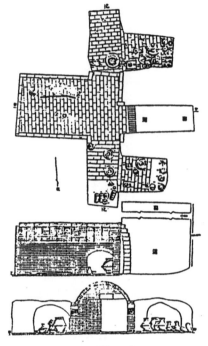

圖 5-1

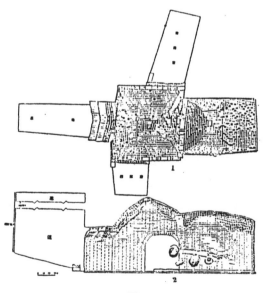

圖 5-2

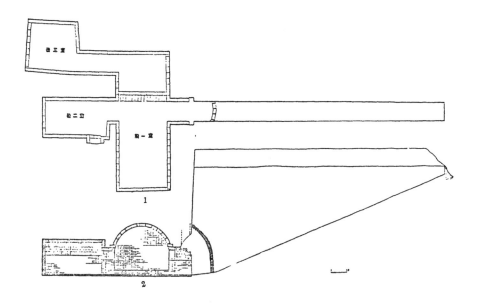

圖 5-3

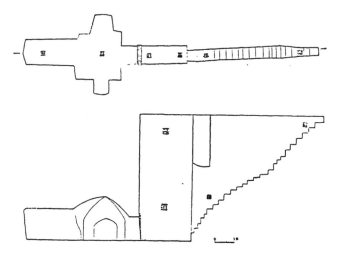

圖 5-4

豎井墓道與隧道並用在一墓中者（圖 5－4）[6]。此類墓道在各地區使用之比率如表 5－1所示，中原地區多用豎井墓道，秦地區多用斜坡墓道，而楚地則豎井斜坡並用。

表 5－1　使用各類墓道之墓占該地區全部確知墓道形制之墓之百分比

	中　　原	楚	秦
豎　　　井	65.60%	31.50%	3.40%
斜　　　坡	18.10%	36.80%	68.60%
階　　　梯	0.10%	15.70%	1.10%
豎井和隧道	3.20%	0.00%	1.10%

（二）墓室結構

（1）土洞墓

　　土洞墓之年代與地理分布已見表 3－5及第三章第二節之討論。其洞室之頂部一般為弧頂，亦有呈前後拋物線式者。墓室之長寬平均值略如表 5－2所示：

表 5－2　漢代土洞墓墓室之長寬平均值

	長	寬
西　　漢	3.56	1.51
東　　漢	3.87	1.79

6　《洛陽燒溝漢墓》，頁 49。

若將此數據與兩漢各時代豎穴墓之長寬平均值相比較，可以看出，土洞墓在漢代乃屬於社會中財富、地位均處於最不利的階層所使用。此點也可以由其出土之隨葬器物看出。

（2）空心磚墓

空心磚墓由戰國晚期之豎穴轉變為橫穴，其年代及地區分布如表5－3所示，主要集中於河南地區，而以西漢中期為最盛。

表5－3　漢恣空心磚墓之分布

（數字為墓數）

		河南	山西	陝西
西漢	早	13		
	中	87		1
	晚	23	1	2
	不分	3		
東漢	早	4		
	中	1		
	晚	2		
總計		133	1	3

空心磚墓之頂部最初為平頂，即以長方空心磚橫架磚槨壁上部而成。由於平頂空心磚墓中有單室及雙室之分別，此處根據 25 座墓型比較完整之西漢平頂單室空心磚墓之資料，顯示此類墓室之長寬平均值如表 5－4所示。

表5－4　平頂單室空心磚墓墓室之長寬平均值

	長	寬	高
西漢	3.17	1.26	1.11

西漢中期後，則有人字形之頂式，由兩排空心磚斜搭而成。惟此類空心磚墓為數甚少，主要仍出於河南地區（圖5－5）[7]。人字頂空心磚由於頂式之改變，可以擴張墓室之容積，整個墓室之結構亦

7　《洛陽燒溝漢墓》，頁29。

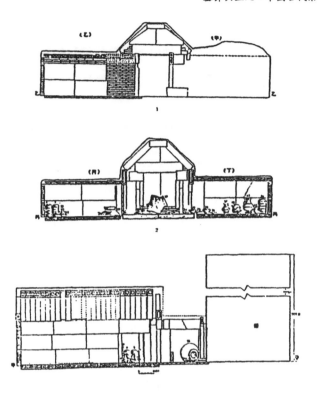

圖 5-5

有改變，有以磚築之橫前堂及左右耳室之出現。同時，由於墓室之擴
大，有較複雜之浮雕及繪畫裝飾出現。

（3）小磚墓

　　純小磚築成之墓室出現於西漢中期之河南，其墓頂最初爲弧形券
頂，西漢晚期之後又出現四角結頂之穹窿頂，仍以河南爲發祥地，但
到了東漢中晚期後在廣東亦甚爲流行。以券頂和穹窿頂在各地區使用
之情況來看，如表 5-5所示，南部地區小磚墓中使用穹窿頂之墓，其
比例高於中北部地區。

　　小磚墓之墓頂雖只有券頂與穹窿頂兩式（橫前堂仍爲券頂），但
由於墓室結構由單室趨於多室，加上不同頂式的配合，遂造成許多類
型，其頂式與墓室之間對應關係可參見表 3-7。

表5-5　漢代小磚穹窿墓的年代地區分布

地點		南部地方					中部地方						
		福建	廣東	廣西	貴州	雲南	江蘇	浙江	安徽	江西	湖北	湖南	四川
西漢	早												
	中												
	晚												
	不明												
	小計	0	0	0	0	0	0	0	0	0	0	0	0
東漢	早			2								1	
	中		8		1								
	晚		42	8			1		2			1	
	不明					1					1	1	
	小計	0	50	10	1	1	1	0	2	0	1	3	0
	總計	0	50	10	1	1	1	0	2	0	1	3	0

地點		北部地方						東北地方	塞北地方		西部地方		
		山東	河北	河南	山西	陝西	甘肅	遼寧	寧夏	內蒙古	新疆	青海	總計
西漢	早												0
	中												0
	晚			9									9
	不明												0
	小計	0	0	9	0	0	0	0	0	0	0	0	9
東漢	早			10					3				16
	中		2	13		1							25
	晚			11		6	2	1		2		1	77
	不明			1			8						12
	小計	0	2	35	0	7	10	1	3	2	0	1	130
	總計	0	2	44	0	7	10	1	3	2	0	1	139

　　由此表中可以看出，磚室墓之結構比基本上爲長方形之木槨室複雜。歸納其一般原則，雖可在中軸線上分爲前、中、後（或主室）等室，但後室有分爲二間或三間者，再加上耳室，使得結構更爲複雜，因此要比較各類墓室之長寬比例並不容易。

　　此處先就東漢時典型小磚卷頂單室墓墓室之長寬平均值變化做一觀察。由於樣本分散，以下分析以楚地區和中原地區之資料爲主，至少可以略爲顯示南北之間的地域性差別。由表 5-6 看來，不論是在各地區或全國，東漢中期之墓均略小。

表 5-6　小磚卷頂單室墓之長寬平均值

			中原	楚	全國
東	早	長	4.14(28)	4.05(15)	4.19(57)
		寬	1.87(28)	1.78(15)	1.86(57)
	中	長	3.77(159)	3.78(10)	3.79(171)
		寬	1.70(159)	1.90(10)	1.71(171)
漢	晚	長	4.45(6)	4.13(16)	4.08(36)
		寬	2.18(6)	1.80(16)	1.87(36)

　　小磚穹窿頂單室墓則由於穹窿頂之特性而多呈近正方形，雖然其邊長不一定會比小磚卷頂單室墓之長爲大，如表 5-7 所示。

表 5-7　小磚穹窿頂單室墓之長寬平均值

			中原	楚	全國
東	早	長			
		寬			
	中	長	3.15(2)		3.15(2)
		寬	3.23(2)		3.23(2)
漢	晚	長	3.21(2)		3.54(4)
		寬	3.27(2)		2.91(4)

　　若論及有前後兩室之墓，則可分爲 (1) 卷頂－－卷頂 (2) 穹窿－－穹窿 (3) 穹窿－－卷頂等三類。其墓室長寬之變化，如表 5-8 所示。

表 5-8　東漢前後雙室墓墓室長寬平均值

			中原			楚			全國		
			卷-卷	穹-穹	穹-卷	卷-卷	穹-穹	穹-卷	卷-卷	穹-穹	穹-卷
早	前室	長		3.10(1)	2.55(7)			1.10(1)		3.10(1)	2.52(11)
		寬		3.00(1)	2.55(7)			2.64(1)		3.00(1)	2.59(11)
	後室	長		3.82(1)	2.92(7)			2.74(1)		3.82(1)	2.98(11)
		寬		2.50(1)	1.85(7)			1.60(1)		2.50(1)	1.86(11)
中	前室	長		2.53(2)	2.51(8)			2.56(1)	2.80(1)	2.53(2)	2.54(12)
		寬		2.63(2)	2.49(8)			2.55(3)	2.10(1)	2.63(2)	2.52(12)
	後室	長		2.59(2)	2.94(8)			4.53(3)	3.00(1)	2.59(2)	3.48(12)
		寬		2.30(2)	1.87(8)			1.62(3)	2.25(1)	2.30(2)	1.81(12)
晚	前室	長	3.78(4)	2.90(1)	2.71(5)	2.74(3)	2.73(3)	2.48(28)	4.03(12)	2.90(5)	2.65(45)
		寬	4.98(4)	2.86(1)	3.01(5)	2.16(3)	2.75(3)	2.56(28)	3.32(12)	2.92(5)	2.67(45)
	後室	長	4.05(4)	2.80(1)	3.59(5)	3.43(3)	3.03(3)	3.83(28)	4.04(12)	2.98(5)	3.61(45)
		寬	3.84(4)	2.80(1)	1.95(5)	1.82(3)	3.01(3)	1.57(28)	2.78(12)	2.97(5)	1.66(45)

　　由表5-8可知，此類雙室墓中以前後均為卷頂者為較寬大，而中原地區之墓又普遍大於楚墓。而一般而言，除少數例外，前室之寬大於後室之寬為共同的趨勢。此外，若將此類前後雙室墓之大小與單室墓相比，又可看出，一般而言，雙室墓之個別墓室要比單室墓同型墓室為小。

（4）合葬墓

　　磚室墓出現之原因，有人以為是由於夫婦合葬的要求，因為橫穴式的墓室對於在時間先後上有差別的合葬方式比較方便，因為木槨墓一般比磚室墓應不易保存，若二次入葬之時間相去過久，木槨腐朽，就不易達到開墓合葬的目的。這種說法是否能成立？考察合葬磚室墓的年代及地區分布，如表5-9所示，西漢時代僅中原及秦地區有合葬之磚室墓，楚地及東南地區磚室墓極少，亦無合葬墓。但若與豎穴合葬墓相比（參見表4-10），雖然中原及秦地區磚室墓合葬之比例在西、東漢均較豎穴墓為高，然而楚及東南地區之豎穴墓合葬之比例

表 5-9 合葬磚室墓之年代與地區分布
（括號中數字爲各地區全部有效計算墓數）

	中原	楚	秦	東南	全國
西漢	32.87%	0	42.86%	0	32.57%
	(502)	(6)	(14)	(2)	(525)
東漢	19.16%	7.06%	38.66%	11.83%	17.42%
	(569)	(269)	(119)	(93)	(1148)

卻又均較磚室墓爲高。同時，即使在西漢時代，中原及秦地區之豎穴
墓使用者採行合葬之比例亦不見得比楚及東南地區爲高，可見合葬之
習俗在西漢時代並非以中原及秦地區爲主。又值得注意的是，以全國
的觀點而言，東漢時代豎穴墓合葬之比例實際上較磚室墓爲高，而東
漢時磚室墓合葬之比例亦較西漢爲低。若說磚室墓之發展是由於合葬
之需要，則在磚室墓爲主要墓葬型制之東漢時代，合葬之比例應較豎
穴墓爲高才是，然而上二項數據顯示合葬之需要與磚室墓和豎穴墓之
相對發展並不相配合。因此我們也許很難確認磚室墓之出現是由於合
葬之需要。

（三）耳室

　　耳室之作用，主要爲放置隨葬品，間亦有葬人者。其位置可以說
無所不可：墓道、甬道、各墓室甚至耳室本身，均可以開築耳室，其
形狀亦有多種：矩形、T字型、十字形、L形。在一些墓中，還
有「假耳室」的存在，也就是在墓室壁上砌出一扇門的形式，象徵門
後還有一耳室。至於此種假耳室的存在是由於施工者的怠惰，或墓主
家屬財力不足而以「明器」的觀念套在耳室的建築上，因而只築一象
徵性的耳室門，則必須依個別的情況而判斷。

　　在所有磚室墓中，耳室之位置分布略如表 5-10 所示。由表中可
知兩漢時代中原與秦地區之磚室墓中耳室之位置主要在後室，而楚地
區則前後室並重。到了東漢時代，楚、秦地區墓中耳室多位於前室，

表 5－10　耳室位置之百分比分布

（括號中數字爲有耳室記載之墓數）

	中原		楚		秦	
	西漢 (502)	東漢 (569)	西漢 (6)	東漢 (269)	西漢 (14)	東漢 (119)
墓道	0	0.40％	0	0	0	0.84％
甬道	0.80％	1.39％	0	0	0	0
前室	6.37％	15.94％	16.67％	15.24％	0	13.45％
中室	0	1.79％	0	1.12％	0	1.68％
後室	60.16％	16.14％	16.67％	4.46％	7.14％	5.88％
耳室	0.20％	0	16.67％	1.12％	0	0

中原地區耳室在前室之比例亦增加，與位於後室者相當。

第二節　墓形內部分析

（一）棺具與葬式

　　由於磚室本身即爲槨之替代，磚室墓中一般並無木槨之設置，惟棺具則仍然具備。但因磚室墓之防腐防潮設施無法與一些木槨墓相比，墓中之木棺極易腐朽無存。當然，亦可能有原本即不用棺木之情況，而僅在墓室中用磚築棺床，措屍床上。這種情況應如何解釋？漢代文獻中有不用棺木的薄葬方式，如《後漢書》中記載張奐的遺言有：「幸有前窆，朝殞夕下，措屍靈床，幅巾而已。」[8] 然而由考古發掘所得之墓葬是否爲薄葬，爲一不易解決的問題，本書第八章有進一步討論。

　　棺具除木質外，間亦有用石板與瓦質者。死者的葬式與豎穴墓相同，絕大多數仍以仰身直肢葬爲主。

　　8　《後漢書》，卷 65，頁 2143。

（二）畫像裝飾

漢代磚室墓中之畫像裝飾久已爲學者注意[9]，其所以出現之原因，可能有社會、宗教，以及墓室建築本身的關係。就墓室結構本身來說，在木槨墓中，雖然可以有棺槨上的漆飾或錦飾，隔板槨板上的門窗裝飾，但由於木槨本身結構的緊密，一般不大可能有壁畫出現。由木槨墓轉變爲磚室墓之後，墓室內空間增大，又與生人之居室愈爲相似。既然木槨墓中可以有象徵生人居所的門窗結構，磚室墓中出現模仿生人居室中的壁畫，應該是不足爲奇的。當然，這墓室壁畫模仿生人居宅壁畫的情況之所以能出現，也很可能是由於在西漢早中期時，富有人家的居室壁上以壁畫作爲裝飾已經成爲流行的風氣[10]。

壁畫墓的出現又有宗教性的因素。從壁畫的內容來看，也很可能是爲了要讓死者能在地下過著與生時無異的情緒與道德生活：歷史故事、道德人物可以激勵德性，庖廚宴樂、車騎出巡可以怡神悅志。至於壁畫中豪華歡樂之場面及壁畫本身所可能反映出墓主人及家屬的地位、財富，反映出當時厚葬風氣的一環，也是應當承認的事實。

畫像墓的出現除了上述可能因素之影響之外，一般學者常常指出的是文化和經濟上的原因。譬如以山東和南陽爲例，有學者主張，山東地區有漁鹽之利，又爲禮樂之邦，儒學的發祥地，因而此區的畫像多見宴飲百戲，如《戰國策》所載「臨淄甚富而實，其民無不吹竽，鼓瑟，鬥雞，走犬，六博，蹴踘者。」南陽地區爲楚人舊地，楚人好鬼祀，東漢時又有讖緯之風，因而流行以神怪祥瑞圖案爲壁畫主題。又南陽地區受儒家學說的影響不如山東，所以反映儒家思想的歷史故事畫像也少於山東地區[11]。這種推論是否可靠？以山東地區的畫像來說，宴飲百戲的主題或者可以反映人們的生活富裕的情態，但與儒學

9　參見謝國楨，〈漢代畫像考〉，《周叔弢先生六十生日紀念論文集》（香港：龍門書局，1967），頁345－394。最新的討論見邢義田，〈漢代壁畫的發展和壁畫墓〉《史語所集刊》57本1分，頁139－170。
10　邢義田，前引文，頁155。
11　米田如，〈漢畫像石墓分區初探〉，《中原文物》1988（2）：56。

之間有何關係，實不易證明。而事實上，山東、蘇北地區畫像中，神
仙、祥瑞圖案等主題出現的頻率並不少於南陽地區[12]，則以山東爲儒
學重心的說法無法解釋這種情況。當然，任何一種社會制度的發展總
有其物質面和精神面，但是若要將壁畫內容與一地的文化背景作一種
清楚而單純的對應解釋，則與歷史研究追求事物複雜面貌的原則不
符。畫像中各類主題固然反映一時一地的文化背景，然而此文化背景
的內容卻有如彩色水染，不同色調之差異固然可見，其相鄰之處卻是
一片模糊。學者們彼此之間對於某一地區畫像的特色解釋不一[13]，也
許正可爲此種背景的模糊性作一注腳。有關壁畫墓之出現及其與墓葬
形制轉變以及宗教信仰之間的關係，其進一步之討論見第七章。

　　畫像裝飾之技法又大致可分爲雕刻畫像石、模製畫像磚、彩繪壁
畫等三大類。雕刻畫像石出於以石塊或磚石混合建構之墓室，畫像浮
雕於石塊表面，其雕刻之技法大致又分爲以線條刻畫爲主者與有立體
感之浮雕兩種不同的表現方式。以線條刻畫者可以僅以陰線刻畫出畫
面事物之輪廓，或者選擇將輪廓內或外之石面剔去一層，以形成輪廓
之凹入或凸出於石塊表面，然後再在輪廓內以線條刻畫細節。有立體
感之浮雕主要在先將輪廓外之石塊面剔去一層，使輪廓凸出，再在輪
廓之內亦將細部刻出起伏面，不單用線條刻畫，以使得畫面有立體感
[14]。當然，浮雕的各種技巧在各地區各時代中有不同的傳統以及應用
方式，爲學者專門研究的對象[15]。

12　米田如，〈漢畫像石墓分區初探〉，頁 56，表一。此表與頁 57 的表二，是用計
　　算機做統計分析，得出各地畫像內容的相關係數。這是相當有意義的嘗試。問題
　　是，我們不知作者在取樣時所採用的標準爲何。作者所用來作分析的畫像，到底
　　是由多少墓中選出的？畫像中各類主題的出現頻率，又有何根據可知是一客觀的
　　現象？這些問題，作者均無解釋。
13　如呂品，〈河南漢代畫像磚的出土與研究〉，《中原文物》1989(3)：58，認爲
　　南陽地區畫像磚中歷史故事與百戲表演的題材突出，就與米如田的說法不一。
14　參見〈南陽漢畫像石簡論〉，《中原文物》1982（2）：41－47；〈試論山東漢
　　畫像石的分布、刻法與分期〉，《考古與文物》1980（4）：108－114；李發
　　林，《山東漢畫像研究》（濟南：齊魯書社，1982）。
15　參見李發林，〈略談漢畫像石的雕刻技法及其分期〉，《考古》1965（4）；又
　　〈漢畫像石的雕刻技法問題補談〉，《中原文物》1989（1）：88－92。

　　模製畫像磚的製作則爲在磚塊製成後但尙未完全乾燥時，以預先雕好之圖像模板印在磚塊上而成，因此相同的畫像磚可以大量複製以供市場需求[16]。磚面上除了有印出的畫像之外，還在畫像上施以彩繪[17]。不過所謂的彩繪壁畫，通常乃指在沒有畫像刻紋之磚壁上所作之彩繪。無論是西漢時代的一些空心磚墓[18]，或是東漢時代的小磚墓[19]，或者遼陽地區的石板墓中[20]，其壁畫均爲先在墓室壁上以白灰刷底，再施以彩繪，其畫幅可以占滿全部墓壁，不受磚塊大小之限制。

　　畫像出現於墓中的位置可說無所不在，除了各主要墓室的四壁與室頂之外，門柱、門楣、門扇，乃至於耳室、甬道、墓道之中，都可能有畫像。當然，並非每一座墓都在所有的墓壁空間塡上畫，大部分的墓，不論是畫像石、畫像磚，或彩繪壁畫，都只是部分的壁上有畫而已。

　　至於墓室中畫像之內容，不同學者可能有不同的分類方式。本研究採取比較大的分類標準，將畫像內容大致分爲神仙或神話故事、歷史人物及故事、祥瑞圖像、日常生活、人物建築、自然風景等等，其詳細之分類可參見本書附錄二。

　　那麼各類不同主題之畫像在墓室內之分布是否有某種規律？表5－11顯示本研究所收集的 99 座畫像墓中，在墓室各不同部分所曾經出現過之壁畫主題，其中數字爲出現某類畫像之墓數，亦即近同於百分數。

由表中可見，就畫像之位置而言，在墓室壁、室頂、過洞等位置，各

16　參見呂品，〈河南漢代畫像磚的出土與研究〉，《中原文物》1989（3）：51
　　－59。

17　〈四川的畫像磚墓及畫像磚〉，《文物》1961（11）:35－42。

18　〈洛陽西漢壁畫墓發掘報告〉，《考古學報》1964（2）：1－7,126；〈洛陽西
　　漢卜千秋壁畫墓發掘簡報〉，《文物》1977（6）:1－12。

19　〈密縣打虎亭漢代畫象石和壁畫墓〉，《文物》1972,10:49－62；《望都漢墓
　　壁畫》（1955）；《和林格爾漢墓壁畫》（1978）；〈河南偃師杏園村東漢壁畫
　　墓〉，《考古》1985（1）:18－22。

20　如〈遼陽發現三座壁畫墓〉，《考古》1980（1）：56－58，65。參見第三章第
　　一節。

表 5-11　畫像主題在墓室內之分布

（代碼請參考附錄二）

	1 神仙	2 歷史	3 祥瑞	4 生活	5 人物建築	6 自然風景	7 銘文	8 其他
門柱	6		19	5	36	1	1	
門扇		1	66	4	16	1		
門楣		1	48	12	2	4		
室壁	24	7	79	93	61	20	3	4
室頂	22	1	32	11	5	7	1	3
耳室	3		6	20	11	2		
甬道	4			4	8	1		1
過洞	15	2	51	8	23	8	3	
不清	4		7	15	6	2		
棺	6		2	4	4			
墓道								1
迴廊			1	3	5	2		

類畫像均可出現，門柱、門扇、門楣等位置所出之畫像以祥瑞圖像、人物建築爲主，墓室壁以日常生活爲主。在所有各類圖像中，又以祥瑞圖像、日常生活、人物建築等類爲大宗，神話故事次之。當然，如果將祥瑞圖像和神仙故事一并考慮，那麼我們可以說，有關那渺茫的超自然世界的描繪應該是漢代畫像墓中最常見的主題。至於不同類主題的畫像在不同地區的分布，如前面所說，在本研究所搜集之材料而言，尙不足以做出有意義的分析，故暫時從略。

　　有關磚室墓的討論，本章僅就少數幾種較單純也因而代表比較廣大使用者之形制進行，主要目的，在於和豎穴墓所表現出之特徵做一比較。在室內裝飾方面，磚室墓特有的空間結構使得壁畫成爲可能，這使得磚室墓成爲漢人表達其死後世界觀的一種方便的媒介。雖然豎穴墓在門窗結構以及黃腸題湊方面的發展也有相應的功能，究竟比較有限。而隨著豎穴墓在東漢的沒落，畫像磚、石墓遂成爲東漢墓葬中有關死後世界的唯一圖像證據。這圖像證據到底可以透露出多少漢人的信仰和世界觀，是第七章中所要討論的。在墓室大小方面，豎穴墓

表現出的是一個由大而小，也就是由盛而衰的趨勢。磚室墓則由於西
漢的數字太少，不足以爲比較的根據，東漢時代，據本章已討論到的
數類墓而言，似乎有東漢中期稍微縮小，晚期再增大的情況，由於數
據大小紛雜不一，很難說是否有一由衰而盛的趨勢。在地區性的差異
方面，值得注意的是，在豎穴墓方面，西漢楚墓一般要較同等級之中
原墓爲大，而在磚室墓方面，情況卻是東漢時代中原墓有較多的機會
比楚墓爲大，雖然不如楚豎穴墓所具有的那種優勢。這種情況或許反
映出，西漢時代之楚地區較中原地區爲富庶，而到了東漢時代，中原
地區一般的財力、生產力則超出了楚地區。然而這種推論究竟是否可
信？還需要結合墓中所出的隨葬品才能有比較肯定的答案。這也正是
下章所要討論的問題之一。

第六章 隨葬品分析

　　在墓葬發掘中，隨葬品占極重要的部分。隨葬品的形制、質料不但可以作爲判斷墓葬年代的根據，還可以作爲研究一時代物質和精神文明的素材。第一章中已經說過，由於本研究所利用之資料均爲考古發掘報告，研究者不可能見到原器物，也無法作詳細之器形分析，故僅能就各報告中所提及之器物名稱作一初步之分類整理。於個別器物之造形、做工、質地之精粗、乃至於地方傳統與變化等考古器物學上之問題，均無法涉及。雖然如此，三千餘墓葬中所出的隨葬品數量仍然極爲龐大。欲有效掌握此一批材料，借電腦之助爲一可行之途。本研究設計一套代碼系統以登錄墓葬中出土之隨葬品，每一物件有一組四位數之代碼，其千位數代表以物件之材料所作之分類，百位數代表以物件用途所作之分類，十位及個位數則代表器形之分類。又由於各分類數目通常均超出十個，故以英文字母作爲代碼。舉例而言，銅鼎之代碼爲 ABA0，即 A（銅器類）B（炊煮器）A（鼎）0（鼎下不分類以 0 代表）四種分類系統之組合，其詳細之分類表，見附錄三。

　　在進行隨葬品與墓葬形制之間相互關係之分析以前，必須先注意的是，欲作此項分析，應以未受盜擾之墓爲準，否則可能產生統計上的誤差。表 6-1 顯示本研究所搜集之各類未受盜擾之墓的年代及地理分布，其中豎穴墓未受盜擾者達 76％，土洞及磚室墓則僅占 25％，故可知土洞及磚室墓中現有隨葬品之種類及數量應該遠少於其可能原有之數。

表6-1a　漢代未擾豎穴墓的年代地區分布

	地點	南部地方					中部地方						
		福建	廣東	廣西	貴州	雲南	江蘇	浙江	安徽	江西	湖北	湖南	四川
西漢	早		178	15	19	49	4		1		55	28	29
	中		48	20	11	19	12	2		6	8	7	3
	晚	2	24	21	3	9	8		3		9	41	10
	不明		1	1	1	13	2		2			23	2
	小計	2	246	57	34	90	26	2	6	6	72	99	44
東漢	早		21	8	7	40	7		10		1	17	1
	中						1					55	
	晚		8	3								21	
	不明			2								4	1
	小計	0	29	13	7	40	8	0	10	0	1	97	2
	總計	2	275	70	41	130	34	2	16	6	73	196	46

	地點	北部地方						東北地方	塞北地方		西部地方		
		山東	河北	河南	山西	陝西	甘肅	遼寧	寧夏	內蒙古	新疆	青海	總計
西漢	早	4	30	3	9	2	2						423
	中		49	3	5								193
	晚	3	3	1			3		1				141
	不明	6					3						54
	小計	13	82	7	14	2	8	0	1	0	0	0	811
東漢	早		20										132
	中												56
	晚												32
	不明			2						1			10
	小計	0	20	2	0	0	0	0	0	1	0	0	230
	總計	13	102	9	14	2	8	0	1	1	0	0	1041

表 6-1b　漢代未擾土洞墓的年代地區分布

地點		南部地方					中部地方						
		福建	廣東	廣西	貴州	雲南	江蘇	浙江	安徽	江西	湖北	湖南	四川
西漢	早												
	中						1						
	晚											1	
	不明												
	小計	0	0	0	0	0	1	0	0	0	0	1	0
東漢	早												
	中												
	晚												
	不明												
	小計	0	0	0	0	0	0	0	0	0	0	0	0
總計		0	0	0	0	0	1	0	0	0	0	1	0

地點		北部地方						東北地方	塞北地方		西部地方		總計
		山東	河北	河南	山西	陝西	甘肅	遼寧	寧夏	內蒙古	新疆	青海	
西漢	早			11									11
	中			18									19
	晚			61		1	2						65
	不明				3								3
	小計	0	0	90	3	1	2	0	0	0	0	0	98
東漢	早			17	3		2			1			23
	中			6		4	18						28
	晚			1	3		1						5
	不明			2		1	21	0					3
	小計	0	0	26	6	5	21		1		0	0	59
總計		0	0	116	9	6	23	0	1	1	0	0	157

表6-1c　漢代未擾磚室墓的年代地區分布

地點		南部地方					中部地方						
		福建	廣東	廣西	貴州	雲南	江蘇	浙江	安徽	江西	湖北	湖南	四川
西漢	早												
	中												
	晚											2	
	不明												
	小計	0	0	0	0	0	1	0	0	0	0	2	0
東漢	早		4			1	1		3	3	3	6	
	中		1		1			1		1		7	
	晚		5		3			5		6	1	18	1
	不明		42		2	3	1					10	
	小計	0	52	0	6	4	2	6	3	10	4	41	1
	總計	0	52	0	6	4	2	6	3	10	4	43	1

地點		北部地方						東北地方	塞北地方		西部地方		
		山東	河北	河南	山西	陝西	甘肅	遼寧	寧夏	內蒙古	新疆	青海	總計
西漢	早		3	6									6
	中			7	1	1							11
	晚			50	2	2							55
	不明		1										1
	小計	0	4	63	3	3	0	0	0	0	0	0	73
東漢	早	2	11	11	2		1			1			49
	中			6		2		1					20
	晚		2	11		1	1	3					57
	不明	3	1	2			4						68
	小計	5	14	30	2	3	6	4	0	1	0	0	194
	總計	5	18	93	3	6	6	4	0	1	0	0	267

第一節　　銅　器

　　漢代銅器繼承戰國末年以來的發展，器形趨向輕巧圓滑，形式多
變化，器上之紋飾則趨於簡單，西漢中期之後，素面銅器（主要指容
器）愈爲普遍，即使皇室使用者亦不例外[1]。但這並不表示漢代銅器
生產不盛，相反地，有證據顯示正是由於銅器製造的手續簡化，使得
大量生產成爲可能[2]，而大型銅礦存在之也支持這種看法[3]。

　　墓葬中所出銅器種類繁多，現在先以其用途分類來看其年代與地
區分布。表6-2顯示在未擾墓中出儲容器或炊煮器之墓在各時各地
之百分比分布。表6-3則爲出兵器墓之百分比分布。表6-4爲出工
具墓之百分比分布，表6-5則爲出銅鏡墓之百分比分布。由以上數
表亦可看出，在出銅器之墓中，以儲炊器最爲普遍。然而某種器物之
普遍性與其隨葬數量多寡之間是否有相對應之關係？

　　表6-6顯示在中原、楚、秦等地區中，每一時代出銅器之未擾
墓中各類器物之平均件數，由此表可以大略看出，在豎穴墓中，儲炊
器、飾物、兵器及工具類物件大抵以西漢中晚期爲最豐富者，東漢以
後則下降，而磚室墓則反是。至於銅鏡則自西漢晚期至東漢晚期有略
增之趨勢。

1　〈西安三橋鎭高窯村出土的西漢銅器群〉，《考古》1963（2）：62-70；
　　Wang, *Han Civilization*, p. 100f.
2　Wang, ibid, p. 102.
3　〈河北承德專區漢代礦冶遺址的調查〉，《考古通訊》1957（1）：22-27。

表6−2　出銅容器之墓

地點			南部地方					中部地方						
			福建	廣東	廣西	貴州	雲南	江蘇	浙江	安徽	江西	湖北	湖南	四川
豎穴墓	西漢	早		36.79	33.33	0.00	18.37	50.00		0.00		43.64	0.00	41.38
		中		16.67	35.00	18.18	21.05	58.33	50.00		50.00	100	28.57	100
		晚	0.00	16.67	57.14	100	22.22	37.50			100	44.44	26.83	50.00
	東漢	早		33.33	75.00	57.14	0.00	57.14		30.00		100	29.41	100
		中						0.00					9.09	
		晚		37.50	100								14.29	
磚室墓	西漢	早				100		0.00						
		中				100								
		晚											66.67	
	東漢	早		0.00			100	0.00			0.00	33.33	33.33	50.00
		中		0.00							0.00	100	57.14	
		晚		0.00				20.00			33.33	0.00	33.33	100

地點			北部地方						東北地方	塞北地方	
			山東	河北	河南	山西	陝西	甘肅	遼寧	寧夏	內蒙古
豎穴墓	西漢	早	25.00	0.00	33.33	55.56	100	100			
		中		2.04	0.00	80.00					
		晚	66.67	0.00	0.00			33.33		0.00	
	東漢	早		0.00							
		中									
		晚									
磚室墓	西漢	早			41.18						
		中		0.00	12.00		0.00				
		晚			25.23	100	33.33	0.00			
	東漢	早	50.00	0.01	14.29	0.00		0.00			
		中			8.33		33.33	5.56	0.00		
		晚		100	0.00	0.00	0.00	0.00	0.00	0.00	0.00

表6-3　出銅兵器之墓

地點			南部地方					中部地方						
			福建	廣東	廣西	貴州	雲南	江蘇	浙江	安徽	江西	湖北	湖南	四川
豎穴墓	西漢	早		11.56	20.00	36.84	51.02	0.00		0.00		14.55	0.00	41.38
		中		12.50	10.00	18.18	89.47	8.33	50.00		50.00	25.00	0.00	66.67
		晚	0.00	20.83	14.29	66.67	77.78	25.00		33.33		11.11	14.63	0.00
	東漢	早		9.52	25.00	28.57	10.00	0.00		20.00		0.00	17.65	0.00
		中								0.00			7.27	
		晚		25.00	0.00									
磚室墓	西漢	早												
		中				0.00		100						
		晚				0.00							33.33	
	東漢	早		25.00			0.00	0.00			0.00	66.67	33.33	50.00
		中		100				0.00			0.00		14.29	
		晚		20.00				20.00			66.67	0.00	27.78	0.00

地點			北部地方						東北地方	塞北地方	
			山東	河北	河南	山西	陝西	甘肅	遼寧	寧夏	內蒙古
豎穴墓	西漢	早	25.00	0.00	0.00	33.33	0.00	50.00			
		中		0.00	0.00	60.00					
		晚	0.00	0.00	0.00			33.33		0.00	
	東漢	早			0.00						
		中									
		晚									
磚室墓	西漢	早			0.00						
		中		0.00	0.00		0.00				
		晚			5.14	100	33.33	0.00			
	東漢	早	0.00	0.00	10.71	0.00		0.00			
		中			8.33		16.67	5.56	0.00		
		晚		50.00	16.67	0.00	0.00	50.00	0.00	0.00	0.00

表6-4　出銅工具之墓

地點			南部地方					中部地方						
			福建	廣東	廣西	貴州	雲南	江蘇	浙江	安徽	江西	湖北	湖南	四川
豎穴墓	西漢	早		5.78	0.00	0.00	48.98	50.00		0.00		3.64	3.57	31.03
		中		16.67	10.00	0.00	63.16	8.33	0.00		16.67	25.00	14.29	100
		晚	0.00	29.17	19.05	66.67	77.78	25.00		66.67		0.00	17.07	0.00
	東漢	早		9.52	37.05	0.00	15.00	14.29		10.00		0.00	11.76	0.00
		中						0.00					3.64	
		晚		0.00	66.67								0.00	
磚室墓	西漢	早												
		中						0.00						
		晚											0.00	
	東漢	早		0.00			100	0.00		0.00	0.00	0.00	16.67	
		中		0.00		0.00		0.00			100		0.00	
		晚		·0.00		0.00		20.00			16.67	0.00	16.67	0.00

地點			北部地方						東北地方	塞北地方	
			山東	河北	河南	山西	陝西	甘肅	遼寧	寧夏	內蒙古
豎穴墓	西漢	早	0.00	0.00	0.00	0.00	0.00	0.00			
		中		2.04	0.00	60.00					
		晚	33.33	0.00	0.00			0.00		0.00	
	東漢	早		0.00							
		中									
		晚									
磚室墓	西漢	早			0.00						
		中		0.00	0.00		0.00				
		晚			0.00	0.00	33.33	0.00	0.00		
	東漢	早	50.00	0.00	0.00	0.00		0.00			
		中					33.33	0.00	0.00		
		晚		50.00	0.00	0.00	0.00	0.00	0.00	0.00	0.00

表 6-5　出銅鏡之墓

地點			南部地方					中部地方						
			福建	廣東	廣西	貴州	雲南	江蘇	浙江	安徽	江西	湖北	湖南	四川
豎穴墓	西漢	早		26.01	26.67	0.00	0.00	75.00		100		27.27	39.29	13.79
		中		14.58	0.00	18.18	15.79	75.00	50.00		50.00	75.00	85.71	33.33
		晚	0.00	45.83	52.38	0.00	11.11	75.00		100			56.10	0.00
	東漢	早		61.90	100	0.00	0.00	85.71		60.00			29.41	0.00
		中						100					14.55	
		晚		37.50	100								9.52	
磚室墓	西漢	早												
		中						0.00						
		晚											66.67	
	東漢	早		25.00			0.00	100		33.33	100	0.00	100	
		中		0.00		0.00			0.00		100		85.71	
		晚		0.00		66.67			10.00		83.33	0.00	61.11	0.00

地點			北部地方						東北地方	塞北地方	
			山東	河北	河南	山西	陝西	甘肅	遼寧	寧夏	內蒙古
豎穴墓	西漢	早	100	0.00	0.00	11.11	0.00	50.00			
		中		2.04	0.00	0.00					
		晚	100	33.33	0.00			33.33		100	
	東漢	早		5.00							
		中									
		晚									
磚室墓	西漢	早			5.88						
		中		0.00	20.00		100				
		晚			56.76	100	33.33	100			
	東漢	早	50.00	0.00	42.86	20.00		33.33			
		中			66.67		100	16.67	100		
		晚		50.00	33.33	0.00	0.00	0.00	50.00	0.00	0.00

表6-6a　出銅器之未擾墓中銅器平均件數

			未擾墓	儲容器	炊煮器	兵器	工具	飾物	銅鏡
豎	西	中原	37	1.00	1.00	2.00			1.00
		楚	256	2.17	2.18	1.57	4.43	4.43	1.92
	早	秦	13	2.00	2.17	3.50		6.75	2.00
		全國	423	2.14	2.14	4.50	4.48	5.21	1.88
		中原	52	4.00			2.00	1.00	2.00
		楚	63	3.81	2.93	1.50	2.00	27.60	2.47
	中	秦	5	7.00	3.67	11.33	3.00	6.00	
		全國	193	3.45	3.22	17.36	6.38	13.18	2.13
		中原	7	3.00	2.50		2.00	1.00	1.50
	漢	楚	74	4.11	2.92	1.17	1.14	1.47	2.21
	晚	秦	3	4.00	1.00	1.00			1.00
穴		全國	141	4.35	2.76	2.75	1.88	10.59	2.34
	東	中原	20				1.00		2.00
		楚	39	1.50	1.00	1.20		1.56	2.28
	早	秦	0						
		全國	132	1.81	1.00	1.33	1.67	2.22	2.44
		中原	0						
		楚	55	1.60	1.00	1.25	1.50	2.40	1.75
	中	秦	0						
		全國	56	1.60	1.00	1.25	1.50	2.33	2.11
		中原	0						
	漢	楚	29	2.00	1.00	2.50		1.50	1.80
	晚	秦	0						
墓		全國	32	3.75	1.00	2.50	1.00	1.50	3.00

表6-6b　出銅器之未擾墓中銅器平均件數

			未擾墓	儲容器	炊煮器	兵器	工具	飾物	銅鏡
磚	西	中原	17		1.14			2.50	3.00
		楚	0						
	早	秦	0						
		全國	17		1.14			2.50	3.00
		中原	28	1.00	1.50			4.00	2.00
		楚	0			0			
	中	秦	1						2.00
		全國	30	1.00	1.50	1.00		4.00	2.00
		中原	111	1.19	1.00	2.83		14.32	2.21
		楚	3	1.00	1.00	2.00		2.00	5.50
	漢	晚	秦	6	2.00	1.00	1.50	1.00	14.25	2.50
		全國	120	1.23	1.00	2.44	1.00	13.94	2.32
室		中原	41	1.33	1.00	1.00	1.00	2.09	2.23
	東	早	楚	13	8.33	1.33	2.00	1.00	1.00	2.86
		秦	8					8.67	1.50
		全國	72	4.88	1.17	1.80	11.33	2.52	2.33
		中原	12	2.00		4.00		0.67	2.75
		楚	8	2.33	1.00	2.00		1.33	2.67
	中	秦	24	6.33	3.00	1.50	3.00	3.56	2.56
		全國	48	3.67	2.33	2.20	2.33	2.41	2.68
		中原	14	1.00	1.00	1.33	6.00	9.17	1.60
	漢	晚	楚	24	2.00	1.00	1.33	1.00	2.67	3.36
墓		秦	6			2.00		2.50	
		全國	61	1.90	1.43	1.47	1.83	4.29	2.56

表 6 – 7a　　未擾墓中各類銅器之平均數

				未擾墓	儲容器	炊煮器	兵　器	工　具	飾　物	銅　鏡
豎	西漢	早	中　原	37	0.03	0.03	0.05			0.11
			楚	256	0.40	0.61	0.17	0.12	0.80	0.53
			秦	13	0.92	1.00	1.08		4.15	0.31
			全　國	423	0.40	0.50	0.77	0.51	1.28	0.39
		中	中　原	52	0.08			0.04	0.13	0.04
			楚	63	0.97	0.65	0.19	0.35	6.57	0.75
			秦	5	5.60	2.20	6.80	1.80	4.80	
			全　國	193	0.79	0.53	3.51	1.12	3.76	0.43
		晚	中　原	7	0.43	0.71		0.29	0.29	0.86
			楚	74	1.00	0.47	0.19	0.22	0.38	1.01
穴			秦	3	1.33	0.33	0.33			0.33
			全　國	141	1.42	0.65	0.55	0.43	3.45	1.01
	東漢	早	中　原	20						0.10
			楚	39	0.46	0.10	0.15	0.10	0.36	1.05
			秦	0					7	
			全　國	132	0.36	0.08	0.15	0.19	0.54	0.72
		中	中　原	0						
			楚	55	0.15	0.02	0.09	0.05	0.22	0.25
			秦	0						
			全　國	56	0.14	0.02	0.09	0.02	0.25	0.34
		晚	中　原	0						
			楚	29	0.34	0.14	0.17		0.10	0.31
墓			秦	0				0.06		
			全　國	32	0.94	0.19	0.16		0.09	0.47

　　若欲知各地區之所有未擾墓葬在各時代中所擁有各類銅器之平均數，也就是將表 6 – 6 中之數字平均分配到所有未擾墓中，以作爲一地區某時代整體墓葬厚薄之指標，則如表 6 – 7 所示。

表6-7b　未擾墓中各類銅器之平均數

墓型	時代	期	地區	未擾墓	儲容器	炊煮器	兵器	工具	飾物	銅鏡
磚室墓	西漢	早	中原	17		0.47			0.29	0.18
			楚	0						
			秦	0						
			全國	17		0.47			0.29	0.18
		中	中原	28	0.04	0.011			0.71	0.36
			楚	0						
			秦	1						2.00
			全國	30	0.03	0.10	0.03		0.67	0.40
		晚	中原	111	0.29	0.05	0.15		3.61	1.25
			楚	3	0.67	0.33	0.67		0.67	3.67
			秦	6	0.67	0.17	0.50	0.17	9.50	1.67
			全國	120	0.32	0.07	0.18	0.01	3.83	1.33
	東漢	早	中原	41	0.10	0.05	0.07	0.02	0.56	0.71
			楚	13	1.92	0.31	0.77	0.08	0.23	1.54
			秦	8					3.25	0.38
			全國	72	0.54	0.10	0.25	0.06	0.81	0.38
		中	中原	12	0.17		0.33		0.17	1.83
			楚	8	0.88	0.13	0.50		0.50	2.00
			秦	24	0.79	0.13	0.13	0.25	1.33	0.96
			全國	48	0.69	0.15	0.23	0.15	0.85	1.40
		晚	中原	14	0.07	0.07	0.29	0.43	3.93	0.57
			楚	24	0.42	0.08	0.33	0.13	1.00	1.54
			秦	6		0.33		0.83		
			全國	61	0.31	0.16	0.36	0.18	1.48	1.13

　　由表6-7可以看出各地區隨葬器物一般之多寡分配，如豎穴墓中，西漢早、中期楚地之墓葬中，各類銅器之數字經常高於或近於全國平均數，而秦地區之墓葬中之銅器又較楚爲豐富。中原地區之墓葬

表 6−8a　　未擾墓中出銅器之墓所占之百分比

			未擾墓	儲容器	炊煮器	兵器	工具	飾物	銅鏡
豎穴墓	西漢	中原	37	2.70	2.70	2.70			10.81
	早	楚	256	18.36	27.73	10.94	5.08	17.97	27.73
		秦	13	46.15	46.15	30.77		61.54	15.38
		全國	423	18.68	23.40	18.91	11.35	24.59	21.04
	中	中原	52	1.92			1.92	13.46	1.92
		楚	63	25.40	22.22	12.70	17.46	23.81	30.16
		秦	5	80.00	60.00	60.00	60.00	80.00	
		全國	193	22.80	16.58	20.21	17.62	28.50	20.21
	晚	中原	7	14.29	28.57		14.29	28.57	57.14
		楚	74	24.32	16.22	16.22	18.92	25.68	45.95
		秦	3	33.33	33.33	33.33			33.33
		全國	141	32.62	23.40	19.86	22.70	32.62	43.26
	東漢	中原	20						5.00
	早	楚	39	30.77	10.26	12.82	10.26	23.08	46.51
		秦	0						
		全國	132	19.70	8.33	11.36	11.36	24.24	29.55
	中	中原	0	9.09					
		楚	55		1.82	7.27	3.64	9.09	14.55
		秦	0	8.93					
		全國	56		1.79	7.14	3.57	10.71	16.07
	晚	中原	0		13.79				
		楚	29	17.24		6.90		6.90	17.24
		秦	0						
		全國	32	25.00	18.75	6.25	6.25	6.25	25.00

中，銅器之數量則經常為最少者。然而從西漢晚期之後，不論是豎穴墓或磚室墓，楚墓中之銅器經常多於秦墓及中原墓。

　　至於此類出銅器之墓在各地未擾墓中所占之比例如何，則如表

表 6-8b　未擾墓中出銅器之墓所占之百分比

				未擾墓	儲容器	炊煮器	兵器	工具	飾物	銅鏡
磚	西	早	中原	17		41.18			11.76	5.88
			楚	0						
			秦	0						
			全國	17		41.18			11.76	5.88
		中	中原	28	3.57				17.86	17.86
			楚	0						
			秦	1						100.00
			全國	30	3.33	6.67	3.33		16.67	20.00
		晚	中原	111	24.32	5.41	5.41		25.23	56.76
	漢		楚	3	66.67	33.33	33.33		33.33	66.67
			秦	6	33.33	16.67	33.33	16.67	66.67	66.67
室			全國	120	25.83	6.67	7.50	0.83	27.50	57.50
	東	早	中原	41	7.32	4.88	7.32	2.44	26.83	31.71
			楚	13	23.08	23.08	38.46	7.69	23.08	53.85
			秦	8					37.50	25.00
			全國	72	11.11	8.33	13.89	4.17	31.94	37.50
		中	中原	12	8.33	12.50	8.33		25.00	66.67
			楚	8	37.50	4.17	25.00		37.50	75.00
			秦	24	12.50	6.25	8.33	8.33	37.50	37.50
			全國	48	18.75	7.14	10.42	6.25	35.42	52.08
	漢	晚	中原	14	7.14	8.33	21.43	7.14	42.86	35.71
			楚	24	20.83		25.00	12.50	37.50	45.83
墓			秦	6		11.48	16.67		33.33	
			全國	61	16.39		24.59	9.84	34.43	44.26

6-8 所示。

　　由表 6-8 可以得知，在所有銅器之中，除飾物和儲容器有時較受歡迎之外，銅鏡是一件廣受漢人喜用的隨葬品，其證據就是出土銅

鏡之墓葬在所有未擾墓中經常占有最高之百分比。銅鏡上的各種花紋、銘文、圖案，又爲研究漢宗教思想重要之線索[4]。其在漢代墓葬中之分布情況已如表6-5所示，至於每一時代中，各類銅鏡的流行性又如何？則由表6-9可以得知其大概。表中數字爲每一時代未擾墓中每一類銅鏡占該時代未擾墓中所有銅鏡之百分比。此表顯示西漢早期銅鏡以蟠螭虺紋鏡類爲主，中晚期之後以連弧重圈銘文鏡類爲主，東漢以後以規矩紋鏡類爲大宗，銘文鏡退居次位（各類鏡之分類號碼參見本書附錄三）。

表6-9　各類銅鏡在各時代中所占百分比分配

			A	B	C	D	E	F	G	H	I	J	K	L	M	N	O	P	Q	R
豎穴墓	西漢	早	23	6	8		53	3	1	1	2			3						
		中		2					8	16	57	10	4		2					
	漢	晚							2	11	60	14	10	2						
	東	早	2							34		7	50	7						
		中								25		8	50	8		8				
	漢	晚	9									9	55			27				
磚室墓	西	早				50	50													
		中					25	75												
	漢	晚	1				1	1	4	53	22	11	3	1				2		1
	東	早	3				3		8	16	21	34		13		3				
		中							2	7	7	32	2	37		7		5		
	漢	晚					2				10	18	6	43		10		6		2

4　參見張金儀，《漢鏡所反映的神話傳說與神仙思想》（台北：故宮博物院，1980）；M. Loewe, *Ways to Paradise:The Chinese Quest for Immortality*（London：George Allen & Unwin, 1979），pp. 60-85.

第二節　陶　器

　　漢代陶器之種類較銅器更爲複雜，除了在器形上模仿銅禮器如鼎、鬲、豆、鈁等，更有不少新的器形，如碗、甕、聯罐、匏壺等等。又有陶俑、陶模型等。

　　陶器之質地，大致有在黃河流域爲主但亦流行於全國各地的「灰陶」，有在長江流域以南地區流行的「硬陶」，以及從西漢中期開始自北向南流行的釉陶[5]。在本研究中，陶器之質地暫時不在考慮之列，而以器形之分析爲主。表 6－10 顯示出陶容器（包括儲容、炊煮）之墓的百分比分布，表 6－11 顯示出陶俑墓的百分比分布，而表 6－12 則爲出各種陶製模型墓之百分比分布。表 6－10 至 6－12 顯示，在陶製隨葬品中，仍以儲容、炊煮器的使用最爲普遍。以其數目而言，則表 6－13 爲在每一時代出陶器之未擾墓中所有各類陶器的平均數。由表中可見儲容器仍爲最大宗的隨葬品，其數量遠較銅儲容器爲多，但俑及各種模型之數量亦不在少數。

　　若欲知各地區之所有未擾墓葬在各時代中所擁有各類陶器之平均數，則如表 6－14 所示。

　　表 6－14 顯示在豎穴墓中楚墓隨葬之陶器數量一般較中原和秦墓爲多，中原墓在西漢晚期東漢早期所有的陶器量較秦墓爲多。而在磚室墓中，中原地區墓之隨葬陶器數量較多，楚墓次之，秦墓中之隨葬陶器數量相對而言均最少。

　　從出土陶器之未擾墓在所有一時一之未擾墓之中所占比例來看，磚室墓中出各類陶器之墓之比例，除東漢中晚期之外，均較豎穴墓爲高，尤其是陶俑，在各時代中均爲磚室墓明顯較高。不過從地域性的差異看，中原地區以俑隨葬之俗顯然又遠勝於全國其它各地，如表 6－15 所示。

　　5　　Wang, *Han Civilization*, pp. 141－145.

表 6-10　出陶容器之墓

墓類	時代	期	南部地方					中部地方						
			福建	廣東	廣西	貴州	雲南	江蘇	浙江	安徽	江西	湖北	湖南	四川
竪穴墓	西漢	早		98.84	73.33	36.84	38.78	100		100		78.18	96.43	93.10
		中		95.83	100	63.64	31.58	91.67	100		100	87.50	100	66.67
		晚	100		100	100	44.44	100		100		77.78	95.12	90.00
	東漢	早		100	87.50	71.43	20.00	100		90.00		100	100	100
		中						100					100	
		晚	87.50		100								100	
磚室墓	西漢	早												
		中												
		晚						100					0.00	
	東漢	早		100			0.00	100		100	100	100	100	
		中		100							100		85.71	
		晚		100		33.33				10.00	83.33		100	100

墓類	時代	期	北部地方						東北地方	塞北地方	
			山東	河北	河南	山西	陝西	甘肅	遼寧	寧夏	內蒙古
竪穴墓	西漢	早	100	93.33	100	100	100	50.00			
		中		63.27	100	60.00					
		晚	100	100	100			66.67		100	
	東漢	早			100						
		中									
		晚									
磚室墓	西漢	早			100						
		中		66.67	100		100				
		晚			97.30	100	100	100			
	東漢	早	100	81.82	100	100		100	100		
		中			91.67		100	94.44	100		
		晚			100	100	0.00	100	50.00	100	100

表 6–11　出陶俑之墓

地點			南部地方					中部地方						
			福建	廣東	廣西	貴州	雲南	江蘇	浙江	安徽	江西	湖北	湖南	四川
豎穴墓	西漢	早		0.00	0.00	0.00	0.00	0.00		0.00		0.00	0.00	0.00
		中		0.00	0.00	0.00	0.00	0.00	0.00		0.00	0.00	0.00	0.00
		晚	0.00	0.00	4.76	0.00	0.00	0.00			0.00		0.00	
	東漢	早		0.00	0.00	0.00	0.00	0.00		0.00		0.00	0.00	0.00
		中						0.00					1.82	
		晚		0.00	0.00								0.00	
磚室墓	西漢	早												
		中						100						
		晚											0.00	
	東漢	早		0.00			0.00	0.00		0.00	0.00	0.00	0.00	
		中		100		0.00					0.00		0.00	
		晚		0.00		33.33					0.00	0.00	0.00	100

地點			北部地方						東北地方	塞北地方	
			山東	河北	河南	山西	陝西	甘肅	遼寧	寧夏	內蒙古
豎穴墓	西漢	早	100	0.00	0.00	11.11	0.00	0.00			
		中		0.00	0.00	0.00					
		晚	0.00	0.00	0.00			0.00		0.00	
	東漢	早			0.00						
		中									
		晚									
磚室墓	西漢	早			47.06						
		中		0.00	16.00		0.00				
		晚			3.60	0.00	0.00	0.00			
	東漢	早	0.00	0.00	3.57	0.00		0.00			
		中			8.33		16.67	0.00	0.00		
		晚		100	25.00	0.00	0.00	0.00	0.00	0.00	100

表 6-12　出其他陶模型之墓

地　　　點			南　部　地　方					中　部　地　方						
			福建	廣東	廣西	貴州	雲南	江蘇	浙江	安徽	江西	湖北	湖南	四川
豎穴墓	西漢	早		8.67	13.33	0.00	0.00	0.00		0.00		47.27	21.43	6.90
		中		41.67	20.00	0.00	0.00	8.33	50.00		50.00	37.50	42.86	33.30
		晚	50.00	100	38.10	0.00	0.00	12.50		66.67		66.67	58.54	80.00
	東漢	早		100	62.50	14.29	0.00	71.43		10.00		100	41.18	100
		中						100					38.18	
		晚		87.50	66.67								4.76	
磚室墓	西漢	早												
		中						100						
		晚											66.67	
	東漢	早		100			0.00	100		66.67	66.67	66.67	100	
		中		100		0.00				0.00		100	14.29	
		晚		80.00		33.33			40.00		66.67	100	55.56	100

地　　　點			北　部　地　方						東北地方	塞北地方	
			山東	河北	河南	山西	陝西	甘肅	遼寧	寧夏	內蒙古
豎穴墓	西漢	早	25.00	0.00	0.00	11.11	0.00	0.00			
		中		0.00	0.00	40.00					
		晚	23.33	66.67	0.00			33.33		100	
	東漢	早			5.00						
		中									
		晚									
磚室墓	西漢	早			5.88						
		中		0.00	20.00		100				
		晚			85.59	100	100	100			
	東漢	早	50.00	18.18	89.29	40.00		100			
		中			83.33		83.33	94.44		100	
		晚		100	75.00	33.33	0.00	50.00	0.00	100	100

表6-13a　出陶器之未擾墓中陶器平均件數

				儲容器	炊煮器	俑	動物模型	其他模型
豎	西	早	中原	4.89	3.63	3.50	1.00	3.00
			楚	14.70	3.01		3.60	1.64
			秦	5.00	1.75	1.00	?	
			全國	12.00	2.96	3.00	2.71	1.60
		中	中原	4.44	2.75			
			楚	19.42	2.30		1.00	2.65
			秦	10.00	6.00			1.50
			全國	11.44	2.67		1.00	2.32
	漢	晚	中原	10.86	2.00			1.33
			楚	26.01	3.02		8.00	2.89
			秦	4.50	2.00			2.00
穴			全國	18.37	2.82	12.00	5.86	2.59
	東	早	中原	4.55	1.86			3.00
			楚	27.56	2.84		7.00	3.50
			秦					
			全國	14.06	2.45		4.00	3.02
		中	中原楚秦	17.16	2.70	2.00	4.50	1.52
			全國	17.07	2.70	2.00	4.50	1.50
墓	漢	晚	中原楚秦	16.86	1.77		3.00	4.50
			全國	16.68	1.94		2.00	4.50

表 6-13b　出陶器之未擾墓中陶器平均件數

				儲容器	炊煮器	俑	動物模型	其他模型
磚	西	早	中原	4.53	3.63 3	3.38		2.00
			楚秦					
			全國	4.53	3.63	3.38		2.00
		中	中原	5.58	1.67	2.00	1.00	6.00
			楚秦	10.00	4.00			5.00
			全國	6.25	3.20	31.60	1.00	5.33
	漢	晚	中原	14.97	2.77	4.75	3.50	8.89
			楚	15.67			3.00	5.00
			秦	6.67	1.75			2.67
室			全國	14.50	2.72	4.75	3.40	8.46
	東	早	中原	13.51	2.00	6.00	4.25	9.07
			楚	10.54	1.78		1.00	2.83
			秦	4.75	1.00			3.00
			全國	10.90	1.89	4.00	3.17	6.25
		中	中原	21.91	3.00	5.00	4.00	7.00
			楚	19.29	1.80	4.00	2.00	5.00
			秦	11.39	2.75	2.00	4.33	3.27
			全國	16.66	2.94	3.67	3.92	4.47
	漢	晚	中原	11.43	3.17	3.40	3.56	4.80
			楚	7.67	2.25		4.18	3.50
墓			秦	3.40	2.00		1.00	4.50
			全國	8.59	2.22	4.57	3.87	3.79

表 6－14a　未擾墓中各類陶器之平均數

				儲容器	炊煮器	俑	動物模型	其他模型
豎穴墓	西漢	早	中原	4.62	0.78	0.38	0.03	0.08
			楚	13.78	2.18		0.07	0.29
			秦	4.62	0.54	0.08		
			全國	10.10	1.49	0.04	0.04	0.19
		中	中原	2.90	1.06			
			楚	18.49	1.35		0.02	1.10
			秦	4.00	2.40			0.60
			全國	8.53	1.18		0.01	0.46
	漢	晚	中原	10.86	0.86			0.57
			楚	24.61	2.36		0.43	2.11
			秦	3.00	0.67			0.67
			全國	16.94	1.70	0.09	0.29	1.45
	東	早	中原	4.55	1.30			0.15
			楚	27.56	2.69		0.36	2.67
			秦					
			全國	10.02	1.15		0.12	0.98
		中	中原					
			楚	17.16	2.16	0.04	0.16	0.58
			秦					
			全國	17.07	2.13	0.04	0.16	0.59
		晚	中原					
	漢		楚	16.28	0.79		0.10	1.24
墓			秦					
			全國	16.16	0.97		0.17	1.41

表 6-14b　未擾墓中各類陶器之平均數

				儲容器	炊煮器	俑	動物模型	其他模型
磚室墓	西漢	早	中原	4.53	3.41	1.59		0.12
			楚					
			秦					
			全國	4.53	3.41	1.59		0.12
		中	中原	5.18	0.18	0.29	0.04	0.86
			楚					
			秦	10.00	4.00			5.00
			全國	5.83	0.53	5.27	0.03	1.07
		晚	中原	14.57	1.87	0.17	0.13	7.61
			楚	15.67			1.00	3.33
			秦	6.67	1.67			2.67
			全國	14.20	1.79	0.16	0.14	7.26
	東漢	早	中原	12.85	0.83	0.15	0.41	6.20
			楚	10.54	1.23		0.15	2.62
			秦	4.75	0.50			1.88
			全國	10.44	0.92	0.11	0.26	4.43
		中	中原	20.08	1.25	0.42	2.67	5.83
			楚	16.88	1.13	0.50	0.25	1.25
			秦	10.92	2.29	0.08	0.54	3.00
			全國	15.27	1.96	0.23	0.98	3.35
		晚	中原	11.43	1.36	1.21	2.29	3.43
			楚	7.67	1.13		1.92	2.04
			秦	2.83	1.33		0.17	1.50
			全國	7.61	0.98	0.52	1.46	2.05

表6-15a　未擾墓出陶器之墓所占之百分比

				儲容器	炊煮器	俑	動物模型	其他模型
豎	西	早	中原	94.59	21.62	10.81	2.70	2.70
			楚	93.75	72.27		1.95	17.58
			秦	92.31	30.77	7.69	?	
			全國	84.16	50.35	1.18	1.65	11.82
		中	中原	65.38	38.46			
			楚	95.24	58.73		1.59	41.27
			秦	40.00	40.00			40.00
			全國	74.61	44.04		0.52	19.69
	漢	晚	中原	100.00	42.86			42.86
			楚	94.59	78.38		5.41	72.97
			秦	66.67	33.33			33.33
穴			全國	92.20	60.28	0.71	4.96	56.03
	東	早	中原	100.00	70.00		5.13	5.00
			楚	100.00	94.87			74.36
			秦				3.03	
			全國	71.21	46.97			32.58
		中	中原					
			楚	100.00	80.00	1.82	3.64	38.18
			秦					
			全國	100.00	78.57	1.79	3.57	39.29
	漢	晚	中原					
			楚	96.55	44.83		3.45	27.59
			秦					
墓			全國	96.88	50.00		6.25	31.25

表 6－15b　未擾墓出陶器之墓所占之百分比

				儲容器	炊煮器	俑	動物模型	其他模型
磚室墓	西漢	早	中原	100.00	94.12	47.06		5.88
			楚					
			秦					
			全國	100.00	94.12	47.06		5.88
		中	中原	92.86	10.71	14.29	3.57	14.29
			楚					
			秦	100.00	100.00			100.00
			全國	93.33	16.67	16.67	3.33	20.00
		晚	中原	197.30	67.57	3.60	3.60	85.59
			楚	100.00			33.33	66.67
			秦	100.00	66.67			100.00
			全國	97.50	65.83	3.33	4.17	85.83
	東漢	早	中原	95.12	41.46	2.44	9.76	68.29
			楚	100.00	69.23		15.38	92.31
			秦	100.00	50.00			62.50
			全國	95.83	48.61	2.78	8.33	70.83
		中	中原	91.67	41.87	8.33	66.67	83.33
			楚	87.50	62.50	12.50	12.50	25.00
			秦	95.83	83.33	4.17	12.50	91.67
			全國	91.67	66.67	6.25	25.00	75.00
		晚	中原	100.00	42.86	35.71	64.29	71.43
			楚	100.00	50.00		45.83	58.33
			秦	83.33	66.67		16.67	33.33
			全國	88.52	44.26	11.48	37.70	54.10

第三節　鐵　器

鐵器的使用自戰國中晚期以來逐漸普遍，其主要用途爲農具、工具和兵器等。表6−16顯示兩漢時代墓葬中出鐵器之墓所占的百分比布。其分布之情況與銅器相去不遠。若專就出鐵製之兵器與農具之墓葬來看，則其墓所占的百分比分布如表6−17所示。西漢初期以南部地方如兩廣、雲貴及四川、山西等地區之墓葬中較多，西漢中晚期之後始在全國各地墓葬中普遍出現。現代考古發掘或探測得知，在河北、山西、內蒙、山東、江蘇、河南、陝西、新疆等地均有冶鐵業之遺址，其中以河南地方最多[6]，而根據銘文考定的漢代鐵官有河南、南陽、穎川、河東、漁陽、山陽、臨淮、盧江、蜀郡、中山國、弘農郡等十數處[7]。然而若從墓葬中所出之鐵器分布範圍來看，兩湖、兩廣及雲貴地區墓中有鐵器者所占之百分比並不弱於其他各有冶鐵遺址或鐵官之地區，可以推測這些地區亦有相當發達之冶鐵業。

根據與分析銅、陶器相同之方式，表6−18顯示在中原、楚、秦等三大地區所有出隨葬鐵製農具與兵器之未擾墓中，這兩類器物之平均數。

表6−19則顯示在中原、楚、秦等三大地區所有未擾墓中，鐵製農具與兵器之平均數，亦可見西漢中晚期之後隨葬鐵兵器及工具之數量有略增之趨勢。此種情況，配合表6−20所示未擾墓出鐵兵器工具者所占百分比分布增加之情況，可以作爲西漢中葉之後鐵器之生產量隨著社會整體生產力之增加而增加之旁證。

若考慮出土鐵兵器及工具之未擾墓在各時代各地區所有未擾墓中所占之百分比，則如表6−20所示。

6　《新中國的考古發現和研究》，頁464。
7　〈漢代鐵農器銘文試釋〉，《考古》1974（1）：61；《中國冶金簡史》（北京：科學出版社，1978）。

表 6-16　出鐵器之墓

地　點			南 部 地 方					中 部 地 方						
			福建	廣東	廣西	貴州	雲南	江蘇	浙江	安徽	江西	湖北	湖南	四川
竪穴墓	西漢	早		30.64	73.33	10.53	8.16	50.00		0.00		23.64	21.43	55.17
		中		14.58	70.00	72.73	31.58	50.00	50.00		33.33	37.50	42.86	0.00
		晚	50.00	25.00	66.67	66.67	88.89	50.00		33.33		33.33	43.90	50.00
	東漢	早		19.05	62.50	71.43	52.50	57.14		20.00		100	100	100
		中						100					92.73	
		晚		25.00	66.67								85.71	
磚室墓	西漢	早												
		中						0.00						
		晚											66.67	
	東漢	早	50.00				100	100			33.33	100	33.33	66.67
		中	100					100			100		85.71	
		晚	80.00			0.00		40.00			66.67	0.00	77.78	100

地　點			北 部 地 方						東北地方	塞北地方	
			山東	河北	河南	山西	陝西	甘肅	遼寧	寧夏	內蒙古
竪穴墓	西漢	早	0.00	0.00	33.33	22.22	50.00	0.00			
		中		0.00	0.00	40.00					
		晚	66.67	0.00	0.00			33.33		0.00	
	東漢	早		5.00							
		中									
		晚									
磚室墓	西漢	早			11.76						
		中		0.00	20.00		100				
		晚			54.05	100	100	50.00			
	東漢	早	50.00	0.00	50.00	20.00		0.00			
		中			83.33		83.33	22.22	100		
		晚			50.00	33.33		0.00	33.33	0.00	0.00

表6-17　出鐵兵器及農具之墓

地點			南部地方					中部地方						
			福建	廣東	廣西	貴州	雲南	江蘇	浙江	安徽	江西	湖北	湖南	四川
豎穴墓	西漢	早		9.25	73.33	10.53	6.12	0.00		0.00		0.00	3.57	31.03
		中		6.25	50.00	72.73	26.32	33.33	50.00		16.67	25.00	42.86	0.00
		晚	0.00	0.00	38.10	33.33	88.89	50.00		33.33		22.22	36.59	30.00
	東漢	早		9.52	50.00	71.43	50.00	57.14		0.00		100	88.24	100
		中						100					92.73	
		晚		12.50	66.67								80.95	
磚室墓	西漢	早												
		中						0.00						
		晚											33.33	
	東漢	早		50.00			100	100		33.33	100	33.33	50.00	
		中		0.00		0.00				0.00	100		85.71	
		晚		20.00		0.00		20.00			66.67	0.00	77.78	100

地點			北部地方						東北地方	塞北地方	
			山東	河北	河南	山西	陝西	甘肅	遼寧	寧夏	內蒙古
豎穴墓	西漢	早	0.00	0.00	0.00	22.22	0.00	0.00			
		中		0.00	0.00	40.00					
		晚	66.67	0.00	0.00			33.33		0.00	
	東漢	早			5.00						
		中									
		晚									
磚室墓	西漢	早			11.76						
		中		0.00	12.00		0.00				
		晚			48.65	100	66.67	50.00			
	東漢	早	50.00	0.00	42.86	20.00		0.00			
		中			66.67		66.67	16.67	100		
		晚			50.00	33.33	0.00	0.00	0.00	0.00	0.00

表6-18a　出鐵兵器工具之未擾墓中各該類器物之平均數

墓型	時代	分期	地區	兵　　器	工　　具
竪穴墓	西漢	早	中原		1.00
			楚	1.69	2.14
			秦	1.00	2.50
			全國	1.65	2.17
		中	中原		
			楚	1.60	1.33
			秦	0.50	32.00
			全國	3.18	2.86
		晚	中原	1.50	5.00
			楚	1.63	2.27
			秦	1.00	
			全國	2.36	2.11
	東漢	早	中原	3.18	2.00
			楚		2.78
			秦	2.15	
			全國		2.07
		中	中原		
			楚	3.65	1.80
			秦		
			全國	3.62	1.80
		晚	中原		
			楚	2.67	1.38
			秦		
			全國	2.60	1.38

表6-18b　出鐵兵器工具之未擾墓中各該類器物之平均數

				兵　　器	工　　具
磚 室 墓	西漢	早	中原	1.00	
			楚		
			秦		
			全國	1.00	
		中	中原	2.50	1.67
			楚		
			秦		
			全國	2.50	1.67
		晚	中原	2.31	4.37
			楚	1.00	1.00
			秦	3.25	14.00
			全國	2.36	4.67
	東漢	早	中原	2.00	2.50
			楚	2.00	1.50
			秦	1.00	
			全國	2.12	1.88
		中	中原	2.43	8.80
			楚	2.83	1.20
			秦	1.50	2.00
			全國	2.38	4.50
		晚	中原	1.40	15.00
			楚	3.13	4.60
			秦		
			全國	2.62	5.70

表 6–19a　　未擾墓中鐵兵器工具之平均數

				兵　器	工　具
豎	西	早	中原		0.03
			楚	0.11	0.41
			秦	0.15	0.38
			全國	0.16	0.35
		中	中原		
			楚	0.13	0.19
			秦	0.20	6.40
			全國	0.56	0.31
	漢	晚	中原	0.43	0.71
			楚	0.35	0.34
			秦	0.33	
穴			全國	0.70	0.54
	東	早	中原		0.10
			楚	1.38	0.64
			秦		
			全國	0.65	0.42
		中	中原		
			楚	3.38	0.33
			秦		
			全國	3.36	0.32
	漢	晚	中原		
			楚	1.66	0.38
墓			秦		
			全國	1.63	0.34

表 6-19b　未擾墓中鐵兵器工具之平均數

				兵　器	工　具
磚室墓	西漢	早	中原	0.12	
			楚		
			秦		
			全國	0.12	
		中	中原	0.18	0.18
			楚		
			秦		
			全國	0.17	0.17
		晚	中原	1.13	0.74
			楚	0.33	0.33
			秦	2.17	2.33
			全國	1.16	0.81
	東漢	早	中原	0.63	0.24
			楚	0.92	0.23
			秦	0.13	
			全國	0.76	0.21
		中	中原	1.42	3.67
			楚	2.13	10.75
			秦	0.38	0.17
			全國	1.04	1.13
		晚	中原	0.50	2.14
			楚	1.96	0.96
			秦		
			全國	1.11	0.93

表 6-20a　未擾墓中出鐵兵器工具之墓所占百分比

				兵　　　器	工　　　具
豎	西	早	中原		2.70
			楚	6.25	19.14
			秦	15.38	15.38
			全國	9.46	16.31
		中	中原		
			楚	7.94	14.29
			秦	40.00	20.00
			全國	17.62	10.88
	漢	晚	中原	28.57	14.29
			楚	21.62	14.86
			秦	33.33	
			全國	29.79	25.53
穴	東	早	中原		5.00
			楚	43.59	23.08
			秦		
			全國	30.30	20.45
		中	中原		
			楚	92.73	18.18
			秦		
			全國	92.86	17.86
	漢	晚	中原		
墓			楚	62.07	27.59
			秦		
			全國	62.50	25.00

　　由表 6-20 可看出，出土鐵兵器及工具之墓之比例，不論是在豎
穴墓或磚室墓之中，都自西漢中期之後有明顯增高之趨勢。這可能反
映出的歷史情況，一是鐵器的生產量增加，一是以這類器物隨葬逐漸

表 6-20b　未擾墓中出鐵兵器工具之墓所占百分比

				兵　　器	工　　具
磚	西	早	中原	11.76	
			楚		
			秦		
			全國	11.76	
		中	中原	7.14	10.71
			楚		
			秦		
			全國	6.67	10.00
	漢	晚	中原	48.65	17.12
			楚	33.33	33.33
			秦	66.67	16.67
			全國	49.17	17.50
室	東	早	中原	31.71	9.76
			楚	46.15	15.38
			秦	12.50	
			全國	36.11	11.11
		中	中原	58.33	41.67
			楚	75.00	62.50
			秦	25.00	8.33
			全國	43.75	25.00
	漢	晚	中原	35.71	14.29
			楚	62.50	20.83
墓			秦		
			全國	42.62	16.39

成爲漢人的習俗，尤其是各類工具，象徵漢人對於死後世界的想像具體化的程度。

第四節　竹木漆器

　　竹、木、漆器等由於其質地易腐朽，很難在墓葬中保存。由表 6
－21、6－22、6－23 等三表可見，出漆器之墓較出竹木器之墓爲多，
但這並不一定表示實際上使用竹木器隨葬之俗較漆器不普遍，而很可
能是因爲漆器較竹木器不易腐朽之故。其次，東漢時代墓中，不論豎
穴墓或磚室墓，竹、木、漆器均甚少發現，顯示豎穴墓之防潮設施東
漢不如西漢，而磚室墓之防潮設施不如豎穴墓。

　　從量的觀點來看，在出竹、木、漆器之未擾墓中，這些器物之平
均數如表 6－24 所示。

　　表 6－24 顯示西漢早中期在楚墓中凡是出此類器物的墓，其所有
的數量均相當大，遠超過出銅器之墓中銅器數，而與出陶儲炊器墓中
之陶器數相較，亦不遜色。

　　各地區未擾墓所平均分配到之竹、木、漆器之數量則如表 6－26
所示。可以看出，西漢早、中期，楚墓中漆器和木器之數量最爲豐
富，其個別之平均數較同時期楚墓大多數之各類銅器爲多。（參見表
6－7）

　　漆器之製作在漢代達到一高峰，以各種容器爲主要器形，其價值
甚至超過同樣形式之銅器[8]　，這也可能是爲何漢墓中出漆器之墓不如
銅、鐵普遍的原因之一。這一點，可以比較表 6－26 與表 6－8，表 6
－20 看出：出竹木漆器之墓所占之百分比數字較出各類銅、鐵器之墓
所占之百分比數字一般均較低。而出竹木漆器之墓在各時代中所占未
擾墓之百分比則如表 6－26 所示。

　　8　　Wang, *Han Civilization*,, p.38.

表6-21　出竹器之墓

地點			南部地方					中部地方						
			福建	廣東	廣西	貴州	雲南	江蘇	浙江	安徽	江西	湖北	湖南	四川
豎穴墓	西漢	早		0.00	0.00	0.00	0.00	25.00		0.00		21.82	17.86	0.00
		中		0.00	0.00	9.09	0.00	16.67	50.00		0.00	0.00	14.29	0.00
		晚	0.00	0.00	4.76	0.00	0.00	0.00		0.00		0.00	0.00	0.00
	東漢	早		0.00	0.00	0.00	0.00	0.00		0.00		0.00	0.00	0.00
		中						0.00					1.82	
		晚			0.00	0.00							0.00	
磚室墓	西漢	早												
		中						0.00						
		晚											0.00	
	東漢	早		0.00			0.00	0.00		0.00	0.00	0.00	0.00	0.00
		中			0.00						0.00	0.00	0.00	
		晚			0.00			0.00			0.00	0.00	0.00	0.00

地點			北部地方						東北地方	塞北地方	
			山東	河北	河南	山西	陝西	甘肅	遼寧	寧夏	內蒙古
豎穴墓	西漢	早	0.00	0.00	0.00	0.00	0.00	0.00			
		中		0.00	0.00	0.00					
		晚	0.00	0.00	0.00			0.00		0.00	
	東漢	早			0.00						
		中									
		晚									
磚室墓	西漢	早			0.00						
		中		0.00	0.00		0.00				
		晚			1.80	0.00	0.00	0.00			
	東漢	早	0.00	0.00	0.00	0.00		0.00			
		中			0.00		0.00	0.00	0.00		
		晚			0.00	8.33	0.00	0.00		0.00	0.00

表6-22　出木器之墓

地　點			南　部　地　方					中　部　地　方						
			福建	廣東	廣西	貴州	雲南	江蘇	浙江	安徽	江西	湖北	湖南	四川
豎穴墓	西漢	早		1.16	0.00	0.00	2.04	50.00		100		37.27	10.71	3.45
		中		2.08	0.00	0.00	0.00	50.00	50.00		0.00	37.50	0.00	33.33
		晚	0.00	0.00	0.00	33.33	0.00	62.50		0.00		0.00	0.00	0.00
	東漢	早		0.00	0.00	0.00	0.00	100		10.00		0.00	0.00	0.00
		中						0.00					0.00	
		晚		0.00	0.00								0.00	
磚室墓	西漢	早												
		中						0.00						
		晚											0.00	
	東漢	早		0.00			0.00	0.00			0.00	0.00	0.00	
		中		0.00		0.00				0.00		0.00	0.00	
		晚		0.00		0.00				0.00		0.00	0.00	0.00

地　點			北　部　地　方						東北地方	塞北地方	
			山東	河北	河南	山西	陝西	甘肅	遼寧	寧夏	內蒙古
豎穴墓	西漢	早	100	0.00	0.00	11.11	0.00	0.00			
		中		0.00	0.00	20.00					
		晚	66.67	0.00	0.00			0.00		100	
	東漢	早		0.00							
		中									
		晚									
磚室墓	西漢	早			0.00						
		中		0.00	0.00		0.00				
		晚			0.00	0.00	0.00	100			
	東漢	早	50.00	0.00	7.14	0.00		0.00			
		中		0.00			0.00	94.44	0.00		
		晚			50.00	0.00	0.00	50.00		0.00	0.00

表6-23　出漆器之墓

地點			南部地方					中部地方						
			福建	廣東	廣西	貴州	雲南	江蘇	浙江	安徽	江西	湖北	湖南	四川
竪穴墓	西漢	早		9.83	0.00	0.00	4.08	25.00		100		30.91	17.86	27.59
		中		12.50	0.00	9.09	0.00	83.33	50.00		50.00	75.00	28.57	33.33
		晚	0.00	8.33	19.05	66.67	22.22	75.00		66.67		0.00	14.63	40.00
	東漢	早		9.52	12.50	14.29	0.00	100		60.00		0.00	0.00	0.00
		中						0.00					0.00	
		晚		0.00	0.00								0.00	
磚室墓	西漢	早												
		中						0.00						
		晚											0.00	
	東漢	早	0.00				0.00	100		0.00	0.00	0.00	16.67	
		中	0.00			0.00					0.00	0.00	0.00	
		晚	0.00			0.00				0.00	0.00	0.00	0.00	0.00

地點			北部地方						東北地方	塞北地方	
			山東	河北	河南	山西	陝西	甘肅	遼寧	寧夏	內蒙古
竪穴墓	西漢	早	100	0.00	0.00	33.33	0.00	0.00			
		中		2.04	0.00	40.00					
		晚	66.67	0.00	0.00			0.00		100	
	東漢	早		0.00							
		中									
		晚									
磚室墓	西漢	早			0.00						
		中		0.00	0.00		100				
		晚			4.50	100	0.00	100			
	東漢	早	0.00	0.00	17.86	0.00		0.00			
		中			0.00		0.00	50.00	100		
		晚		50.00	0.00	0.00	0.00	0.00	50.00	0.00	0.00

表6-24a　出竹器、木器、漆器之未擾墓中各該類器物之平均數

			竹　器	木　器	漆　器
豎穴墓	西	早			
		中原		5.00	15.50
		楚	17.06	47.70	33.87
		秦		1.00	1.00
		全國	16.11	32.70	24.84
		中			
		中原			2.00
		楚	1.00	78.75	8.86
		秦			4.50
		全國	82.20	31.62	14.15
	漢	晚			
		中原		15.00	68.50
		楚			0.88
		秦			
		全國	12.00	5.44	9.06
	東	早			
		中原			1.50
		楚			
		秦			
		全國		3.25	6.82
		中			
		中原			
		楚	14.00		
		秦			
		全國	14.00		
	漢	晚			
		中原			
		楚			
		秦			
		全國			

　　木器之種類主要爲俑、車船及動物模型等，其普遍性之百分比如表6-27所示，西漢墓中使用木俑隨葬之墓較用車船及動物模型者均爲多，而東漢中期之後隨葬動物、車船等模型之墓數目大爲增加，超

表 6-24b　出竹器、木器、漆器之未擾墓中各該類器物之平均數

				竹　　器	木　　　器	漆　　器
磚	西	早	中原			
			楚			
			秦			
			全國			
		中	中原			
			楚			
			秦			1.00
			全國			1.00
		晚	中原	3.00		3.60
	漢		楚		18.50	5.00
			秦			
室			全國	3.00	18.50	4.13
	東	早	中原		1.00	4.00
			楚			
			秦			1.00
			全國		1.00	4.29
		中	中原			
			楚			
			秦		9.59	2.56
			全國		9.59	2.70
		晚	中原	2.00	1.00	2.00
			楚	2.00		
墓	漢		秦		15.00	
			全國	2.00	8.00	1.00

過隨葬木俑之墓。

　　竹器有容器如笥、筐等，或者爲箭桿、篾蓆、竹簾等。在本研究之分類中、將竹簡及木簡均置入一單獨「簡」項，以便利用。目前爲

表6-25a　未擾墓中竹木漆器之平均數

				竹　　器	木　　器	漆　　器
豎穴墓	西漢	早	中原		0.54	1.68
			楚	1.13	3.73	5.16
			秦		0.08	0.23
			全國	0.66	2.32	3.41
		中	中原			0.04
			楚	0.02	5.0	1.97
			秦			1.80
			全國	2.13	2.13	2.40
		晚	中原		4.29	19.57
			楚			0.09
			秦			
			全國	0.09	0.35	1.99
	東漢	早	中原			0.08
			楚			
			秦			
			全國		0.20	0.88
		中	中原			
			楚	0.25		
			秦			
			全國	0.25		
		晚	中原			
			楚			
			秦			
			全國			

止，僅西漢初期兩湖及山東地區豎穴墓中有竹簡出土[9]。

9　但最大批之漢簡乃出於西域，見張春樹，〈漢簡的發現與整理〉，《食貨月刊》16卷5／6期（1987），頁181-199。

表 6-25b　未擾墓中竹木漆器之平均數

				竹　器	器	漆　器
磚	西	早	中原			
			楚			
			秦			
			全國			
		中	中原			
			楚			
			秦			1.00
			全國			0.03
	漢	晚	中原	0.05		0.16
			楚			
			秦		6.17	2.50
			全國	0.05	0.31	0.28
室	東	早	中原		0.07	0.49
			楚			0.08
			秦			
			全國		0.04	0.42
		中	中原			
			楚			
			秦		6.79	0.96
			全國		3.40	0.56
		晚	中原	0.14	0.07	0.14
			楚			
墓	漢		秦		2.50	
			全國	0.03	0.26	0.03

表6-26a　未擾墓中出竹木漆器之墓之百分比

				竹　　　器	木　　　　器	漆　　　器
豎穴墓	西漢	早	中原		10.81	10.81
			楚	6.64	7.81	15.23
			秦		7.69	23.80
			全國	4.26	7.09	13.71
		中	中原			1.92
			楚	1.59	6.35	22.22
			秦		20.00	40.00
			全國	2.59	6.47	17.10
		晚	中原		28.57	28.57
			楚			10.81
			秦			
			全國	0.71	6.38	21.99
	東漢	早	中原			
			楚			5.13
			秦			
			全國		6.06	12.88
		中	中原	1.82		
			楚			
			秦			
			全國	1.79		
		晚	中原			
			楚			
			秦			
			全國			

表6-26b　未擾墓中出竹木漆器之墓之百分比

			竹　　器	木　　　器	漆　　器
磚	西	早			
			中原		
			楚		
			秦		
			全國		
		中			
			中原		
			楚		
			秦		100.00
			全國		3.33
	漢	晚	中原 1.80		4.50
			楚		
			秦	33.33	50.00
			全國 1.67	1.67	6.67
室	東	早	中原	7.32	12.20
			楚		7.69
			秦		
			全國	4.17	9.72
		中	中原		
			楚		
			秦	70.83	37.50
			全國	35.42	20.83
	漢	晚	中原 7.14	7.14	7.14
			楚		
			秦	16.67	
墓			全國 1.64	3.28	3.28

表6-27　出各類木器之墓在各時代未擾墓中之百分比數

			木　　　俑	木 動 物 模 型	木　　　車
豎穴墓	西漢	早	4.02	21.13	1.89
		中	1.55	1.04	1.04
		晚	2.84	0.00	0.00
	東漢	早	2.27	0.00	0.00
		中	0	0	0
		晚	0	0	0
磚室墓	西漢	早	0	0	0
		中	0	0	0
		晚	0.83	0.83	0.83
	東漢	早	0	0	0
		中	16.67	22.92	20.83
		晚	1.64	0	1.64

第五節　　其他器物

　　除了上面四節中討論到的各類器物之外，漢代墓葬中尙有大量的小件物品，其質地較爲特殊，如金、銀、錫、鉛等貴重金屬品、以及玉、琉璃、瑪瑙等稀有礦物，亦有少部分之石器與骨器。這些大部分均爲各類飾物，其詳細之分類可參見附錄一。由於此類器物多半爲小件飾品，單從數量之多寡上並不容易看出其相對之重要性，故暫不分析。此處僅以不同質地之各類器物的年代及地區之百分比分布爲主要分析項目：表 6-28 至 6-32 分別爲未擾墓中出金、銀、玉、琉璃、瑪瑙等類器物之墓的百分比分布表。由此諸表中可見，此數類器物在中南部地區之墓葬中較北部地區普遍，而楚地區（包括湖南、湖北、廣東等地方）的墓葬中所出金銀器者之比例，又似乎較其他地區爲高。隨葬玉、琉璃、瑪瑙之墓葬多半分布在中南部地方。這情況是否與這些物質原料的來源有關係，是有待將來進一步探討的問題。例如在廣州漢墓中出土的水晶、玻璃器、瑪瑙等飾物，有的不產於中國，有的則質料與中國出產者不同，顯示這些物品應該是來自海外地區[10]。

　　在第五章結束時我們曾經比較豎穴墓與磚室墓的地區性差異，認爲楚地區在西漢時代較中原地區富庶，而東漢時中原地區已經超過了楚。本章中對隨葬品種類和數量所做的分析基本上也得到相同的結論，即西漢時代楚地區墓葬中各類器物之數量均較中原地區爲多，而到了東漢時代，中原地區墓葬中出土隨葬品之數量則開始超越楚地區。此點在鐵器和陶器方面特別明顯，而銅器則楚墓中之數量始終占優勢。

　　10　參見《廣州漢墓》，頁 473；〈西漢南越王墓發掘初步報告〉，《考古》1984（3）：222-230。

　　在本章的討論中，我們的重點在於將漢代墓葬中各類隨葬品的數量及分布作年代與地區性的量化描述，從比較大的幾個區域和全國的觀點來看隨葬習俗在時間與空間中的變動趨勢。根據本章分析所得，我們大致上對漢代墓葬中各類型隨葬品之相對數量以及這些隨葬品在墓葬中出現的頻率有一基本的認識。由於根據的是比較大量的墓葬資料，我們認爲其結果是相當可信的。然而在本章中尙未能討論的問題，除了前文所提到細節的器形分類比較之研究以外，還包括不同等級之墓葬形制中隨葬品差異的問題。關於前者之困難，已經解釋過，而關於後者，則由於一旦考慮到不同等級之墓葬時，可利用之資料就顯得分散而不足，因此本章沒有進一步討論這方面的問題，僅在本書第八章中討論厚葬風氣時使用西漢一棺一槨豎穴墓及東漢小磚卷頂單室墓之資料作爲厚葬之俗分布情況之輔證。在以下數章中，我們將由量的變化的討論轉爲對質的變化的討論，從另一個角度來觀察與墓葬形制有關的問題。

表6-28　出金器之墓

地點			南部地方					中部地方						
			福建	廣東	廣西	貴州	雲南	江蘇	浙江	安徽	江西	湖北	湖南	四川
豎穴墓	西漢	早		0.58	0.00	0.00	0.00	0.00		0.00		3.64	3.57	0.00
		中		2.08	0.00	0.00	15.79	0.00	0.00		0.00	0.00	14.29	0.00
		晚	0.00	4.17	9.52	0.00	0.00	0.00		0.00		0.00	4.88	
	東漢	早		9.52	12.50	0.00	0.00	28.57		0.00		0.00	0.00	0.00
		中						0.00					1.82	
		晚		0.00	0.00								0.00	
磚室墓	西漢	早												
		中				0.00		100						
		晚			33.33								0.00	
	東漢	早		0.00			0.00	0.00		0.00	0.00	0.00	50.00	
		中		0.00						0.00	100			
		晚		0.00						40.00		0.00	0.00	0.00

地點			北部地方						東北地方	塞北地方	
			山東	河北	河南	山西	陝西	甘肅	遼寧	寧夏	內蒙古
豎穴墓	西漢	早	0.00	0.00	0.00	0.00	0.00	0.00			
		中		0.00	0.00	0.00					
		晚	33.33	0.00	0.00			0.00		0.00	
	東漢	早		0.00							
		中									
		晚									
磚室墓	西漢	早				0.00					
		中		0.00	0.00		0.00				
		晚			0.00	100	1.00	0.00			
	東漢	早	50.00	0.00	0.00	0.00		0.00			
		中					16.67	0.00	0.00		
		晚		0.00	0.00	0.00	0.00	0.00	50.00	0.00	0.00

表6-29　出銀器之墓

地點			南部地方					中部地方						
			福建	廣東	廣西	貴州	雲南	江蘇	浙江	安徽	江西	湖北	湖南	四川
豎穴墓	西漢	早		0.58	6.67	0.00	2.04	0.00		0.00		0.00	0.00	0.00
		中		0.00	0.00	9.09	0.00	0.00	0.00		0.00	0.00	14.29	0.00
		晚	0.00	0.00	0.00	66.67	0.00	0.00		0.00		0.00	2.44	10.00
	東漢	早		0.00	0.00	0.00	0.00	0.00		0.00		0.00	5.88	0.00
		中						0.00					3.64	
		晚		12.50	0.00								9.52	
磚室墓	西漢	早												
		中						100						
		晚											0.00	
	東漢	早		0.00			100	0.00		0.00	0.00	33.33	33.33	
		中		0.00			0.00				0.00	100	28.57	
		晚		0.00			100	20.00			0.00	100	33.33	0.00

地點			北部地方						東北地方	塞北地方	
			山東	河北	河南	山西	陝西	甘肅	遼寧	寧夏	內蒙古
豎穴墓	西漢	早	0.00	0.00	0.00	0.00	0.00	0.00			
		中		0.00	0.00	0.00					
		晚	0.00	0.00	0.00			0.00		0.00	
	東漢	早			0.00						
		中									
		晚									
磚室墓	西漢	早			0.00						
		中		0.00	0.00		0.00				
		晚			0.00	0.00	0.00	0.00			
	東漢	早	50.00	0.00	0.00	0.00			0.00		
		中			8.33		16.67	0.00	100		
		晚			0.00	0.00	0.00	0.00	50.00	0.00	0.00

表 6-30　出玉器之墓

地點			南 部 地 方					中 部 地 方						
			福建	廣東	廣西	貴州	雲南	江蘇	浙江	安徽	江西	湖北	湖南	四川
豎穴墓	西漢	早		13.08	13.33	15.79	40.82	25.00		0.00		10.91	7.14	10.34
		中		18.75	0.00	9.09	31.58	25.00	50.00		33.33	37.50	57.14	33.33
		晚	0.00	66.67	28.57	0.00	22.22	0.00				11.11	17.07	
	東漢	早		47.62	37.50	14.29	15.00	28.57		100		0.00	0.00	0.00
		中						0.00					1.82	
		晚		50.00	0.00					10.00			9.52	
磚室墓	西漢	早												
		中						0.00						
		晚											0.00	
	東漢	早		0.00		0.00		0.00			0.00	0.00	33.33	50.00
		中		0.00		0.00					100		14.29	
		晚		20.00		33.33		0.00			0.00	0.00	22.22	0.00

地點			北 部 地 方						東北地方	塞北地方	
			山東	河北	河南	山西	陝西	甘肅	遼寧	寧夏	內蒙古
豎穴墓	西漢	早	25.00	0.00	0.00	11.11	0.00	50.00			
		中		0.00	0.00	20.00					
		晚	66.67	0.00	0.00			33.33		0.00	
	東漢	早			0.00						
		中									
		晚									
磚室墓	西漢	早			0.00						
		中		0.00	0.00		0.00				
		晚			0.90	100	0.00	50.00			
	東漢	早	100	0.00	0.00	0.00		0.00			
		中			25.00		33.33	27.78	0.00		
		晚			0.00	0.00	0.00	0.00	0.00	0.00	0.00

表 6-31　出琉璃之墓

地點			南部地方					中部地方						
			福建	廣東	廣西	貴州	雲南	江蘇	浙江	安徽	江西	湖北	湖南	四川
竪穴墓	西漢	早		12.14	6.67	0.00	2.04	0.00		0.00		0.00	3.57	6.90
		中		12.50	10.00	9.09	0.00	8.33	50.00		0.00	0.00		66.67
		晚	0.00	8.33	23.81	66.67	0.00	25.00			33.33	11.11	14.63	0.00
	東漢	早		19.05	37.50	0.00	0.00	0.00		20.00	0.00		23.53	0.00
		中						0.00					12.73	
		晚		12.50	33.33								14.29	
磚室墓	西漢	早												
		中				0.00		0.00						
		晚					100						33.33	
	東漢	早		0.00			100	0.00		0.00	0.00	66.67	16.67	
		中		0.00							0.00	100	42.86	
		晚		20.00							0.00	100	38.89	0.00

地點			北部地方						東北地方	塞北地方	
			山東	河北	河南	山西	陝西	甘肅	遼寧	寧夏	內蒙古
竪穴墓	西漢	早	0.00	0.00	0.00	11.11	0.00	0.00			
		中		0.00	0.00	0.00					
		晚	0.00		0.06	0.00		0.00		0.00	
	東漢	早			0.00						
		中									
		晚									
磚室墓	西漢	早			0.00						
		中		0.00	0.00		0.00				
		晚			3.60	0.00	0.00	0.00			
	東漢	早	0.00	0.00	14.29	0.00		33.33			
		中			8.33		0.00	16.67	0.00		
		晚			0.00	0.00	0.00	0.00	0.00	100	0.00

表6-32　出瑪瑙之墓

地點			南部地方					中部地方						
			福建	廣東	廣西	貴州	雲南	江蘇	浙江	安徽	江西	湖北	湖南	四川
豎穴墓	西漢	早		1.16	0.00	0.00	16.33	0.00		0.00		0.00	0.00	0.00
		中		6.25	5.00	0.00	21.05	8.33	0.00		0.00	0.00	14.29	0.00
		晚	0.00	0.00	28.57	0.00	11.11	0.00		33.33		0.00	2.44	0.00
	東漢	早		14.29	0.00	0.00	22.50	0.00		0.00		0.00	11.78	0.00
		中						0.00					3.64	
		晚		12.50	0.00								14.29	
磚室墓	西漢	早												
		中						0.00						
		晚											0.00	
	東漢	早	0.00				0.00	0.00		0.00	0.00	0.00	16.67	
		中	0.00			0.00			0.00			0.00	14.29	
		晚	0.00			0.00			20.00		0.00	0.00	27.78	0.00

地點			北部地方						東北地方	塞北地方	
			山東	河北	河南	山西	陝西	甘肅	遼寧	寧夏	內蒙古
豎穴墓	西漢	早	0.00	0.00	0.00	0.00	0.00	0.00			
		中		0.00	0.00	40.00					
		晚	33.33	0.00	0.00			0.00		0.00	
	東漢	早			0.00						
		中									
		晚									
磚室墓	西漢	早			0.00						
		中		0.00	0.00		0.00				
		晚			1.80	0.00	0.00	0.00			
	東漢	早	0.00	0.00	3.57	0.00		0.00			
		中			0.00		0.00	0.00	0.00		
		晚		0.00	0.00	0.00	0.00	0.00	0.00	0.00	0.00

第七章　墓葬形制轉變與宗教社會變遷之關係

第一節　　墓葬形制之轉變

　　一個社會中實行的墓葬制度可以反映出該社會的宗教思想，也可以反映出該社會的物質文化水準。在普遍講求宗族關係的中國古代，上面的陳述應更值得重視。從《周禮》、《儀禮》、《禮記》等古代文獻中，我們可以知道，中國古代社會中一直存在著一種理想，即一切社會關係應該由一套禮制來規範，其中當然包括了喪葬之禮。在這套理想的禮制中，社會中每一階層的人都有一確定可遵守的行為法則，不得踰越。我們在第二章第一節中已經討論過與這套葬禮制度相關的問題。一般而言，在古代社會中，墓主人的身分通常與其擁有的財富成正比，因而在一套依身分地位而設的葬制中，棺槨形制與隨葬器物的多寡厚薄也與墓主的財富成正比，所謂「天子棺槨七重，諸侯五重，大夫三重，士再重」。然而事實上，這樣的一套墓葬制度，在不斷變動的歷史之流中是否真的曾經存在且行之久遠？如果是，又是否曾經為大多數人所遵守？前面也曾提到，有學者推測，在西周初期可能尚真正實行過一套固定的喪葬禮制。然而由第二章中的討論看來，文獻記載有關棺槨制度的部分本身即有出入之處，這可能是西周早期某曾經存在過的制度廢弛後的結果，也可能代表了棺槨制度從來未曾固定。從考古材料來看，至少在棺槨與鼎制的配合上，似乎也缺

乏一套嚴格的對應制度[1]。因此我們認爲，即使西周初曾經有一固定的墓葬制度，這套葬制也不曾持續太久，或曾爲大部分的人所遵守。西周中晚期之後的葬制被形容爲「禮制的破壞」，也就是發生了「僭越」的情況。但這所謂的「僭越」是相對的，當新的社會及政治變動發生，新秩序隨而出現，相對於舊秩序而言，新秩序就是「僭禮、踰越」了。這種轉變的主要性質，乃是禮制——身分——財富三者之間相對應關係的變化，即由：使用某種葬制者亦具有某種固定身分與財富，轉變爲：使用某種葬制者，雖有其財富，卻無其應有的身分，也就是舊秩序中應有，而新秩序不再遵從的身分禮制。

　　然而從另一角度看，不論春秋戰國以來的墓葬是如何的「僭禮犯上」，如何的「埋葬踰制」，其墓葬形制本身卻大致不出自新石器時代晚期以來就不曾間斷的「豎穴土坑木槨墓」。棺槨與隨葬禮器的等級差別都只是在這基本的墓葬形式內的變化。若從大汶口文化中出現的「木槨墓」爲起點，一直到西漢初年，大約有三千年的時間，中國的墓葬都是以豎穴木槨墓爲主，這一項延續了如此久的習俗自然反映出中國文化圈中宗教倫理觀念或意識形態的綿延性和一致性。但是「僭越踰制」的墓葬並不是在向這個宗教倫理與意識形態挑戰，而是在其中爭取一「較好」的位置。在新的情況中，不具某種傳統身分的人藉著自身的財富而欲享有那原來只有具備該身分才得享用的墓葬形制。他們對於舊身分的象徵因而是保守的。也正是因爲如此，墓葬形制由木槨墓轉變爲磚室墓的事實就益發引人深思了。爲什麼流行了數千年之久的豎穴墓會由漢初開始逐漸的讓位給磚室墓？兩者之間的不同有多少是意識形態或宗教觀念的轉變而成的？又有多少是工藝技術或社會結構演進所造成的結果？

　　先論墓葬形制的轉變。豎穴墓的發展在商代已經到達一個高峰。從殷墟商王大墓的遺址，我們可以推測，不論在築墓技術或棺槨結構

1　蒲慕州，〈論中國古代墓葬形制〉，《國立台灣大學文史哲學報》37期（1990），頁 235–279。

等方面，殷人已經累積了許多經驗，這累積的經驗不斷傳遞下去，使得豎穴木槨墓的建造技術逐漸臻於完備，其最明顯的例證莫過於湖南長沙馬王堆一號漢墓[2]。此墓葬之所以能夠保存得如此完美，主要在其防腐防潮設備的成功。其槨室深埋於地下，槨四周用大量的木炭與膏泥封固，槨棺使用上等梓材，棺槨板結合緊密，厚塗以油漆，以達到密不透氣的效果。在棺內，除屍身以多層絲絹包裹，可防昆蟲入侵之外，也可能使用藥物作爲防腐劑[3]，因此得以使得棺中屍身不致腐朽。此種埋葬技術在當時的上層社會中應該是相當普遍的。由目前考古發掘結果來看，另一座保存了完整屍身的漢墓也是出於湖北江陵鳳凰山（168 號墓）[4]。《水經注·湘水》引郭頒《世語》，曾提到長沙王吳芮之墓爲人所所發時，吳芮屍身完好，面目如生[5]。而據《水經注》另一段記載，「襄陽城東門外二百步劉表墓，太康中爲人所發，見表夫妻，其尸儼然，顏色不異，猶如平生，墓中香氣，遠聞三四里中，經月不歇。」[6] 這類記載在考古材料的印證之下，是相當可以信賴的。而長沙正是此種木槨墓流行地區，可見這種埋葬技術在兩湖一帶有其深厚的傳統，其源流至少當上溯至戰國時代的楚文化圈[7]。楚墓葬在埋葬技術方面很可能繼承了商周以來的最佳傳統[8]。

　　然而防潮技術的發展本身並不能算是墓葬形制的轉變。縱觀先秦至兩漢的豎穴木槨墓，在其墓葬結構中可以稱爲新的因素的，是棺槨上門窗結構的出現。這新因素的出現代表著人們對於人死之後的居所

2　《長沙馬王堆一號漢墓》（北京：文物出版社，1973）。

3　《馬王堆漢墓》（台北：弘文館出版社，1988），頁 101－107。《長沙馬王堆一號漢墓古屍研究》（北京：文物出版社，1980）。

4　《文物》1975（9）:108；《江陵鳳凰山 168 號墓西漢古屍研究》（北京：文物出版社，1982）。

5　見鄭德坤，《水經注故事鈔》（台北：藝文印書館，1974），頁 36。

6　鄭德坤，上引書，頁 35。

7　郭德維，〈試論江漢地區楚墓、秦墓、西漢前期墓的發展與演變〉，《考古與文物》1983（2）：81－87。

8　楊權喜，〈從葬制看楚文化與中原文化的關係〉，《中原文物》1989（4）：14－17。

有了比較具體的想法。其出現的時間至少可以上推到戰國時代。在戰國早期曾侯乙墓中，墓主人內棺的兩側與前端漆有窗戶紋樣[9]，似乎有將棺具模擬爲居室的意圖。曾侯乙墓之槨結構相當複雜，分爲數間大小不一的槨室，除主墓室中置主人棺木外，在其他槨室中置有隨葬棺木十七具，可能均爲墓主人生前之寵妾。曾侯乙墓槨室之不規則平面結構與前此之豎穴木槨墓均不完全相同，但尚不能確定是否也有模擬房屋的意圖。有學者曾經主張，木槨墓中槨室隔間之結構實際上就是模仿生人居宅的「前堂」、「後寢」、「左右房」，其複雜之程度與墓主人生前的居室，也就是墓主人生前的身分地位，有相對應的關係[10]。這種推測雖不能說沒有可能，但是缺乏直接證據。荀子所說的「故壙壟，其象屋也」，雖提出了墓室有象徵生人居所的意義，並沒有具體指出詳細的對應關係。一直要到了漢代的黃腸題湊墓中才有「梓宮」、「便房」等擬似生人居宅的稱呼出現（見第三章第一節）。同時，若認爲槨出現之原因爲地上居所的象徵，就要牽涉到大汶口時代即出現之木槨如何能象徵當時地上居室的問題。若從功能性的角度來看槨室的作用，我們也可以說，墓主身分愈高，其墓中隨葬品通常愈多，自然會需要較多的槨室（箱）來放置不同類的隨葬品，槨室之分間與生人居室之相似之處僅僅是空間配置之相似（與棺室相連接之槨室必須是在其前後左右之一方面，正如與「寢」相連接之房間必須是「前室」、「左右房」等等），並不一定會與墓主生前的居宅有任何直接的關聯。實際上，我們也很難由墓葬之發掘來證明墓主人的身分必然與其擁有的棺槨層數與間數有一對一的相對應關係。這種情況，在討論棺槨制度與隨葬鼎制時已經提到（見第二章）。

　　曾侯乙墓內棺上的窗戶紋樣爲畫上去的，象徵意味仍然濃厚。在洛陽金村發現的一座東周墓中，也有木門構造。此門爲車馬坑木槨所

9　《隨縣曾侯乙墓》（1980），圖四。
10　俞偉超，前引文。

有，寬約 0.45 公尺，故其規模亦不大[11]。到了戰國晚期的一座秦墓中，我們發現在其槨室的頭箱與棺室之間有兩扇門戶，各高約 0.45 公尺[12]。從這兩扇門戶的大小看來，應當不可能有任何實用的功能，因此我們可以將其解釋爲一種模仿生人居室的房門，其意義就在將棺室想像爲居住的堂屋。江陵雨台山楚墓中有五座墓的槨結構有門窗[13]，到了西漢初期，木槨墓中有門窗結構的例子更多，其分布地區主要仍在兩廣、湖北、蘇皖等南部地區（見第四章）。在某些墓中，槨室尚且分爲上下兩層，有樓梯上下。槨下層尚放置雞、豬圈等陶明器，其爲模仿當時人的居宅，應該是很明顯的[14]。而在西漢早中期出現的黃腸題湊墓中，有「梓宮」、「便房」等名稱，則更清楚的表示，當時人已開始將此類墓室視爲「地下房屋」了。

　　至於磚室墓的出現及其流變，由最早豎穴空心磚槨墓演變爲橫穴空心磚墓，乃至於小磚墓，似乎也循著一種趨勢，就是朝著模仿生人居宅的形式發展，其中最具關鍵性的轉變，就是在空心磚墓由平頂變爲人字型頂之時。平頂空心磚墓基本上仍爲一「箱形」結構，爲木槨之代替品，而人字頂空心磚墓則由於其斜坡屋頂式的結構，極爲像生人房屋頂，再加上有橫樑、雕刻畫像、墓門等裝備，更加強了其爲「地下居所」的象徵意義。人字頂空心磚墓大約於西漢中期首先出現於河南地區。與這類墓的發展大致同時，是一些崖洞墓（見第三章第一節）。這些墓雖是在崖壁中鑿成的，但基本形式卻與橫穴人字頂空心磚墓極爲相近，這種墓形之所以產生，也許和人字頂空心磚墓相似，即將墓室視爲死者的居所。由一些崖洞墓中出土的仿房屋木結構（如滿城中山靖王劉勝墓）或覆蓋房屋頂的瓦片（如徐州銅山龜山二號墓）看來，這種仿生人居所的動機應該是可以確定的。

　　磚室墓由空心磚墓進一步發展爲小磚墓，其卷頂的結構自然繼承

11　見 William C. White, *Tombs of Old Loyang*（Shanghai：Kelly & Walsh, 1934），tomb no. V, quoted in Li Xueqin, *Eastern Chou and Qin Civilizations*（New Haven: Yale U. Press, 1985），p. 32.

12　《考古》1981（1）：21–47。

13　《江陵雨台山楚墓》，頁 149。

14　《考古學報》1976（2）：149–168, M3；《文物》1980（3）:1–10, M1。

了將墓室視爲居所的概念。到了小磚墓有了前後室、耳室，卷頂又發展爲穹窿頂，前室又可作爲祭祀的「享堂」，耳室被視爲「廚」、「庫」（如劉勝墓之耳室），磚室墓就更明白的成爲「陰宅」了。

　　綜合以上木槨墓及磚室墓的發展過程，可以大致看出，最遲從戰國晚期開始，傳統的墓葬形制開始有了一項新的發展趨勢，就是要比較具體的模仿生人的居宅。這趨勢又可分二方面來看：一是傳統木槨墓在其墓形結構上所產生的小變化，即門窗結構及分層槨室，最後發展成爲黃腸題湊墓；另一方面是由豎穴木槨墓轉變爲豎穴磚槨墓，再轉變爲模仿生人居所的人字頂空心磚墓及小磚卷頂或穹窿頂墓。與之平行發展的則是諸侯王階層所使用的崖洞墓。而崖洞墓與黃腸題湊墓正好是這兩種不同方面的發展在西漢中期時臻於成熟的代表。

　　這種墓形結構的改變是一緩慢的過程，也許並不爲任何個人所直接覺察得到。但是它代表了一種集體意識的改變，其主要的內容就在於人們希望提供給死去的親人一個比較更與其生前相似的環境。這種希望其實不單表現在墓形結構的改變之上。隨葬器物種類與墓內裝飾的改變也是其中一環。

第二節　隨葬品之轉變

　　史前時代之墓葬即有隨葬器物之習俗。如第二章所論，早期隨葬品均爲實用器具。在仰韶文化中，偶有非實用器之出現，通常即被稱爲「明器」。但此類非實用器是否眞的就是具有後世所謂明器意義之器物，並不容易確定，因爲這些例子均相當孤立，很難說明其爲一時代之風俗。

　　從二里岡早商時代開始，墓葬中出現了可以被稱爲「禮器」的貴重靑銅器皿，如鼎、爵、觚、盤等。此後，靑銅禮器即成爲商周墓葬中最重要的隨葬器物，惟其中的重點由商代重酒器的組合轉變爲周代重食器的組合[15]。春秋戰國時代，仿銅陶禮器開始流行，其重點仍在

15　鄒衡，《商周考古》（1979），頁88。

其爲「禮器」上。這種以禮器爲主要隨葬品的習俗一直延續到西漢初年。不過從戰國晚期開始，隨葬器物的內容開始有了一些轉變，即日常生活用具，不論是銅器或陶製，重新成爲重要的隨葬品[16]。即在一般藝術題材上，自春秋晚期至戰國時代，禮樂活動的內容減少，具有日常生活意義的題材增加，也顯現出相類的趨勢[17]。這種趨勢反映出一種集體意識的轉變：以禮器爲主的隨葬方式所強調的是一種死者生前所享有的政治地位（雖然此政治地位也當然牽涉到財富），而以日常生活用具爲主的隨葬方式則似乎比較關心死者在死後世界中的財富和舒適生活，與死者生前在政治秩序之中的地位關係不如禮器所顯示的那麼密切。這種改變也顯示出社會結構上有一些根本的變化。這當然也不是說舊的隨葬禮器的習俗就完全消失，但一方面這種隨葬鼎、盒、壺等銅或陶仿製禮器的墓葬範圍縮小至一些大墓[18]，一方面這些舊身分的象徵其實也已經不能表示墓主眞正的相對身分了[19]。

在西漢中期以後的墓葬中，這種強調死後世界中之生活的隨葬方式表現得更爲明顯。例如隨葬品中普遍出現了陶製的灶、倉、囷，象徵墓主人在地下有充足的糧倉可食用，又有各類家畜家禽、各式屋、閣、樓房、田產、池塘等等的模型，象徵墓主人的財富，以及代表墓主人享受的舒適生活的車、船，以及各色僕役俑。如果比較銅鼎、銅簋、銅盂等傳統禮器和一般陶製隨葬明器在漢代墓葬中的平均數，以表7－1表示，可以很明顯的看出，銅禮器在漢代墓葬中不但數量極少，而且愈晚愈少。反之，陶生活用具、動物模型、各式建築明器，乃至於象徵生活方式的鐵工具的數量卻是與日俱增，並且遠遠超過銅禮器的數量。這種情況充分證明上面所說的隨葬品內容的轉變。

16　郭德維，〈試論江漢地區楚墓、秦墓、西漢前期墓的發展與演變〉，《考古與文物》1983（2）：81－87。

17　俞偉超，〈先秦兩漢美術考古材料中所見世界觀的變化〉，《慶祝蘇秉琦考古五十五年論文集》（北京：文物，1989），頁111－120。

18　蔡永華，〈略論西漢的隨葬特徵〉，《考古與文物》1983（1）：93－95, 82。

19　〈鳳凰山一六七號墓所見漢初地主階級喪葬禮俗〉，《文物》1976(10)：47－56。

表 7-1　隨葬品數量平均值分布

		銅器類					陶器類				鐵器類	
		鼎	香	簋	儲容器	炊煮器	儲容器	炊煮器	動物模型	其他模型	工具	墓數
西漢	早	0.16	0.01		0.38	0.50	9.88	1.56	0.04	0.19	0.34	440
	中	0.13	0.03	0.01	0.69	0.48	8.17	1.09	0.01	0.54	0.29	223
	晚	0.10	0.03	0.02	0.91	0.38	15.68	1.74	0.22	4.12	0.67	261
東漢	早	0.01	0.00		0.42	0.09	10.17	1.07	0.17	2.20	0.35	204
	中		0.01		0.039	0.08	16.24	2.05	0.54	1.87	0.69	104
	晚		0.01		0.53	0.17	10.55	0.98	1.00	1.83	0.73	93

　　使用這些隨葬品的墓葬，其主要的目的是否為財富的炫耀？由西漢中期時國家社會財富普遍增加，人民生活富庶的情況來看，這種說法有相當的理由。不過我們也應該更進一步追問，墓主人所欲炫燿的財富，到底是他生前已有的，或是希望死後能擁有的？就一方面來說，這種使用模型明器的辦法，讓人更容易具有一種心態和希望，就是打破那些社會在他生前所給他的限制。在墓中多埋明器，反映的不只是墓主生前所擁有的財富，更很可能是他所希望在死後能擁有的。這一種心態，可以很清楚的從一些買地券中看出。如在東漢晚期的王當墓中所發現的鉛地券中，死者所買的墓地為：「立四角封界至九天上九地下」，這件地券中有關死者所買地產的範圍雖是一種誇張的語詞，也正反映出他所希望擁有的財富是遠超過其生前所可能擁有的[20]。此外，在一些不甚有規模的小墓中，也有象徵大地產和財富的

20　《文物》1980, 6:52-56；又有些買地券顯然為一種虛構的作品，如：「兄弟九人，從山公買山一丘，於五鳳里，葬父馬衞將，直錢六十萬，即日交畢。」山公顯然是地下世界中的某種官吏，見池田溫，前引文，頁217, no. 10。

明器和書有「萬石倉」之類字眼的容器出土[21]，更是透露出墓主和其家屬的期望。對於經濟能力不算充裕的人家而言，在一種知道世上有大富貴人家的心理壓力之下，選擇象徵財富的隨葬明器，應是一條紓解這種壓力與未曾滿足的期望的出路[22]。這種心態，與鎮墓文中常出現的「食地下租，歲二千石」是相同的[23]。當然，人們能夠產生如此的心態，與漢代厚葬的風氣有密切的關係（見第八章）。

　　這種對隨葬品種類轉變所代表的意義的瞭解，恰與前節對墓形結構轉變所代表的意義的推測相合。墓形改變的結果是要提供一與死者生前相似的「生存環境」；隨葬器物的轉變則提供了在此種生存環境中「生活」所需要的各種日常所需之物質配備。

第三節　　裝飾壁畫出現之意義

　　死者的「物質生活」有墓室與明器予以滿足，「精神生活」則由壁畫或浮雕予以充實。墓中有裝飾的習俗雖至少可上推至商代，然而有比較明確之對墓室本身作爲裝飾之用的畫像，要到西漢中晚期始出現。第五章中曾經討論到，壁畫的出現有其社會、文化、宗教的背景。實際上，討論壁畫出現的意義，不能僅止於指出其背景，因爲這些背景與壁畫本身並沒有必然的關係。我們認爲，壁畫的出現，基本的動機，應該是作爲一種隨葬品，因而對於壁畫意義的討論，要從其作爲隨葬品的性質爲出發點。在此時期一些磚室墓中之壁畫與浮雕等裝飾，可能是受到西漢以來在日常居室中流行的壁畫的影響。不過其畫像之內容雖有些可能與地上建築中的壁畫相類（如歷史人物故事），但亦有專門爲死者所設計的，如神仙神話之主題，祥瑞圖像等

21　《考古》1984（7）:795。

22　如台灣在1950至60年代民間送葬流行燒以洋房、汽車之紙模型，在當時人們經濟能力普遍尚不足以購買汽車洋房的情況之下，正是極受歡迎的一種「隨葬品」。

23　《文物》1975（11）:75－93。有關漢人對死後世界的觀念，見本章第四節。

等[24]。神話、祥瑞圖案的意義，主要可能在希望藉圖像中神仙靈怪的保護與幫助，使墓主人能生活在一極樂世界之中。而此世界中的生活，則如壁畫中那些日常生活之景象，充滿歡樂、豐衣足食。然而這些日常生活的景象是對墓主人生前生活的懷念描繪，或是對墓主死後世界的憧憬？山東蒼山一座畫像石刻題記對畫像內容作了仔細的描述，是瞭解壁畫意義的極珍貴材料：

> 元嘉元年八月廿四日，立郭（槨）畢成，以送貴親。魂零（靈）有知，枰（憐）哀子孫。治生與政，壽皆萬年。薄（簿疏）郭中，畫觀後當。朱爵對游（仙）人，中行白虎後鳳凰。中直柱，雙（雙）結龍，主守中〔雷〕辟邪央（殃）。……使女隨後駕鯉魚，前有白虎青龍車，後〔即〕被輪雷公君，從者推車[25]。

從這一段「圖說」中，可以知道作圖者所要表現的是死者在地下世界中的生活情景。其中有依世間生活而建構的部分，也有想像的部分，如玉女、仙人、虎龍、鳥獸等。在某些特殊情況之下，墓室壁畫有墓主人生前傳記的功用（如和林格爾漢墓壁畫中有關墓主烏桓校尉生平事蹟的描繪），但絕大多數的畫像都缺乏明顯的傳記式材料，尤其是根據畫像內容的重覆出現及其規格化（模製畫像磚）的情況看來，雖然我們不能否認這些畫像有其根據——根據理想的世間生活以及世界觀而繪出，但這些規格化了的壁畫或浮雕的作用主要應該是爲了希望藉圖像之力而使墓主人有安樂的「死後生活」，其作用就如隨葬明器一樣，明器可供死者在死後世界中使用，畫中的世界亦可以成爲死後眞實的世界，讓死者的靈魂能進入其中。這種情況與古埃及墓室壁畫

24　邢義田，〈漢代壁畫的發展與壁畫墓〉，頁157，懷疑漢墓壁畫中的百戲、庖廚、宴飲等圖像可能都是爲死者身後享用所設計的，與活人居室的圖像佈局或表現方式「似應有所不同」，「就好像我們今日不會以殯儀館的裝飾用在一般建築上一樣。」不過儘管佈局和表現方式有可能不同，其內容仍應該被認爲是一致的，我們無法否認生人居所中的百戲圖和墓室壁畫中的百戲圖在本質上相同。

25　《考古》1975（2）：126－127；1980（3）：271－2。

有相似之處。

　　在古埃及舊王國以來的貴族或稍有資產的平民墓中，大都畫有各種日常生活的景象。這些圖像雖有許多可以被認爲是對當時人社會生活的描寫，常常被用來作爲研究當時人生活情況的材料，如捕魚、放牧、收割、手工藝等等[26]，然而我們並不能完全肯定這些圖像不代表死後世界中的生活，尤其是其中有不少場景很明顯的是理想中的生活：如墓主人乘草船在沼澤中獵取飛鳥的情景[27]，是許多墓中的「標準插圖」，其目的顯然不是在描述死者生前的此項活動，而是希望死者在來世中能夠扮演此項活動中的角色：一個悠閑的貴人，以其自身的力量克服外界的混亂（沼澤中的飛鳥所象徵），顯示其對自身命運的掌握[28]。又如墓主人親自下田耕作的情景[29]，亦非其在世間生活的描繪，而是在死後極樂世界中生活的景象。耕作，象徵墓主仍然擁有田產。因此，墓室壁畫不僅是對生前實際生活的描述，更是具有實質意義的一種隨葬物。這種現象，被解釋爲古代人思維中對於文字、圖像所具有的魔力的相信，即凡是可說出、寫出、繪出的事物，在一定的宗教儀式的轉化下，即成爲眞實存在於此世或另一世界中的事物。這是古代宗教中再生儀式和死後世界信仰之所以能成立的基本原因[30]。又如其壁畫中所必備的祭品清單（offering list），以文字的列

26　有關這一方面的研究可謂汗牛充棟，此處僅舉三例：J. Baines & J. Malek, *Atlas of Ancient Egypt*（N. Y.: Facts on File Inc., 1980 ）, pp. 190ff.; P. Montet, *Everyday Life in Egypt in the Days of Ramesses the Great*（London: Edward Arnold, 1958 ）, passim; T. G. H. James, *Pharaoh's People*（U. of Chicago, 1984 ）.

27　Baines& Malek, op. cit., p. 207.

28　參見 H. Junker, *Pyramidenzeit, Das Wesen der Altaegyptischen Religion*（Zurich: BenzigerVerlag, 1949 ）, pp. 112 - 114 對墓室壁畫之解釋。

29　Baines & Malek, op. cit. p. 190.

30　參見 Th. Jacobsen, *The Treasures of Darkness, A History of Mesopotamian Religion*（New Haven: Yale U. Press, 1976 ）, pp. 14 - 15.

舉取代了早期以實物隨葬的習俗，也是同樣的道理[31]。對於漢墓中的壁畫裝飾，我們也可以作類似的理解。

在另一方面，我們也必須注意到，墓室壁畫中的主題有相當多的份量是與超自然的神仙世界相關的（見第五章）。墓主人在死後固然希望能享有如生前那樣的安樂的生活，但亦不放棄另一種可能性，就是與神仙爲伍。在墓室壁畫中最常出現的神仙故事包括：與嫦娥奔月故事有關的圖像，如月亮、蟾蜍、玉免、西王母等，表現出對於生命的無限延長的羨慕。有伏羲、女媧圖等象徵一種對生殖力、生命力不斷延續以及宇宙陰陽調和的可能性的信仰。而一些「羽人」在壁畫中的出現似乎暗示主人也可以成爲其中之一，羽化升仙。這種推測也可以應用在馬王堆一號墓中出土的帛畫上[32]。在此幅帛中，雖然有不少圖像的意義仍然有待澄清，但將其圖像解釋爲對墓主死後昇天的過程的描述，是一值得重視的說法[33]。帛畫若爲引導死者升天的媒介，有相似主題的壁畫也應有相似的作用。當然，即使是超自然的天上世界，漢人在帛畫或壁畫中的表現仍然只能是具象的。更進一步說，羽化升仙的神仙世界並不必定會與人世間生活的歡樂世界有任何衝突，因爲這些神仙世界的面貌仍然是根據人們已知的世間生活而揣摩得出。

若將神仙主題壁畫的出現與秦漢之際宗教思想的發展相對照，又可以發現戰國中晚期以來正是神仙思想開始發達之時[34]，而在戰國初

31　有關早期埃及墓葬以實物隨葬之例子，見 W. Emery, *A Funerary Repast in an Egyptian Tomb of the Archaic Period* (Leiden, 1962)；有關壁畫中祭品清單之研究，見 W. Barta, *Die Altaegyptische Opferliste von der Frühzeitbis zur griechisch-romischen Epoche* (Munchener Aegypotologische Studien 3) (Munich, 1962).

32　有關馬王堆帛畫的討論，可參見 M. Loewe, *Ways to Paradise: The Chinese Quest for Immortality* (London: G. Allen & Unwin, 1979), Chapter 2.

33　討論見 M. Loewe, op. cit.

34　參見傅家勤，《中國道教史》（台北：商務印書館，1975），頁48–53；聞一多，〈神仙考〉，《神話與詩》（台北：藍燈出版社，1975），頁153–180；宮川尙志，《中國宗教史研究（第一）》（東京：同朋社，1984），頁1–27。

年的曾侯乙墓的棺木上就漆有羽人、神怪之物[35]　，可見這種神仙思想
的源頭甚至可能上推至戰國初期，則壁畫或棺飾上有神仙圖像的出
現，如馬王堆一號墓中棺木上的神人怪獸[36]　，應該是很自然的。

此外，壁畫中又有與神話故事關係較少但在民間信仰中占有一席
之地的一些祥瑞、神獸，如青龍、白虎、朱雀、玄武等四神，以及其
他神獸，與有鎮墓驅邪作用的方相、鋪首等等。在這一方面，我們可
以很明顯的看出這些壁畫與隨葬品具有相同的性質。如洛陽出土的西
漢卜千秋墓中，有一「方相逐疫」圖[37]　，其作用就有如自戰國末年以
來就開始在墓葬中出現的鎮墓獸一樣，具有保護墓主的功能[38]　。

總之，墓室壁畫裝飾的出現也正與墓葬形制及隨葬品內容之轉變
有相互對應的關係，顯示出人們對於來世生活的關心逐漸的具體化。
我們雖然不能假設在這些轉變開始之前，人們沒有對來世的嚮往，或
者不將墓室當作死者的地下居所，但是墓葬形制轉變的事實顯示出這
嚮往開始有了比較具體的表現。這種對於來世生活的具體化的關心應
該就是整個墓葬形制由木槨墓轉變到磚室墓的過程中的重要推動因
素。

第四節　　死後世界之面貌

這種對死後世界想像的具體化的傾向不但表現在墓葬形制中，在
文獻材料中也有平行的發展。人死之後，究竟有無知覺？是否以另一
種（或數種）形式繼續存在於天地之間？古代中國人對這些問題有何
種看法？我們在討論新石器時代的墓葬時曾經提到靈魂的問題（見第

35　《隨縣曾侯乙墓》，圖四。
36　《長沙馬王堆一號漢墓》上，頁 15－26。
37　孫作雲，〈洛陽西漢卜千秋墓壁畫考釋〉，《文物》1977（6）：17－22;又
　　見〈關於西漢卜千秋墓壁畫中一些問題〉，《文物》1979（11）：84－85。
38　參見王瑞明，〈鎮墓獸考〉，《文物》1979（6）:85－87;吳榮曾，〈戰國漢代的
　　操蛇神怪及有關神話迷信的變異〉，《文物》1989（10）:46－52。

二章第二節），但是在沒有文字材料支持的情況下，很難得到確切的結論。一個值得注意的問題是，現代的研究者常常想要探討古人是否有靈魂觀，是否有一些關於死後世界的想法，但古人自己卻不一定有一清楚的概念。類似的情況，可以由一些研究古代近東與希臘宗教和墓葬的作品中得到印證[39]。在缺乏文字記載的社會中如此，在有了文字記錄之後，有關當時人對靈魂的觀念和死後世界的想法也不見得都保存在文獻中。譬如商代雖有豐富的甲骨文材料，其中所反映出的宗教信仰也僅僅是統治階層信仰的一部分，如商人對先王先公的祭祀，無疑有某種對先王先公死後另有一存在的信念。但是這些並無具體的關於靈魂或死後世界的觀念，一般人的情況則更無法得知[40]。

（1）地下世界之結構

到春秋時代，《左傳》中常被引述的「鄭莊公掘地見母」的故事，有「不及黃泉，勿相見也」（隱公元年）的話。此「黃泉」一般

---

[39] 有關希臘的情況，見 E. Vermeule, *Aspects of Death in Early Greek Art and Poetry* （Berkeley: U. of California Press, 1979）, pp. 33–41; Jan Bremmer, *The Early Greek Concept of Soul* （Princeton: Princeton University Press, 1983）, pp. 70 ff.; R. Garland, *The Greek Way of Death* （Ithaca: Cornell U. Press, 1985）, pp. 48–76. A. Schnaufer, *Frühgriechischer Totenglaube: Untersuchungen zum Totenglauben der mykenischen und homerischen Zeit* （Hildesheim & N. Y., 1970）, pp. 1–33, 認爲早期邁錫尼時代的希臘人已相信死者有各種與生人一樣的需求。但是此死後世界的情況到底如何？Vermeule 及 Garland 均認爲希臘人並沒有明確的觀念。兩河流域與早期以色列宗敎亦然，見 M. Hutter, *Altorientalische Vorstellungen von der Unterwelt: Literar – und religionsgeschichtliche Überlegungen zu "Nergal" und "Ereskigal"* （1985）, pp. 161–163; K. Spronk, *Beatific Afterlife in Ancient Israel and in the Ancient Near East* （Neukirchen – Vluyn, Verlag Butzon & Bercker Kevelaer, 1986）, pp. 66–69. 埃及的情況自然不同。

[40] 余英時，〈中國古代死後世界觀的演變〉，《聯合月刊》26（1983），頁83。參見陳夢家，《卜辭綜述》，頁561–603。

都解釋爲「死後世界」[41]，但此世界中到底情況如何，則不得而知。
由考古學的角度來看，「黃泉」一詞很可能最初只是指的在挖掘墓室
時到達一定深度時所湧出的地下水，後來遂成爲墓穴的代稱，並不一
定可以引申爲「死後世界」。如《孟子·滕文公下》：「蚓上食槁
壤，下飲黃泉。」[42]《莊子·秋水篇》：「且彼方跐黃泉而登大皇，
無南無北。」[43]《管子·小匡篇》：「殺之黃泉，死且不朽。」[44] 王
充，《論衡·別通篇》：「穿壙穴，臥造黃泉之際。」[45]《漢書·武
五子傳》：「黃泉下兮幽深，人生要死，何爲苦心。」[46] 這些例子中
的「黃泉」都不必然有「死後世界」的涵義。而即使可以引申爲人死
後所去之處，在其出現的前後文意中亦很難看出那是一個有任何實質
規模的「世界」，因爲我們不知道「黃泉」之中到底尚有些什麼。

相對於黃泉，一個比較有規模的死後世界的觀念是在《楚辭》中
的「幽都」。〈招魂〉中有「幽都」和「土伯」的名詞，分別指死後
世界和其中的統治者：

> 魂兮歸來，君無下此幽都些。土伯九約，其角觺觺些[47]。

由其對於幽都和土伯的描述，此死後世界爲一極爲恐怖的地方，
顯然尚不是一爲人所樂意前往之處。

到了漢代，一些比較明確的死後世界是泰山以及與之相關的蒿
里、梁父[48]。《後漢書·烏桓傳》云烏桓人認爲：「死者神靈歸赤

41　余英時，同上，84－85；M. Loewe, *Chinese Ideas of Life and Death*
（1982）, p. 25－37；中鉢雅量，〈古代神話における樂園——黃泉を中心とし
て〉，《東方學》58（1979），頁 42－56，認爲黃泉和黃河以及一切代表生命
水的泉源有關，象徵神話中的樂園，則偏離了黃泉作爲死後世界之一義。

42　《孟子注疏》，卷 6 下，頁 8。

43　郭慶藩，《莊子集釋》，頁 601。

44　《管子·小匡篇》，頁 120。

45　《論衡·別通篇》，頁 132。

46　《漢書》，頁 2762。

47　《楚辭·招魂》，見朱熹，《楚辭集注》（上海：新華書店，1979），頁
136。

48　以下討論參見顧炎武《日知錄》卷 20〈泰山治鬼〉條；吳榮曾，〈鎮墓文中所
見到的東漢道巫關係〉，《文物》1981（3）：56－63；余英時，〈中國古代死後
世界觀的演變〉，《聯合月刊》26（1983），81－89；Ying-shih Yu, "New
Evidence on the Early Chinese Conception of Afterlife——A Review

山，……如中國人死者魂神歸岱山也。」[49] 岱山即泰山。泰山在中國
古代宗教與政治系統中原爲一重要的告祭之處，爲人君專有的權利，
如《尚書·舜典》：「歲二月，東巡守，至于岱宗，柴，望秩于山
川。」[50] 而《論語》中記載孔子批評季氏僭禮祭泰山之事，也顯示當
時舊禮制中只有國君諸侯始得祭祀境內名山[51]。《史記·封禪書》中
說：「管仲曰：古者封泰山、禪梁父者，七十二家。」[52] 由於爲重要
的祭祀場所，後來泰山也就逐漸擬人化而成爲神明。《博物
志》云：「泰山一曰天孫，言爲天帝孫也，主召人魂魄，東方萬物始
成，知人生命之長短。」[53] 不過這泰山爲人格神的觀念在漢代似乎並
不普遍，漢魏時代泰山主要仍爲一神聖之地，爲人死後靈魂之所
歸。《後漢書·方術傳》中記載許峻「自云少嘗篤病，三年不愈，乃
謁太山請命。」[54] 此段文字中的泰山尚只是請命的地方，並沒有成爲
一個人格神。又如應劭《風俗通義》卷二中所說：「俗說岱宗上有金
篋玉策，能知人年壽修短。」[55] 許峻去泰山「請命」，大約也就是向
泰山之神求卜，參閱金篋玉策之意。另一例見於《三國志·管輅
傳》，輅謂其弟曰：「天與我才明，不與我年壽，……但恐至泰山治

續　　Article," *Journal of Asian Studies*（1981）, vol. XLI, no. 1, pp.-
　　　81 – 85;idem., " O Soul Come Back! A Study in the Changing Conceptions
　　　of the Soul and Afterlife in Pre – Buddhist China," *Harvard Journal of
　　　Asiatic Studies,* vol. 47　no. 2（1987）, pp. 363 – 395; 蕭登福，〈由漢世典籍
　　　及漢墓出土文物中看漢人的死後世界〉，《東方雜誌》復刊 20 卷 11
　　　期（1987），頁 17 – 27;20 卷 12 期，頁 91 – 99；A. Seidel, " Traces of Han
　　　Religion in Funeral Texts Found in Tombs," in 秋月觀英編，《道教と宗教
　　　文化》（東京：平河出版社，1987），頁 21 – 57。

49　《後漢書》，頁 2980。
50　《尚書注疏》（十三經注疏，台北：新文豐出版社景印），卷 3，頁 9。
51　《論語注疏》卷 3〈八佾〉，頁 3。
52　《史記》，頁 1361;《淮南子·齊俗訓》：「尚古之王封於泰山，禪於梁父，
　　　七十餘聖。」
53　張華，《博物志》（台北：商務印書館，景印四庫全書第 1047 册），卷 1，頁
　　　4。
54　《後漢書》，頁 2731。
55　王利器，《風俗通義校注》（台北：明文書局重印，1988），卷 2，頁 65。

鬼，不得治生人，如何？」[56] 就是說管輅擔心自己年命不長，不能在世上為官，只能去泰山管理鬼魂，可見泰山為眾鬼所居之處。鎮墓文中就有「生人屬西長安，死人屬東太山。」之類的說法[57]。

　　泰山既為眾鬼所居，自然有其管理者，即所謂泰山府君[58]。泰山府君之名稱見於晉干寶《搜神記》[59]，亦見於鎮墓文中，稱為「泰山君」[60]，不過應注意的是，泰山府君並非「泰山」作為一人格神的名字，而只是一種一般名稱或「官銜」，指泰山地方的「府君」。《搜神記》中又記載：「漢獻帝建安中，南陽賈偶字文合，得病而亡，時有吏將詣太山司命閱簿。」[61] 此司命是否即府君，並不清楚，至少它顯示泰山二字下面接的是一官職之名。然而有關「閱簿」之事，則顯然是指如同《風俗通義》中所提到的那有關死人名籍的「金篋玉策」。在一件鎮墓文中，有「黃神生（主？）五嶽，主死人錄，召魂召魄，主死人籍」的字句。[62] 這死人的「錄」和「籍」顯然也和「金篋玉策」有相同的功能。此黃神主五嶽的說法，和泰山主鬼的觀念有些不同，但基本上均源於對山的崇拜。而且在民間信仰之中，細節的不同正是正常的現象。

　　與泰山經常並提的有「蒿里」。《史記·封禪書》：「（太初元年）十二月甲午朔，上親禪高里，祠后土。」[63] 此高里即蒿里，學者已有論證[64]。然而一般學者在論蒿里為泰山側之一小山時，多注重其

56　《三國志》，卷 29，頁 826。
57　池田溫，〈中國歷代墓卷略考〉，《東洋文化研究所紀要》86（東京大學東方文化研究所，1981），頁 220, no.14; 223, no. 21; 273, no. 7 = 羅振玉，〈古器物識小錄〉，《遼居雜著丙編》（上虞羅氏七經堪石印本，1934）。
58　酒井忠夫，〈太山信仰の研究〉，《史潮》7, no. 2（東京：東京文理科大學內，大塚史學會，1937）；岡本三郎，〈泰山府君の由來について〉，《東洋學術研究》1（東京：東洋哲學研究所，1943）=《出石誠彥追悼號》。
59　干寶，《搜神記》（台北：里仁書局，1982），卷 4，頁 44。
60　池田溫，前引文，頁 223, no. 21。
61　《搜神記》，卷 15，頁 180。
62　池田溫，前引文，頁 273, no. 6。
63　《史記》，卷 28，頁 1403；《漢書》，卷 6，頁 199。
64　見前引吳榮曾、余英時、蕭登福諸文。

為「死人里」，而引《漢書·武五子傳》中廣陵王胥死前自歌中「蒿里召兮郭門閱，不得取代庸，身自逝。」或如樂府詩陸機〈泰山吟〉中「梁甫只有館，蒿里亦有亭。幽塗延萬鬼，神房集百靈。長吟泰山側，慷慨激楚聲。」[65] 乃至於鎮墓文或地券中所提到的蒿里[66]，來作為證明。不過在漢武帝時，他在高（蒿）里所「禪」的，其實和他在泰山附近其它小山如肅然山[67]、石閭[68] 所行的封禪一樣，是為了要求長生不死，蒿里似乎尚沒有專為「死人之里」的意義。廣陵王自歌中所提到的蒿里反映出的到底是武帝時即有的觀念，或者是《漢書》作者當時的觀念，不無可商榷之處。同樣的，晉代崔豹《古今注》中提到以「蒿里」為挽歌起於戰國時代田橫門人，並錄其歌詞：「蒿里誰家地，聚歛魂魄無賢愚。鬼伯一何相催促，人命不得少踟躕。」[69] 崔豹是否以後世之習俗附會到早期故事之上，亦不無可疑之處。比較確定的是，東漢中晚期時蒿里已成為地府的代稱之一。

此外，又有「梁父」或「梁甫」，亦為泰山附近的小山。《史記·封禪書》提到秦始皇時行禮名山大川及八神，其八神中「一曰天主，祠天齊，天齊淵水，居臨淄南郊山下者。二曰地主，祠泰山梁父。蓋天好陰，祠之必於高山之下，小山之上，命之曰畤，地貴陽，祭之必於澤中圜丘云。」[70] 「祠泰山梁父」，應為「祠地主於泰山側之梁父」之意，如此不但可解泰山即高山，梁父即小山，亦可以與〈封禪書〉後文所云「天子（武帝）至梁父，禮祠地主」之文意相符[71]。所謂的「地主」是否即為「地下主」[72]？考察〈封禪書〉中所

65　郭茂倩，《樂府詩集》（台北：商務印書館，1983），卷 41。

66　如光和二年王當買地卷，《文物》1980(6):52－56；光和五年劉氏買田券，《望都二號漢墓》(文物出版社，1959)，頁 13；初平四年王氏鎮墓瓶，《文物》1980(1):95；池田溫，〈中國歷代墓卷略考〉，頁 221, nos. 16, 17；頁 274, no. 6。

67　《史記》，頁 1398。

68　《史記》，頁 1403。

69　崔豹，《古今注》（台北：商務印書館，1983）。

70　《史記》，頁 1367；《漢書》卷 25 上〈郊祀志上〉，頁 1202 略同。

71　《史記》，頁 1398。余英時〈中國古代死後世界觀〉一文頁 88 以為泰山、梁父均指的是行政區，即泰山郡、梁父縣，似與此處文意不合。

72　余英時，〈中國古代死後世界觀〉，頁 88。

說的「八神」，是「天、地、兵、陰、陽、月、日、四時」，除了兵主蚩尤外，主要是人格化的宇宙及其秩序，我們似乎很難說「地主」和主管死者世界的「地下主」有直接的關係。但也許仍由於和「地」的關係，梁父到了後世也就成了「地下世界」的代稱之一。

　　總之，泰山、蒿里、梁父早期與封禪、不死觀念、后土、地主的關係，主要仍然限於統治階層的祭儀之中。而目前所見文獻，包括鎮墓文，均提示我們，可能要到了東漢時代，它們才逐漸的成為一般人死後的去處，其中的演變已無法得知。不過，我們也應注意，漢人並非僅以這三座山來指稱他們所以為的死後世界。既然人死後埋入土中，漢人對於死後世界常概稱「地下」，就是很合常情的一種觀念。漢文帝時墓葬，如鳳凰山十號墓，中有一簡云：「四年后九月辛亥，平里五夫倀（張）偃敢告地下主：偃衣器物所以蔡（祭）具器物，各令會以律令從事」[73]。在同時代江陵鳳凰山一六八號漢墓中出土竹簡上又有「地下丞」、「（地下）主」的官名如：「十三年五月庚辰，江陵丞敢告地下丞，市陽五夫，燧少言與奴良等廿八人，……騎馬四匹，可令吏以從事，敢告主」[74]。這一段文字中的「地下丞」很可能就是「主」，或「地下主」，而由與其對等的地上官僚僅為「江陵丞」，我們也可以得知，前面所謂的受皇帝祀祭的「地主」不可能是此處的「地下主」。與這兩墓年代相近的長沙馬王堆三號墓中出土的木牘又有「主藏君」、「主藏郎中」等類似地上世界的地下官僚組織：「十二年二月乙巳朔戊辰，家丞移主臧（藏）郎中，移臧物一編，書列先選（撰）具奏主臧（藏）君」[75]。這種地下地界的「社會結構」在不同的文獻中所描述的詳略不一，但由下面數例可以見其大要：

　　　　北冢公伯（東冢公伯），地下二千石，倉林君，武威王[76]。

73　〈湖北江陵鳳凰山十號漢墓出土簡牘考釋〉，《文物》1974（7）：49。
74　〈湖北江陵鳳凰山一六八號漢墓發掘簡報〉，《文物》1975（9）：4。
75　長沙馬王堆二、三號漢墓發掘簡報〉，《文物》1974（7）：43。
76　池田溫，〈中國歷代墓卷略考〉，頁272，no. 5。

黃帝告丘丞、墓伯、地下二千石、墓左墓右，主墓獄史、墓
門亭長[77]。

告墓上墓下中央主士，敢告墓伯、魂門亭長、墓主、墓皇、
墓蠡[78]。

天地使者，告張氏之家，二丘五墓、墓左墓右、中央墓主、
塚丞塚令、主塚司令、魂門亭長、塚中游擊等。敢告移丘丞
墓伯、地下二千石、東塚侯、西塚伯、地下擊植
卿、耗（蒿）里伍長等[79]。

丘丞墓伯、地下二千石、□（墓）上墓下、中央大□、墓左
墓右、云（魂）門祭酒、蒿里父老[80]。

　　基本上，這地下世界的結構是以世間政治體系爲模型而建立的，
其中官職的分布大致由二千石郡守之職，下至鄉里父老、亭長、伍長
等，間亦有虛構者，如「倉林君」、「武威王」，以君王對稱，「東
塚侯」、「西塚伯」以侯伯對稱，很可能就是爲了對稱之故而設的。
至於這些地下官僚所掌何事，大約亦比照地上官之職掌，不過在鎮墓
文中這些並非重點。

　　在地下世界中與這批官僚相對的，就是天庭。其中的主角，常以
「天帝」、「黃神」之名出現[81]，而替他們傳遞旨意的，就是「天帝
使者」、「黃神北斗」、「黃神越章」[82]、「皇帝使者」[83]、「天帝
神師」[84]等。如果說天帝（黃神、皇帝）所在之處不能稱爲「地下世
界」，則在這種信仰系統之中，天神所在的世界與死人所在的地下世
界也是有可以交通之處的。

（2）魂與魄

　77　池田溫，〈中國歷代墓卷略考〉，頁215，no. 7＝羅振玉，《貞松堂集古遺
　　　文》（1870），頁15。
　78　池田溫，前引文，頁221，no. 16＝《文物》1980（6）：54－55。
　79　池田溫，前引文，頁273，no. 6＝《文物》1965（6）：22。
　80　池田溫，前引文，頁273，no. 7。
　81　池田溫，前引文，頁273，no. 6；參見 Seidel, op. cit., pp. 28－30。
　82　池田溫，前引文，頁274，no. 8, 9, 10, 11, 12。
　83　《文物》1961（1）：56－66。
　84　河南陝縣劉家渠 M158。

這些地下世界的觀念，當然有一根本的假定，就是人死後仍然以某種形態而存在。這就牽涉到靈魂的問題。在先秦文獻中首先提到靈魂的，是《左傳》中的一些材料。如：

> 宣公十五年：天奪之魄。襄公三十年：天又除之，奪伯有魄。昭公七年：子產曰：「…人始化曰魄，既生魄，陽曰魂。用物精多，則魂魄強，是以有精爽，至於神明。匹夫匹婦強死，其魂魄概能馮依於人，以為淫厲。…」昭公二十五年：樂祁……曰：「……哀樂而樂哀，皆喪心也。心之精爽，是謂魂魄，魂魄去之，何以能久？」

魂與魄兩者是否人死之後的兩種存在狀態，或者在生時也同樣存在，其差別又到底何在，歷來學者議論紛雜。子產與樂祁的說法就不甚一致。據余英時先生的推測，魄與魂兩者也許是來自兩個不同的關於靈魂的傳統，魄的觀念較早起，而在子產的時代（公元前六世紀）又由南方傳來魂的觀念，二者匯合為一，產生了二元的靈魂觀，到了秦漢時代，又有人死之後魂歸於天，魄入於地的觀念，他的根據是《禮記·郊特牲》：「魂氣歸乎天，形魄歸于地，故祭，求諸陰陽之義。」[85]不過若根據池田末利的研究，他認為魂魄的觀念在周代金文中以「嚴」、「異」的形式出現，亦即《詩·小雅·六月》中「薄伐玁狁，以奏膚功，有嚴有翼，共武之服」的「嚴翼」。那麼魂魄兩種觀念何者較早是不容易判定的[86]。然而魂魄兩者到底具有何種性質？

《禮記·祭義》中又有一段話：「宰我曰，吾聞鬼神之名，不知其所謂。子曰，氣也者，神之盛也，魄也者，鬼之盛也。合鬼與神，教之至也。」鄭《注》對於這段文字的解釋是：

> 氣，謂噓吸出入者也，耳目之聰明為魄。〈郊特牲〉曰，魂氣歸於天，形魄歸於地。按，魂魄皆生而有之，而字皆從鬼

85　余英時，〈中國古代死後世界觀〉，頁 81–89。
86　池田末利，〈魂魄考〉，《中國古代宗教史研究（一）制度と思想》（東京：東海大學出版會，1981），頁 199–205。

者，魂魄不離形質，而非形質也。形質亡而魂魄存，是人所
歸也，故從鬼。

孔穎達《正義》又解釋鄭《注》說：

謂氣在口噓吸出入，此氣之體無性識也。但性識依此氣而
生，有氣則有識，無氣則無識，則識從氣生，性則神出入
也，故人之精靈而謂之神。云耳目之聰明爲魄者，魄，體
也，若無耳目之形體，不得爲聰明，故云耳目之聰明
爲魄[87]。

孔穎達的解釋，並不完全可懂，先討論魄的問題。他說「耳目之聰明
爲魄」，意思應該是說人的身體器官的作用是「魄」所造成的，因而
魄爲人的身體生命力的作用者。可是他在前面又說「魄，體也，若無
耳目之形體，不得爲聰明」，似乎又把「魄」說成是「形體」。他又
說，氣爲人由口鼻呼吸出入的，氣的本質（體）是沒有知覺分辨的能
力（性識）的，但是人的知覺和分辨力卻要靠氣的存在而成立，有了
「性識」之後，就可以供「神」的出入。如果以魂魄爲相對的觀念，
孔氏在此所說的「神」應該指的是「魂」。魄爲人身體生命力的作用
者，魂應就是人知覺分辨力，也就是人精神生命力的作用者。因此孔
氏所說的氣和耳目是平行的概念，兩者均爲物質性（physical）的存
在，也就是鄭注的「魂魄不離形質，而非形質」中的「形質」。

　　如果鄭注所說的「氣」，是「噓吸出入者也」，是「物質的存
在」，魂則應該爲附在氣上的一種「精神性的存在」（spiritual ex-
istence），而魄則是附在形體上的另一種精神性的存在，否則不可能
「不離形質，而非形質也」。而它們又與形質不同，所以能「形質亡
而魂魄存」[88]。這種人具有兩種不同的精神性存在，兩種不同
的「靈」（soul）的觀念，雖然相當特殊，亦非孤立的歷史現象

87　以上均見《禮記注疏》，卷47，頁14。
88　Yu, "O Soul Come Back!" p. 374 亦指出身體和精神各受一個「靈魂 soul」的
　　統轄，即魂與魄。

。古代埃及宗教中甚至有人具有三種不同性質的「靈魂」的觀念。其中的akh與「精魂」有些相似，爲一種超形體的精神，而ka與ba則與「魄」的概念有相通之處：ka爲人的生命力，而ba則爲人死後的另一形體[89]。問題是鄭注所瞭解的魂魄的性質是否與《禮記》中的觀念相合？

　　若回到《禮記》原文，由於宰我不知道鬼神的性質（不知其所謂），所以孔子要用比較具體的事物來說明，於是解釋鬼神的本質說：「氣也者，神之盛也，魄也者，鬼之盛也。」[90] 氣與神，魄與鬼對稱，氣應該指的就是魂，孔子在此是將氣與魂作爲同義詞而用，因而與鄭注中的氣稍有差別。這種觀念，與《淮南子·主術訓》中所說的「天氣爲魂，地氣爲魄」，魂魄分別爲天地之氣所構成的觀念有相似之處[91]。

　　此外，《禮記·禮運》又有一段文字：「及其死也，升屋而號，告曰，某復，……故天望而地藏也。體魄則降，知氣在上。」[92] 此處所牽涉到的「召魂復魄」的問題，應爲「將魂召回，復歸於魄」之意[93]，此處的「魄」字主要指的不是一種精神性的「靈」，而是物質性的「體」。這一點，又似乎與上面所引孔《疏》的「魄、體也」的觀念相符。若以「魄」即「體」，如「體魄」連用所顯示，招魂者所希望「魂」所復者應即爲死者之軀體，而當魂的確無法復歸於軀體，也就是確定死者復活無望之後，死者的家屬才開始進行其它的

89　有關埃及之靈魂觀念，此處無法申論，請參見 H. Frankfort, *Ancient Egyptian Religion*（N.Y.: Harper & Row, 1961），pp.92–102; H. Kees, *Totenglauben und Jenseitsvorstellungen deralten Aegypter*（Berlin: Akademie Verlag, 1983），pp. 33–58.

90　《禮記》中孔子這段話所談的「神鬼」其實指的是個人的「魂魄」，與一般所謂的鬼神，如「致孝乎鬼神」的鬼神，是不相同的。

91　《淮南子》，卷9，頁1。參見 Yu, "O Soul Come Back!", p. 376.

92　《禮記》，卷21，頁9。

93　參見陳子展，〈招魂試解〉，《中華文史論叢》第一輯（1962）；李炳海，〈中國上古時期的招魂儀式〉，《世界宗敎研究》1989（2）：107–113；藤野岩友，〈楚辭「招魂」に見える招魂儀禮〉，《鈴木博士古稀記念東洋學論叢》（東京：明德出版社，1973），頁415–431。

葬禮儀式。而所謂的魂，其實是另一種可以游離於形魄之外的物質性的精氣。

　　然而無論如何，《禮記》及鄭《注》主要代表的是儒家知識分子的觀念。而一般人是否對於魂魄有這樣精微的分辨和認識，則是相當可疑的。實際上，《楚辭·招魂》中「魂兮歸來，君無上天些，……魂兮歸來，君無下此幽都些。」的文句，以及《禮記·檀弓》中吳季札所謂「骨肉歸復于土，命也。若魂氣則無不之也」的說法，也正說明了，在某些時候，人們以爲魂是可以上天入地，無所不之的。漢武帝悼李夫人賦中有：「忽遷化而不返兮，魄放逸以飛揚，何靈魂之紛紛兮，哀裴迴以躊躇。」[94] 此處的魄與魂應是以同義詞而出現的，放逸而飛揚的魄大約不會歸藏於地下。前文曾提到，在東漢末的一件鎮墓瓶上，有「黃神生五嶽，主生（死？）人祿，召魂召魄，主死人籍」的字句，也顯示魂與魄是去同一個地方[95]，而魂與魄之間的差別何在，在一般人思想中可能是十分糢糊的。尤其是如果進一步考察「魂」與「魄」二字在漢代的用法，「魂」常可以與「神」連用而爲「魂神」：宜輒修墓以喜魂神[96]。魂神僊伏[97]。魂神超邁[98]。魂神冤結[99]。與「精」連用而爲「精魂」：且死者精魂消索，不復聞人之言[100]。精魂奄[101]。精魂未滅[102]。或者與「靈」連用而爲「魂靈」：魂靈悲痛[103]。魂靈有所依庇[104]。而「魂靈」又可以「神靈」代之：不見日星、神靈獨處，下歸窈冥、永與家絕[105]。但「魄」卻極

94　《漢書》，卷 97 上，頁 3953。
95　池田溫，〈中國歷代墓卷略考〉，頁 273, no. 6。
96　王充，《論衡》卷 20〈論死〉。
97　洪适，《隸釋》（台北：商務印書館，1983），卷 6，頁 21。
98　《隸釋》，卷 8，頁 16。
99　《後漢書》，卷 30 下，頁 1078。
100　王充，《論衡》卷 21〈死偽〉。
101　《隸釋》，卷 12，頁 16。
102　《隸釋》，卷 15，頁 10。
103　〈山東嘉祥宋山 1980 年出土漢畫象石〉，《文物》1982(5): 60–70，第 29 石。
104　《後漢書》，卷 55，頁 1803。
105　《文物》1974（8）：73–75。

少與「神」、「靈」連用，也說明了至少在漢代一般人的觀念中，魂
爲人死後的另一種存在的狀態，一種「靈」，而魄的觀念則逐漸淡
化，多與魂連用，或成爲魂的同義字。在一座東漢墓中文字磚上有下
面的字句：「嘆曰，死者魂歸棺槨，無妄飛揚，行無憂，萬歲之後，
乃復會。」[106] 在這裡，死者之魂是可以回到棺槨之中的，正是「無所
不之也」。而「魄」則不見提及。至於魂魄在最終意義上到底是一種
精神性的存在或物質性的存在，似乎並不在一般人考慮之中。事實
上，連鬼神這兩個觀念在一般人的理解中到底是屬於精神性的存在或
物質性的存在，也是不易回答的問題。

有關漢人對死亡與魂魄的觀念，又可以從當時的醫書中得到另一
方面的消息。醫書中有關死亡的說法，如張家山《脈書》中提到人的
五種「死徵」，其中的「氣」也是和骨肉一樣會死的：「汗出如絲，
搏而不流，則氣先死。」[107] 因而此處的氣應該也是一種物質性的存
在。又《黃帝內經‧靈樞》中討論人的「天年」時說：「血氣已和，
榮衛已通，五藏已成，神氣舍心，魂魄畢具，乃成爲人。……八十
歲，肺氣衰，魄離，故言善誤，……百歲，五藏皆虛，神氣皆去，形
骸獨居而終矣。」[108] 此處談到魄在人尚未死之前就先離去，則又是一
種和前面我們所看到的魂魄在人死之時一同離開的觀念有所不同。值
得注意的是，《黃帝內經》具有相當高度的理性精神，因而不以爲人
的疾病與鬼神有何關係：「黃帝曰：今夫子之所言者，皆病人之所自
知也。……卒然而病者，其故何也？唯有因鬼神之事乎?歧伯曰：此亦
有故，邪留而未發，因而志有所惡及有所慕，血氣內亂，兩氣相搏，
其所從來者微，視之不見，聽而不聞，故似鬼神。」[109]

---

106 《文物》1977(9): 93。余英時先生在 "O Soul Come Back!"一文中主張漢人一直
都很清楚的有魂魄兩種不同的靈魂觀念，並且引西晉時代陸雲〈登遐頌〉中提到
「靈魄」爲證。我們不否認在某些知識分子的心中魂魄可能一直是兩種不同的東
西，但是從我們所舉的材料來看，大多數的人可能並沒有這樣嚴格清楚的觀念。
107 〈江陵張家山漢簡《脈書》釋文〉，《文物》1989（7）:74。
108 《黃帝內經‧靈樞》卷8〈天年第五十六〉，頁9。
109 《黃帝內經‧靈樞》卷9〈賊風第五十八〉，頁2。

（3）死後世界中之生活

　　由前面所論地下世界的結構，我們已大致可知，漢人所想像的死
後世界已具有和生人世界相類的政治與社會組織。那麼死者在此世界
中的生活情景如何？根據墓葬的形制，以及隨葬品的內容，我們可以
推測，死後世界的「日常生活」是與人在世時相似的。王充描述當時
人的觀念說：

> 是以世俗內持狐疑之議，外聞杜伯之類，又見病且終者，墓
> 中死人，來與相見，故遂信是，謂死如生。閔死獨葬，魂孤
> 無副，丘墓閉藏，穀物乏匱，故作偶人，以侍尸柩，多藏食
> 物，以歆精魂[110]。

前引馬王堆及鳳凰山漢墓，乃至於許多其他墓中所出的遺策上所開列
的隨葬品[111]，即為死者在地下世界生活的必須品，包括車馬衣食等日
用器物以及各類奴婢僕從等等。這地下世界生活與陽世相似程度，可
以和王充的話相印證。如果再配合墓室壁畫中的各種活動來看，我們
可以說，這些證據所呈現出的漢人的死後世界，在表面上看來是樂
觀、愉快、無憂無慮的，是理想生活中一個永恆的橫切面。一些磚
文，如「長樂未央」、「壽若太山」[112]、「長生壽考」[113]、「富
貴」[114]等等，以及眾多隨葬銅鏡上的銘文，如一般性的祝福之辭：

> 日有喜，月有富，樂无事，宜酒食，居必閒，无患息，于瑟
> 侍，心忠駐，樂已歲固常[115]。

或者以神仙生活為譬喻的銘文：

---

110 《論衡》卷23〈薄葬〉。
111 如廣西貴縣羅泊灣一號墓，《文物》1978(9): 25-35;湖北雲夢大墳頭一號
　　墓，《文物》1973(9): 23-26;江蘇鹽城三羊墩一號墓，《考古
　　》1964(8): 393-402《文物》1987(1): 13等墓中所出之遺策,其餘不一一列舉。
112 《考古通訊》1956（3）:58。
113 《考古通訊》1958（3）:1-4。
114 《廣州漢墓》5015, 5041。
115 《文物》1987（6）:44。相近者如《文物》1989（1）:42;孔祥星、劉一
　　曼,《中國古代銅鏡》（北京：文物出版社,1984），頁70。

福熹進今日以萌，食玉英兮飲澧泉，駕文龍兮乘浮雲，白虎
□兮上泰山，鳳凰舞兮見神仙，保長命兮壽萬年，周復始兮
八子十二孫[116]。

尚方作鏡真大好，上有仙人不知老，渴飲玉泉飢食棗，浮游
天下敖四海，壽如金石為國保[117]。

更加深了這印象[118]。

　　然而這樂觀的死後世界觀並不是全部的故事。與這樂觀的心態同
時並存的，是一種焦慮、疑懼的心態。這焦慮和疑懼的心態又可分為
對死者的關切和對生者的期待兩方面。這兩種心態在鎮墓文及地券中
均有痕跡可循，此處先引數段內容各不相同的鎮墓文，作為以下討論
之根據。

　　（1）天帝使者，謹為加氏之家，別解地下，後死婦加亡，
方年二十四。等汝名借（籍），或同歲月，重復鉤校日死，
或同日鳴，重復鉤校日死。告上司命下司祿，子孫所屬，告
墓皇使者，轉相告語。故以自代鉛人，鉛人池池，能舂能
炊，上車能御，把筆能書。告于中高長，伯（陌）上游徼。
千秋萬歲，無相墜物。與生人食□九人□□□□[119]。

　　（2）今成氏之家，死者字桃椎，死日時重復年命，與家中
生人相拘籍，到復其年命。削重複之文，解拘伍之籍，死生
異簿，千秋萬歲，不得復相求索。急急如律令[120]。

　　（3）今日吉良，非用他故，但以死人張叔敬，薄命蚤死，
當來下歸丘墓。……生人築高臺，死人歸，深自狸，眉須以
落，下為土灰。今故上復除之藥，欲令後世無有死者。上黨
人參九枚，欲持代生人。鉛人，持代死人。黃豆瓜子，死人

116　孔祥星、劉一曼，《中國古代銅鏡》，頁 77。
117　孔祥星、劉一曼，《中國古代銅鏡》，頁 75。
118　有關鏡銘中神仙思想的討論可參見張金儀，《漢鏡所反映的神話傳說與神仙思
　　　想》（台北：故宮博物院，1981）。
119　池田溫，〈中國歷代墓卷略考〉，頁 270, no. 2＝《文物參考資料》1958
　　　（7）：62-65。
120　池田溫，前引文，頁 271, no. 3。

持給地下賦。立制牡厲，辟除土咎，欲令禍殃不行。傳到，
約敕地吏，勿復煩擾張氏之家，急急如律令[121]。

（4）冢中先人，無驚無恐，安隱如故。令後曾（增）財益
口，千秋萬歲，無有央（殃）咎。謹奉黃金千斤兩，用填塚
門，地下死籍削除文，他央（殃）轉要，道中人和，以五石
之精，安冢莫（墓），利子孫。故以神瓶，震郭門，如律令
[122]。

（5）黃神北斗，主為葬者睢方，鎮解諸咎殃。葬犯墓神、
墓伯，不利生人者今日移別，墓家無殃。睢方等，無責子
孫、子婦、姪弟、因累大神，利生人，後生子孫，如律令
[123]。

（6）天帝使者，謹為楊氏之家，鎮安隱冢墓，謹以鉛人金
玉，為死者解適，生人除罪過，瓶到之后，令母人為安，宗
君自食地下租，歲二千萬。令後世子子孫孫，士宦位至公
侯，富貴將相不絕。□（移）丘丞墓□（伯），下當用者，
如律令[124]。

在對死者的關切方面，因為相信人死後的生活基本上與生時相
似，於是對於某些不算太富有的家庭來說，死者在地下就有可能遭遇
到與生時相似的困難。首先就是作為臣民——即使是在地下世界中為
民——無所逃的賦稅問題。因此在鎮墓文中有「黃豆瓜子，死人持給
地下賦」的字句，為的是要讓死者有能力繳納稅捐（見引文3）。而
在地下世界中不但有賦稅的問題，還有勞役的義務，於是有用鉛人自
代的辦法，在鎮墓瓶中置一鉛人，施以法術咒語，即可代替死者服
役：「故以自代鉛人，鉛人池池，能舂能炊，上車能御，把筆能書。
告于中高長，伯（陌）上游徼。千秋萬歲，無相墜物。」（見引文
1）這種鉛人的作用正與隨葬僕役俑相反：僕役俑，或者其它各類俑
人，是預備到地下去服侍死者的，而鉛人卻是代替死者去地下服侍他

121 池田溫，前引文，頁273, no. 6。
122 池田溫，前引文，頁274, no. 8。
123 池田溫，前引文，頁275, no. 10＝《文物》1981（3）：48－50。
124 池田溫，前引文，頁275, no. 12＝《文物》，1975（11）：75－93，墓5:14。

人。無怪乎使用鉛人的墓葬大多非富有人家之墓[125]　，在世時社會身分
不高者大約自然會擔心死後可能有相似的命運。不過幸好死者尚有這
使用鉛人的辦法以資補救。隨葬品反映出死者生前之社會地位，鉛人
與鎮墓瓶實爲一相當特出之例證。然而若從比較古代宗教的眼光而
論，漢人這種使用僕役俑和鉛人兩種不同性質的隨葬偶人的心態又非
一種獨特的文化現象。古埃及人的墓葬就可以提供一類似的例證。在
古埃及墓葬中，亦出有兩類的隨葬偶人像。一類是各種家僕、奴婢，
其姿態爲進行各種日常生活中的事務：家事、農作、手工藝等等[126]　。
這些偶像多出於一些貴族高官的墓中。另外有一類偶像，名爲「烏夏
提」（Ushabti）者，其形制一致，均爲一站立之木乃伊像，像身上
刻寫一段銘文，內容亦大致相同，如：

> 啊，烏夏提們，若某人被分配去做任何工作，是在神的領域
> 中要完成的，如同一個人必須完成他的責任，去耕種田地，
> 灌溉兩岸，由東方運送沙石到西方，「我將去做，我在這
> 兒」，你們應如此說[127]　。

此種「烏夏提」即專門爲死者在死後世界中作替身，服勞役者，其數
目多少不定，也正如漢墓中一墓可出一個以上的鎮墓瓶相彷[128]　。埃及
墓葬中此兩類不同性質的偶人與前述漢代的僕役俑和鉛人正是可堪比
擬的兩組心態的產物。稍有不同的是，「烏夏提」雖極受埃及一般平
民的歡迎，貴族墓葬中也樂於使用，這必須要由埃及宗教本身的性質
來解釋，此處無法申論[129]　。

　　除了賦稅、勞役之外，死者不免有機會犯過。鎮墓文的另一作用

125　此說亦見禚振西，《考古與文物》1980（1）：48。
126　參見 M. Saleh & H. Sourouzian, *The Egyptian Museum Cairo, Official
　　　Catalogue*（Mainz: Philipp von Zabern, 1987），no. 74–78.
127　T. G. Allen, *The Book of the Dead, or Going Forth by Day*（Chicago: U. of
　　　Chicago Press, 1974），p. 150. 實際的標本可見 *The Egyptian Museum Cairo,
　　　Official Catalogue*, no. 150, 151, 172, 182.
128　如《文物》1958（7）：62–65；《文物》1975（11）：75–93。
129　有關烏夏提之研究，可見 "Uschebti," in *Lexikon der Aegyptlogie*（Wiesba-
　　　den: Otto Harrassowitz, 1986），vol. VI, pp. 896–899.

就是在爲死者解除那些過失（見引文5、6）。鎮墓瓶之使用，顯然必須與某種法術配合。文中開始即說「天帝使者」，應該是在施行法術之後，天帝使者被請來執行解除之任務。鎮墓文就是以「天帝使者」的身分發出的「通告」。而人們之所以認爲他們能夠請到使者，也應該是他們認爲所行的法術合乎某種規矩，可以催促天帝使者依照天帝所頒的律令行事，而這也就是一般鎮墓文後有「如律令」字樣之意。南齊永明三年（485）一件買地券上，在文末有「一如泰淸玄元上三天无極大神太上老君陛下女靑詔書律令」的字樣[130]。今《道藏》中有《女靑鬼律》六卷[131]，內容即在除災避鬼。漢代雖尙無此類證據，由上例推想，漢代鎮墓文及買地券中所說的「如律令」可能亦有所指，也就是說，當時民間信仰中，可能存在有某種與陽世的律法相對應的，由天帝所頒，綜理死後世界中各類「人事」的律法[132]。至於替死者所施的法術的實際內容如何？是否有如《漢書·藝文志》中《執不祥劾鬼物》或《請官除訞祥》之類[133]？現存漢代文獻已不足徵。雖然如此，由一些鎮墓瓶上所畫的符來看，這些符本身就具有防禦邪鬼侵害，導引死者去其歸宿的功能[134]。

　　與對死者的關切相對的，是對生者的期待。人的死亡，所牽涉的不止是死者本人，尙有他的家屬、子孫。由上引數則鎮墓文來看，這一部分的擔心其實占了較大的比重。在消極方面，從一些鎮墓文和與之配合的隨葬品的目的，主要就是爲了要讓死者家屬能不受到不利之影響，最好是「欲令後世無有死者」（引文3）。一方面要保障生者年命，不受司命因死者與生者年歲相同即誤訂「拘伍之籍」而提早召喚，辦法之一是用「上黨人參九枚」來代替生者；另一方面又要提供死者足夠的資源帶到地下，以使生者不受地下官吏的干

130　《考古》1965（4）：182－83＝池田溫，前引文，頁231，no. 37。
131　《正統道藏》（台北：藝文印書館，1962），第563冊。
132　Seidel, op. cit., pp. 39－42.
133　《漢書》，卷30，頁1772。
134　參見王育成，〈東漢道符釋例〉，《考古學報》1991（1）：45－55。

擾：如「黃豆瓜子，死人持給地下賦。立制牡厲，辟除土咎，欲令禍
殃不行。傳到，約敕地吏，勿復煩擾張氏之家。」（引文 3）或
者：「謹奉黃金千斤兩，用填塚門，地下死籍削除文，他央（殃）轉
要，道中人和，以五石之精，安冢莫（墓），利子孫。」（引文 4）
而在積極方面，則希望能增進生者之福祉：「令後曾（增）財益口，
千秋萬歲，無有央（殃）咎。」（引文 4）或者：「令後世子子孫
孫，士宦位至公侯，富貴將相不絕。」（引文 6）當然，在鎮墓文
中，這消極和積極兩種態度是同時顯現的。

　　由此看來，墓葬不只是為了死者，也是（或者更是）為了生者的
福利。鎮墓文所反映的這種心態其實也反映在許多其他的文獻之中，
如各種葬曆、堪輿之書，或者以睡虎地秦簡及天水放馬灘秦簡《日
書》為代表的時日占卜之書中[135]，對於各種墓葬風水的考慮也是以葬
法對死者的家屬後代所可能產生的影響為主要的對象。一些有關漢人
擇葬地的故事，不論是因遵循一般風水觀念而卻並無善果[136]，或者是
不遵循風水觀卻得後福[137]，都說明了風水觀念是普遍流行於漢代社會
之中的。這些廣泛流行在民間的作品，可以反映出，漢代一般民眾對
待死者及死後世界的想像，有相當大的部分是為了生者本身的利益而
發展出來的。厚葬之風俗，也正是源於相同的心態[138]。

　　整體而言，漢人對於死亡抱持一種排斥、懼怕之心。在許多的墓
銘之中，都可以見到一類通用的詞句，就是對於死者去世之傷痛。在
南陽一畫像石墓中有下面的銘文：

　　　痛哉可哀，許阿瞿□，年甫五歲，去離世榮，遂就長夜，不
　　　見日星，神靈獨處，下歸窈冥，永與家絕，豈復望顏[139]。

---

135 見本書第三章第三節。有關秦簡日書之研究，參見蒲慕州，〈睡虎地秦簡日書的
　　世界〉，《歷史語言研究所集刊》第 62 本第 4 分。
136 如《後漢書》，卷 46，頁 1546，〈郭鎮傳〉中所提到的陳伯敬。
137 同上，〈郭鎮傳〉中之吳雄、趙興。
138 論討參見第八章。
139 《文物》1974（8）：73－75。

而生者雖悲悼死者，其實並不希望死者再與生者有何牽連，如「生死異路，不得相妨。死人歸蒿里戊己，地上地下，不得苛止。」[140] 或者如「死者魂歸棺槨，無妄飛揚，行無憂，萬歲之後，乃復會。」[141] 萬歲之後乃復會，顯然是一種無限期分離的意思。死亡之爲一黑暗的不歸之路，這些文句已清楚的點明。在江蘇高郵漢墓出土的一塊符籙木片上，甚至有天帝神師對付人死爲鬼魅者的咒文：

> 乙巳日死者，鬼名爲天光，天帝神師已知汝名，疾去三千
>
> 里，汝不即去，南山給□，令來食汝，急如律令[142]。

然而生人雖不願再與死者有干係，卻又希望能藉死者之助而得到好處。山東一畫像石墓之石刻題記結尾有云：

> 學者高遷宜印綬，治生日進錢萬倍。長就幽冥則決絕，閉曠
>
> 之後不復發[143]。

生者得以升官發財，死者則長居幽冥。

那麼這種排斥死者、恐懼死亡的心理，又爲何可能與前面所說的漢人對死後世界所持有的樂觀心態並存？我們除了承認這不同的心態可能屬於不同社會階層之外，也應該承認一般人的心態不一定能夠在理性而完全合邏輯的層面之上運作。由文獻材料主要所透露出爲負面消息的情況來看，其實那些隨葬品和壁畫之所以顯現出一種樂觀的死後世界的面貌，很可能正是由於人們對於死後世界中眞正的生活根本上是持悲觀而懷疑的態度。在墓中多埋車馬偶人、亭台樓閣、牲畜雞犬，固然是希望墓主在地下能享有舒適的生活，其實也可解釋爲由於人們預期死者在地下將不會有好日子過，因而多予裝備。至於厚葬的社會壓力，是另一方面的問題。從這一角度來瞭解，隨葬品、壁畫、

140　池田溫，〈中國歷代墓卷略考〉，頁 222, no. 17＝《望都二號漢墓》（北京，文物出版社，1959），頁 13。類似字句見池田溫，前引文，頁 223, no. 21;頁 224, no. 22;頁 270, no. 1：「死生異路，相去萬里。」

141　《文物》1977（9）：93。

142　《考古》1960（10）：18。

143　池田溫，前引文，頁 214, no. 5。

鎮墓文、地券、碑銘，乃至於風水堪輿之術，都是漢人這種悲觀的死後世界觀在不同方面的顯現。至於比較達觀的死後世界觀，只有在一批主張薄葬的知識分子之中去探求了。下章中我們就以漢代的厚葬風氣以及其批評者的主張爲討論的主題，來看漢人死後世界觀與墓葬習俗之間相互影響之關係。

第八章　漢代之厚葬風氣及其批評

第一節　先秦時代與薄葬有關的言論

在考古發掘中，經常有報告提到厚葬的問題，如史前時代墓葬中有所謂「幼童厚葬」的例子[1]。通常報告者之所以稱某個墓爲厚葬，主要是根據其出土隨葬品數量和質地的多寡精粗。然而實際上這種根據只是相對的標準，因爲在一個社會中，尤其是古代社會，隨著死者身分的不同，可能有不同的隨葬方式。身分高者有較多的隨葬品，是否能說是厚葬？這就要涉及厚葬的定義問題。尤其是若要將厚葬作爲一種社會風俗來討論，就必須要考慮厚薄不同的墓葬的主人的相對身分的問題。如果隨葬品之多寡是依死者身分高低而定，如周代禮制中的棺槨鼎數，代表的是社會統治階層內部秩序（以禮儀爲代表）的形成[2]，那麼其本身與墓葬風氣之厚薄與否並無絕對之關係。

若就文獻中古人的說法來看，所謂厚葬者，應包括僭禮和奢侈兩方面。春秋中葉，成公二年秋，《左傳》記載：

八月，宋文公卒，始厚葬，用蜃炭，益車馬，始用殉，重器備，槨有四阿，棺有翰檜[3]。

《春秋經》載，次年二月始葬文公，則在僭禮（如七月而葬、槨有

1　〈陝西華縣柳子鎭考古發掘簡報〉，《考古》1959（2）：71－75。〈陝西寶雞新石器時代遺址發掘紀要〉，《考古》1959（5）：229。
2　許倬雲，《西周史》（台北：聯經出版公司，1984），頁159－164。
3　參見楊伯峻，《春秋左傳注》（北京：中華書局，1981），頁802。

四阿、棺有翰檜等，均爲天子之制）和奢華（用蜃炭，益車馬，重器
備等）兩方面均逾尺度，故《左傳》作者用「厚葬」稱之。考古發掘
所得春秋時代秦公墓規模的巨大，甚至超越了商王大墓[4]，可爲宋文
公僭禮厚葬之注腳[5]。

　　這種僭禮厚葬的情況反映出既有政治社會秩序的鬆解，爲春秋戰
國時代周天子權威不斷下降，封建諸侯和卿大夫勢力交替膨脹的結果
[6]。在第二章中，我們已經看到春秋戰國時代貴族的墓葬禮制在各方面
均逐漸爲平民所襲取，如果定義厚葬爲葬禮逾越身分，不論是實際上
或象徵性的，則可以認爲在此時社會中有厚葬的風氣。此厚葬風氣的
形成雖有宗教與政治社會等各種因素，並不爲一班知識分子所贊
同。《左傳》作者顯然不以厚葬爲然，而春秋戰國之時更有薄葬的主
張出現，要抗拒時代的潮流。這薄葬的主張到了漢代仍有繼承者，其
人數雖不多，卻形成漢代思想史中特殊的一環。誠然，所謂「漢代知
識分子」，並非一同質性的整體，但藉著分析他們對同一問題的意
見，以顯現出他們思想中相通和相異之處，或可對這些士人的思想之
性質有進一步的瞭解。然而欲討論漢代的薄葬思想，仍應先釐清這類
思想在先秦時代思潮中之背景。

　　以孔子爲首的儒家非常重視禮，也就是有秩序有階級分別的社會
規範。孔子在論「孝」的意義時說：「生，事之以禮；死，葬之以
禮，祭之以禮。」[7]不論在生時或死後，人必須以合於其身分的禮數

4　〈略論陝西春秋戰國秦墓〉，《考古與文物》1981（1）：83-93。

5　《左傳》僖公二十五年晉文公請隧之事，歷來學者議論紛紛，其中以認爲「隧」
　　字指天子之葬禮者居多數。參見楊伯峻，《春秋左傳注》（北京：中華書
　　局，1981），頁432。但近來有彭益林，〈晉文公"請隧"辨正〉，《晉陽學刊》
　　（1983），頁97-104，主張「請隧」非要求天子葬禮，而爲「設鄉隧」之意，
　　其說相當有力，值得重視。

6　許倬雲，〈春秋戰國間的社會變動〉，《中央研究院歷史語言研究所集刊》34本
　　（1963），頁559-587;〈春秋封建社會的崩解和戰國社會的轉變〉，《中國上
　　古史待定稿》第三本（台北：中央研究院，1985），頁585-602。

7　《論語注疏》卷2〈爲政〉，頁2，又見於《孟子注疏》卷5上〈滕文公上〉。

來對待其親人，不多也不少。因此當顏淵死時，門人想要厚葬，孔子反對。《論語》中記載：

> 顏淵死，門人欲厚葬之，子曰，不可。門人厚葬之。子曰，回也，視予猶父也，予不得視猶子也。非我也，二三子也。顏淵死，顏路請子之車以為之椁，子曰，才不才，亦各言其子也。鯉死，有棺而無椁，吾不徒行以為之椁，以吾從大夫之後，不可徒行也[8]。

這二段文字主要在說明孔子反對厚葬顏回，但是反對的根據是什麼？邢昺《疏》引《正義》，以為孔子所持的理由是顏回家貧，而「禮，貧富有宜」，貧者不應厚葬。然而這以貧富之別為解的說法可能尚沒有觸及問題的核心，也就是說，葬禮基本上要合於死者的身分。貧富可以由金錢的累積而改變，但身分則否。孔子反對厚葬顏回，主要應該是由於厚葬不合顏淵的身分，而不是考慮顏淵家貧無法負擔費用。否則當門人集資厚葬顏回時，孔子應該沒有理由反對。

對於「予不得視猶子也」，《集解》云：「回自有父，父意欲聽門人厚葬，我不得割止之。」但此話的意義應不止於「回自有父」，而是由於孔子與顏回的身分不同。雖然顏淵與孔子之間的關係極近（視予猶父也），但孔子「從大夫之後」，而顏淵卻為一平民，故在葬禮上孔子不願意逾越禮制，也就是「不得視猶子也」[9]。何況，孔子連自己的兒子孔鯉的葬禮都沒有給予椁具，似乎也沒有很好的理由給顏淵椁具[10]。孔子這種重視禮制的態度在《禮記》中也可以得到印證。〈檀弓〉中記載：「子貢曰：昔者夫子之喪顏淵，若喪子而無服，喪子路亦然。」[11] 可見孔子不是不對顏淵的去世悲哀，但在禮制

8　《論語注疏》卷11〈先進〉，頁2-4。
9　對於「不得視猶子也」的解釋，《集解》說：「回自有父，父意欲聽門人厚葬，我不得割止。」我認為這話的意義尚不止於「回自有父」，而是由於孔子與顏回的身分不同。下文引〈檀弓〉中「夫子之喪顏淵若喪子而無服」可為「不得視猶子也」的注解。
10　有關孔鯉究竟是否先顏回而亡，參見《論語注疏》，卷11，頁3。
11　《禮記注疏》，卷7，頁14。

上孔仍然要遵守一定的規範而「無服」，不將顏淵當作親人。

不過孔子也注意到，外在的禮儀文飾並非倫理的最高境界，所謂「人而不仁，如禮何」[12]，因此他又說：「禮，與其奢也，寧儉；喪，與其易也，寧戚。」[13] 治喪時重要的是表現出哀戚的情懷，而不止於供給一合乎身分的禮儀。這一點可能會爲後世的薄葬論者所贊同，但孔子畢竟沒有放棄那合於身分的外在儀節。《禮記》中有一段記載：

> 子游問喪具，夫子曰：「稱家之有亡。」子游曰：「有無惡乎齊？」夫子曰：「有，毋過禮；苟亡矣，斂首足形，還葬，縣棺而封，人豈有非之者哉。」[14]

這一段話似乎是對一個士庶之家而發的建議，主要在說明沒有財力依禮而葬並非過失，然而這並不等於主張薄葬。

孔子學說的繼承者孟子在有關喪禮方面的主張與孔子相近，在他喪父時身分尚爲士，故以三鼎隨葬，而喪母時身分已爲大夫，故以五鼎隨葬。魯平公在知道了這件事之後，頗不以爲然。有樂正子者遂往見魯平公：

> 樂正子入見（魯平公）曰：「君奚爲不見孟軻也？」曰：「或告寡人曰，孟子之後喪踰前喪，是以不往見也。」曰：「何哉，君所謂踰者？前以士，後以大夫，前以三鼎，而後以五鼎與？」曰：「否，謂棺槨衣衾之美也。」曰：「非所謂踰也，貧富不同也。」[15]

魯平公雖可以接受孟子「前三後五」的用鼎法，但是認爲孟子在準備

12　《論語注疏》卷3〈八佾〉，頁3。
13　同上注；《禮記注疏》，卷7，頁18，子路曰：「吾聞諸夫子，喪禮，與其哀不足而禮有餘也，不若禮不足而哀有餘也。」
14　《禮記注疏》，卷8，頁13；相類的主張見於《禮記注疏》，卷10，頁3，子路曰：「傷哉貧也，生無以爲養，死無以爲禮。」孔子曰：「啜菽飲水盡其歡，斯之謂孝，斂手足形還葬而無槨，稱，其財，斯之謂禮。」
15　《孟子注疏》卷2下〈梁惠王下〉，頁13。

衣衾棺槨時用的材料過於奢華。樂正子的答辯認爲孟子沒有踰禮，而
是因爲孟子後來有財力提供較好的葬具。所謂「非所謂踰也，貧富不
同也」，就是在他有財力時提供「棺槨衣衾之美」。不過樂正子在此
其實並沒有眞正掌握魯平公的意思。因爲魯平公認爲「棺槨衣衾之
美」的重點在於孟子所提供的喪禮在制度上雖然合乎規定，但在他所
使用的材料上卻過分奢華，這就是一種逾禮的行爲，所以與孟子後來
是否有財力無關。

在另一次談到棺槨葬制時，孟子又表示他贊成用美材爲棺的態
度：

> 古者棺槨無度，中古棺七寸，自天子達於庶人，非直爲觀美
> 也，然後盡於人心。不得，不可以爲悅，無財，不可以爲
> 悅，得之，爲有財，古之人皆用之，吾何爲獨不然。且比化
> 者，無使土親膚，於人心獨無恔乎。吾聞之，君子不以天下
> 儉其親[16]。

由這兩件事可以看出，孟子似乎比較傾向於厚葬。但他所認可的
「厚」仍是在一定禮制之內的「厚」，並不至於違禮。而喪葬之禮是
否恰當，其實並不容易界定，奢侈厚葬之風多少與這種觀念上所可能
產生的混淆有關。

儒家另一重要思想家荀子對於喪葬禮制有一套更嚴謹的主張。基
本上，他認爲禮是維繫社會秩序，調和人與人之間欲求紛爭的工具：

> 禮起於何也？曰：人生而有欲，欲而不得，則不能無求，求
> 而無度量分界，則不能不爭，爭則亂，亂則窮，先王惡其亂
> 也，故制禮義以分之，以養人之欲。給人之求，使欲必不窮
> 乎物，物必不屈於欲，兩者相持而長，是禮之所起也[17]。

要將這一套禮推展到實際的儀節之上，荀子自然會贊成那給人的生命
或死亡各方面都帶來秩序的系統，喪葬之禮正是其中之一，所謂「天

16　《孟子注疏》卷4下〈公孫丑下〉，頁1。
17　王先謙，《荀子集解》（台北：世界書局，1971）卷13〈禮論〉，頁231。

子棺槨七重，諸侯五重，士再重，然後皆有衣衾多少厚薄之數，皆有
翣菨文章之等以敬飾之，使生死終始若一，一足以為人願，是先王之
道，忠臣孝子之極也。」[18] 依此種理路，喪葬之禮其實是為生人而設
的禮儀的一部分，只有「事死如事生，事亡如事存」[19]，社會才能依
禮而運行，否則，若「事生不忠厚不敬文，謂之野，送死不忠厚不敬
文，謂之瘠，君子賤野而羞瘠。」[20] 荀子也不贊成任何過與不及的情
形，他說：「刻死而附生謂之墨，刻生而附死謂之惑，殺生而送死謂
之賊。」[21] 又說：「厚其生而薄其死，是敬其有知而慢其無知也，是
姦人之道而倍叛之心也。」[22] 薄葬的主張自然不在他的考慮之內。

　　在大原則上，儒家思想中，埋葬踰制或薄葬都是沒有立足之地
的。但由於儒家主張一個有階級，有等差，並且以禮來維持其結構穩
定的社會，而此禮的推行實際上必須以一繁複的儀節來表現，自然會
容易朝奢華厚葬的方面發展。前面已經提到孟子的厚葬的傾向。儒家
的這種傾向在《韓非子》一書中也有部分反映：

　　　墨者之葬也，冬日冬服。夏日夏服，桐棺三寸，服喪三月，
　　　世主以為儉而禮之。儒者破家而葬，服喪三年，大毀扶杖，
　　　世主以為孝而禮之[23]。

在當時的統治者眼中，以厚葬為孝道之表現已經是儒家的特徵之
一。《史記·孔子世家》中有一段晏嬰的話，說儒者「崇喪遂哀，厚
葬破產」[24]，也是與《韓非子》相似的看法。

　　然而儒家思想在動盪的戰國並非社會習俗發展的主導力量。考古

18　王先謙，《荀子集解》，頁 239。「七」字原文為「十」字，應為「七」之誤。
　　見王先謙引郝懿行文。
19　同上，頁 251。
20　同上，頁 239。
21　同上，頁 246。
22　同上，頁 238。
23　王先慎，《韓非子集解》（世界書局）卷 19〈顯學〉，頁 351－352。
24　《史記》，卷 24，頁 1191。

發掘可以印證，表現在喪葬制度的周代禮制到了戰國時代已經由於各
種僭越的行為而接近崩潰：一方面是低身分者使用高級禮制，一方面
是禮制本身的失去秩序[25]。但不論如何，大的趨勢是，以厚葬為尚。
這厚葬一方面包括豐富的隨葬品，一方面包括象徵高級身分的禮器或
仿禮器。因此葬禮的僭越並不是表示當時人放棄了固有的禮制，而是
想藉著使用高級禮制而提高死者的身分。對於這種情況，道家與墨家
都發出了強烈的批評，不過兩者的基本立場卻不相同。

　　《墨子》書中有〈節葬〉一篇，主要論旨是站在墨子一貫的功利
立場來看厚葬久喪，認為當時的厚葬風氣為：

> 存乎王公大人有喪者，曰，棺槨必重，葬埋必厚，衣衾必
> 多，丘隴必巨，文繡必繁。存乎匹夫賤人死者，殆竭家
> 室。（存）乎諸侯死者，虛車府，然後金玉珠璣比乎身，綸
> 組節約，車馬藏乎壙，又必多為屋幕，鼎鼓几梴壺濫戈劍羽
> 旄齒革，寢而埋之[26]。

在墨子的眼中，這種風氣是不能「富貧眾寡定安危治亂」的，不能達
到這些有利於天下的目標，就是應該廢止的風氣。他又說，厚葬久
喪，窮財力去辦喪事，而無益於貧困的生者，也非「聖王之道」：

> 古者聖王制為節葬之法：曰，衣三領，足以朽肉，棺三寸，
> 足以朽骸，掘穴深不通於泉，流不發洩則止，死者既葬，生
> 者毋久喪用哀[27]。

因此墨子一方面以功利的角度來批評厚葬的無益於天下國家，一方面
援引「古聖王之道」作為他的主張的權威根據：

> 古者堯……道死，葬蛩山之陰，衣衾三領，榖木之棺，葛以

25　同注 5，杜正勝，前引文。
26　孫詒讓，《墨子閒詁》（台北：世界書局，1974）卷 6〈節葬下〉，頁 106
　　－107。
27　同上，卷 6〈節用中〉，頁 103 以下；類似句子亦見〈節葬下〉，頁 111
　　－112。

緘之，……舜……道死，葬南已之市，衣衾三領，穀市之
棺，葛以緘之，……禹……道死，葬會稽之山，衣衾三領，
桐棺三寸，葛以緘之[28]。

在他的討論中，主要考慮的是喪葬禮制對於生者社會的經濟面所產生
的影響。在這種考慮之下，人要如何埋葬死者就成了不甚重要的問
題。在這一點上墨子甚至表現了一點類似現代人類學的眼光：

昔者越之東，有輆沐之國者，其長子生，則解而食之，謂之
宜弟。其大父死，負其大母而棄之，然後埋其骨，乃成為孝
子。秦之西，有儀渠之國者，其親戚死，聚柴薪而焚之，燻
上謂之登遐，然後成為孝子[29]。

因此，如何埋葬或處理死者其實並無絕對正確的方法，人若以此爲要
而大事舖張，當然於國家社會不利，「此爲輟民之事，靡民之財，不
可勝計也。其爲毋用若此矣。」[30] 墨家的主張是否得到當時人的贊
同？現在已不易得知，考古材料也無法在這一點上提供證據，那些眞
正贊同者的棺木及屍骨大約早已如其所願的化爲朽土了。

在此我們必須考慮的問題是有關死亡的觀念，因爲人對死亡的想
法自然會影響到他對於喪葬之禮的態度。對於儒家而言，他們主要關
心的是生者所處的社會，因而他們對死亡本身並沒有作太多的考慮。
一般而言，既然孔子強調尊崇祖先，儒者就不能完全反對世間有鬼神
的觀念，也就必須承認死者多少總應有某種知覺。所謂「祭如在，祭
神如神在」[31]，或「敬鬼神而遠之」[32]，都必須以死者變成的鬼神有
知覺爲前提。但原則上他們不願對這類的問題多做發揮。孔子簡短的
幾句話可以說明這種立場：「未能事人，焉能事鬼？……未知生，焉

28　同上，〈節葬下〉，頁 112。
29　同上，頁 115–116。
30　同上，頁 115。
31　《論語注疏》卷 3〈八佾〉，頁 7。
32　同上，卷 6〈雍也〉，頁 8。

知死？」[33] 這種立場到了漢代基本上仍然沒有改變。《說苑》中那段
有關子貢問孔子人死後有無知覺的故事可爲一證。

> 子貢問孔子：「人死，有知將無知也？」孔子曰：「吾欲言
> 死人有知也，孝子妨生以送死也。吾欲言死人無知也，恐不
> 孝子孫棄親不葬也。賜欲知人死有知將無知也，死徐自知
> 之，猶未晚也。」[34]

孟子解釋人之所以要葬其親的原因，是不忍見到親人暴屍山壑之慘狀
而有的行爲[35]，這是儒家「聖人緣情制禮」思想的產物。荀子曾
說：「夫厚其生而薄其死，是敬其有知而慢其無知也。」但這只是說
如此做的人是以爲死者無知，並不表示荀子自認爲死者無知。所以荀
子說：「喪禮者，以生者飾死者也，大象其生以送其死也，故如死如
生，如亡如存，終始一也。」[36] 這是用對待生者的態度來對待死者，
但又並沒有直接承認死者有知覺。由此可見儒家所重視的是生者對死
者的態度，他們並不直接觸及人死之後究竟有知無知的問題。

　　至於墨家，則強調鬼神的存在。〈明鬼〉篇中主張只有用世間有
鬼神的觀念才可以震服百姓，「今若使天下之人偕若信鬼神之能賞賢
而罰暴也，則天下豈亂哉。」[37] 然而他們並沒有考慮到這種觀念與其
薄葬的主張是否會有衝突之處。若死者果眞有知，薄葬是否會激起死
者的不滿？而厚葬是否又會引導死者爲生者致福？墨家沒有提出明白
的答案[38]。

　　儒墨之間雖有這樣的不同，兩者基本上均主張以主動積極的態度
介入世事。以莊子爲代表的道家思想卻有另一種觀點。道家以爲，人

33　《論語注疏》卷11〈先進〉，頁4。
34　劉向，《說苑》（台北：世界書局，1974），卷18，頁154。見第二章第一節。
35　《孟子注疏》卷5〈滕文公章句上〉，頁11。
36　《荀子集解》卷13〈禮論〉，頁243。
37　《墨子閒詁》卷8〈明鬼下〉，頁138以下。
38　王充在《論衡》中曾經以此非難，認爲墨子明鬼與薄葬的主張自相矛盾。詳見下
　　文。

所經驗到的悲苦，如對生死的焦慮，主要來自不瞭解宇宙萬物的本質。如果將人的生命視同宇宙萬物的一部分，生命的消長只是宇宙秩序的反映，則生不足喜，死不足悲，生死之間亦無絕對的分別。當莊子臨終之時，弟子欲厚葬之，莊子斷然拒絕：

> 吾以天地為棺槨，以日月為連璧，星辰為珠璣，萬物為齎送。吾葬具豈不備邪？何以加此[39]！

在這種生死觀和宇宙觀之中，喪葬之禮，尤其是厚葬，都是不必要的「外物」。〈外物篇〉中有一段文字：

> 儒以詩禮發冢。大儒臚傳曰：「東方作矣，事之若何？」小儒曰：「未解裙襦，口中有珠。詩固有之曰：『青青之麥，生於陵陂。生不布施，死何含珠為！』接其鬢，壓其顪，儒以金椎控其頤，徐別其頰，無傷口中珠！」[40]

這雖然可能是諷刺當時的儒者，也可以作為道家對厚葬風氣的批評：厚葬的結果不但不能保全屍骨，還因為珠寶等身外之物成為盜墓者凌辱的對象。

《莊子》這段故事也反映出，厚葬招致盜墓已是戰國時代社會中的普遍現象，否則不會被莊子取來作為諷刺的對象。在《呂氏春秋》中，這也成為反對厚葬的主要原因。《呂氏春秋》的〈節喪〉與〈安死〉兩篇提倡薄葬，首先指出人類社會之所以要埋葬死者的原因：

> 凡生於天地之間，其必有死，所不免也。孝子之重其親也，慈親之愛其子也，痛於肌骨，性也，所重所愛死而棄之溝壑，人之情不忍為也，故有葬死之義。葬也者，藏也[41]。

所以埋葬死者的主要目的是在保護死者，不但要避開狐狸螻蟻蛇蟲的

39　郭慶藩，《莊子集釋》（台北：明倫出版社，1975）卷10上〈列禦寇〉，頁1063。又參見莊子喪妻的故事，同上，卷6下〈至樂〉，頁614-615。

40　同上，〈外物〉，頁927-928。

41　《呂氏春秋》（台北：中華書局．四部備要版，1971）卷10〈節喪〉，頁3-4。

侵擾，還要不受「姦邪盜賊寇亂之患」。厚葬，有如立碑招人盜掘：

> 今有人於此，為石銘置之壟上曰：此其中之物，具珠玉玩好
> 財物寶器甚多，不可不抇，抇之必大富，世世乘車食肉。人
> 必相與笑之以為大惑。世之厚葬也有似於此[42]。

在作者看來，厚葬的行為乃是與「葬也者藏也」的立場背道而馳的。
他更進一步指出，世人之厚葬其親並不是為了死者，而是為了生者之
間的彼此相炫誇富，其觀察頗能深入社會心理：

> 今世俗大亂之主愈侈其葬，則心非為乎死者慮也。生者以相
> 矜尚也。侈靡者以為榮，儉節者以為陋，不以便死為故，而
> 徒以生者之誹譽為務[43]。

作者也援引了古聖先王節喪的例子，不過對於這些例子的解釋又與墨
家的專從經濟面著眼不同：

> 是故先王以儉節葬死也，非愛其費，非惡其勞也，以為死者
> 慮也。先王之所惡，惟死者之辱也，發則必辱，儉則不發，
> 故先王之葬必儉[44]！

因此作者反對厚葬，基本原因不是經濟上的，而是為了「不辱」死
者。但若能達到不辱先人的目的，又應如何面對厚葬的問題？作者也
曾有過一番考慮：「苟便於死，則雖貧國勞民，若慈親孝子者之所不
辭為也。」[45] 由此看來，〈節喪〉、〈安死〉兩篇作者雖在反對厚葬
方面有似墨家，而在另一方面又與主張孝慈的儒家相近，只不過多考
慮了儒家在討論喪葬制度時沒有考慮到的現實問題盜墓，因而得到了
一種「修正」答案[46]。另外值得注意的是，《呂覽》所假設的讀者實

42　《呂氏春秋》卷10〈安死〉，頁6。
43　同上，〈節喪〉，頁4。
44　同上，〈安死〉，頁7。
45　同上，〈節喪〉，頁5。
46　《呂氏春秋》一書思想內容駁雜，此處與儒家和墨家思想相近，他處則又與道家
　　相通。如〈安死篇〉云：「死，其視萬歲猶一瞬也，人之壽，久之不過百，中壽
　　不過六十，以百與六十為無窮之慮，其情必不相當矣。以無窮為死之慮，則得之
　　矣。」有關《呂氏春秋》思想的討論，參見徐復觀，《兩漢思想史》（台北：學

際上是大一統天下的政治領導者，所以在〈安死〉、〈節喪〉兩文
中，均站在對君王告誡的立場上，其所說的死者其實指的主要是君
王，而討論的問題自然也局限在喪葬制度的政治面上，「不辱其先」
主要仍是對在世者的評價，而與死者的情況無關。

縱觀先秦時代與薄葬有關的言論，可以看出，不論是站在那一種
立場，他們主要關心的是葬禮對生者社會所可能造成的影響：墨家要
求節葬以有利於天下，儒家雖不主張薄葬，他們對葬禮的考慮方式則
與墨家無二致：葬禮主要是一種對生者有作用的「禮」，與死者無
涉。《呂氏春秋》似乎表現出某種對死者的關切，是儒墨兩家均沒有
注意的，但仔細分析起來，這種對死者的關切，其實只是源於一種保
護生者名譽的需要，能夠不辱其親，其實也就是不辱生者自身的名
譽。

從這些主張中，我們又可覺察到一種共有的特徵，即他們均不討
論人死後是否有來生，或者人處理死者的方式是否會對死者的「存
在」有影響等問題。只有比較傾向抽象思考的道家所具有的生死觀使
得葬禮多少成爲不相干的問題。但是道家尚自然的傾向顯然不贊同厚
葬風氣背後那種「無明」的態度。而道家對生與死的透視對漢代一些
知識分子所持的薄葬觀仍有相當的影響。

第二節　漢代之厚葬風氣

一般論漢代社會風氣者在觸及喪葬禮制時多半認爲「厚葬」爲漢

續　生書局，1976），卷二，〈呂氏春秋及其對漢代學術與政治的影響〉，頁
　　1-84。至於《呂氏春秋》在〈節喪〉中企圖結合墨家與儒家思想的努力，參見
　　馮友蘭，《中國哲學史新編》，第二冊（北京：人民出版社，1983），頁471。
　　又有關先秦諸子喪葬觀念之討論，有夏露，〈先秦諸子喪葬觀念的若干考
　　察〉，《北京師範大學學報》1989（5）：85-91。夏文與本文之觀點略有出入，
　　如孔子主張薄葬，而法家主張中庸的葬制等。

人所崇尚。除了考古發掘的印證之外[47]，文獻材料亦有不少有關當時
厚葬風俗的記載。這些材料可以分爲官方與私人兩類。官方材料主要
是各朝皇帝的詔書。

　　文帝一朝以儉節爲尚，與民休息，遺詔中曾說：

　　朕聞之，蓋天下萬物之萌生，靡不有死，死者天地之理，物
　　之自然者，奚可甚哀。當今之世，咸嘉生而惡死，厚葬以破
　　業，重服以傷生，吾甚不取。……今乃幸以天年得復供養于
　　高廟，朕之不明與嘉之，其奚哀念之有。其令天下吏民，令
　　到出臨三日，皆釋服。毋禁取婦嫁女祠祀飲酒食肉。自當給
　　喪事服臨者，皆無踐。絰帶無過三寸，無布車及兵器，無發
　　民男女哭臨宮殿中。殿中當臨者，皆以旦夕各十五舉音，禮
　　畢罷，非旦夕臨時，禁無得擅哭。以下，服大紅十五日，小
　　紅十四日，纖七日，釋服。它不在令中者，皆以此令比類從
　　事[48]。

　　文帝此詔主要是以皇帝身分談葬禮，他所主張的薄葬雖可能比前
代君王節儉[49]，「治霸陵皆以瓦器，不得以金銀銅錫爲飾，不治墳，
欲爲省，毋煩民。」[50] 實際上他死後發喪時仍然「令中尉亞夫爲車騎
將軍，屬國悍爲將屯將軍，郎中令武爲復土將軍，發近縣見卒萬六千
人發內史卒萬五千人，藏郭穿復土屬將軍武。」[51] 這樣的排場，亦不
可說不煩民了。四百餘年之後，文宣兩帝陵均遭盜發。根據《晉書》
記載：

　　（建興中）三秦人伊桓、解武等千家盜發漢霸杜二陵，多獲
　　珍寶。（愍）帝問綝曰：「漢陵中物，何爲多邪？」綝對
　　曰：「漢天子，即位一年而爲陵，天下貢賦，三分之，一供

47　見下文。
48　《史記》，卷 10，頁 433–434；《漢書》，卷 4，頁 132，文字略有出入。
49　例如著名的秦始皇陵。見《史記》，頁 265，又《漢書》，卷 36，頁 1954。
50　《史記》，頁 433；《漢書》，卷 27 上，頁 1334。
51　《史記》，頁 434；《漢書》，頁 132。

宗廟，一供賓客，一充山陵。漢武帝饗年久長，比崩而茂陵不復容物，其樹皆已拱。赤眉取陵中物，不能減半，于今猶有朽帛委積，珠玉未盡。此二陵是儉者耳。」[52]

可見漢代皇帝陵墓中實有極多奢侈品隨葬，以節儉著稱的文帝陵亦不免。元帝時，貢禹曾上書，論及武帝死後，「昭帝幼弱，霍光專事，不知禮正，妄多藏金錢財物鳥獸魚鼈牛馬虎豹生禽，凡百九十物，盡瘞臧之，又皆以後宮女，置之園陵，大失禮，逆天心，又未必稱武帝意也。昭帝晏駕，光復行之，至孝宣皇帝時，陛下惡有所言，群臣亦隨故事，甚可痛也。……及眾庶葬埋，皆虛地上以實地下。其過自上生，皆在大臣循故事之也。」[53]貢禹指出民間的葬喪習俗是受到在上者奢侈行爲的鼓勵。成帝永始四年（13 B.C.）亦下詔曰：

> 聖王明禮制以序尊卑，異車服以章有德。雖有其財，而無其尊，不得踰制。……方今世俗奢僭罔極，靡有厭足，公卿列侯親屬近臣，四方所則，未聞修身遵禮，同心憂國者也…車服嫁娶埋過制。吏民慕效，寖以成俗，而欲望百姓儉節，家給人足，豈不難哉[54]！

成帝此詔雖然和文帝遺詔均指出當時吏民的厚葬風氣，但其所以反對此種風氣的理由，至少從字面上看來是相當不同的。文帝本著道家的理論，認爲「死者天地之理，物之自然」，因此不必哀傷而重服厚葬。成帝的反對厚葬，卻是本著一種以禮制分別貴賤尊卑的態度，以維持一有秩序，順服權威的社會。所謂「雖有其財，而無其尊，不得踰制。」所以「踰制」與「奢僭」是其反對的重點。事實上，漢律對葬禮設有定制，不合制度者即可能受罰。景帝時武原侯坐葬過律而失侯，即是一例[55]。此外，由於詔書不僅反映出皇帝個人的思想，也代

表了那些對皇帝有直接或間接影響的政府重要官員的心態，我們由文帝和成帝的詔書中也可以看出漢朝廷意識形態的轉變：由多少帶有道家傾向的態度轉為與儒家更為相契合。這與成帝時儒家學說受到朝廷大力支持當有相當的關係。

　　然而這些詔令似乎並沒有糾正社會的風尚。到了東漢，情況變得更為嚴重。光武帝建武七年（A.D. 31）詔：

> 世以厚葬為德，薄終為鄙，至于富者奢僭，貧者單財，法令不能禁，禮義不能止，倉卒乃知其咎。其布告天下，令知忠臣、孝子、慈兄、悌弟薄葬送終之義[56]。

這裡所謂的「倉卒」，可能指的是王莽失敗到此詔下達之間的戰亂時期，而所謂「乃知其咎」，據李賢注的解釋，是「諸厚葬者皆被發掘，故乃知其咎」。《後漢書》記載東西漢之交時赤眉發掘諸陵情事，實際上受害者當不止於皇陵，高官貴族之墓恐亦不免[57]。《呂氏春秋》其實在兩百多年之前就已經提出同樣的警告。此詔也暗示，即使在戰亂之中，人們仍然不肯放棄厚葬之俗。到了國家稍稍得到安定，就又變本加厲了。於是又有明帝永平十二年（A.D. 69）詔：

> 昔曾、閔奉親，竭歡致養，仲尼葬子，有棺無椁。喪貴致哀，禮存寧儉。今百姓送終之制，競為奢靡。生者無擔石之儲，而財力盡於墳土。伏臘無糟糠，而牲牢兼於一奠。靡破積世之業，以供終朝之費，子孫飢寒，絕命於此，豈祖考之意哉！又車服制度，恣極耳目。田荒不耕，游食者眾。有司其申明科禁，宜於今者，宣下郡國[58]。

章帝建初二年（A.D. 77）詔：

> 比年陰陽不調，飢饉屢臻，深惟先帝憂人之本，詔書曰：不

56　《後漢書》，卷 1 下，頁 51。
57　同上，卷 11，頁 483-484 記載赤眉發掘諸陵墓，實際上受害者當不止於此，高官貴族之墓恐亦不免。
58　同上，卷 2，頁 115。

傷財，不害人，誠欲元元去末歸本。而今貴戚近親；奢縱無
度；嫁娶送終，尤為僭侈。有司廢典，莫肯舉察[59]。

和帝永元十一年（A.D. 99）詔：

吏民踰僭，厚死傷生，是以舊令節之制度。頃者貴戚近親，
百僚師尹，莫肯率從，有司不舉，怠放日甚。又商賈小民，
或忘法禁，奇巧靡貨，流積公行。其在位犯者，當先舉正，
市道小民，但且申明憲綱，勿因科令，加虐贏弱[60]。

安帝永初元年（A.D. 107）詔：

秋九月庚午，詔三公明申舊令，禁奢侈，無作浮巧之物，殫
財厚葬[61]。

元初五年（A.D.118）又下詔：

舊令制度，各有科品，欲令百姓務崇節約。遭永初之際，人
離荒厄，，朝廷躬自菲薄，去絕奢飾，食不兼味，衣無二綵。
比年雖獲豐穰，尚乏儲積。而小人無慮，不圖久長，嫁娶送
終，紛華靡麗，至有走卒奴婢被綺縠。著珠璣。京師尚若
斯，何以示四遠[62]？

考察這些詔令下達的時機，多為社會動亂或天災流行之時，而於厚葬
風氣的成因，則多認為是富貴之家彼此競爭誇富所帶動的。這些詔令
雖然將照顧民生列為禁止厚葬浪費的原因，也很清楚的表明，這種行
為違背禮制，因此也是破壞社會秩序的罪行。故這些詔令另一用意也
在改正那些會威脅到社會政治秩序的豪族貴戚的行為。

然而若考慮東漢政權的政治基礎，就可以知道這些詔令對那些貴

59　《後漢書》，卷3，頁134−135。
60　同上，卷4，頁186。
61　同上，卷5，頁207。
62　同上，卷5，頁228。

戚近親和世家豪族根本缺乏約束力[63]。值得注意的是，安帝永初元年
及元初五年之詔已經是措辭婉轉，不敢直接攻擊貴戚近親，而在安帝
元初五年詔之後，約有一百年的時間，漢朝廷不再有詔書禁止厚葬。
但這當然不表示問題已經不存在。相反地，這情況顯示朝廷已經無心
也無力再管此事。由於政治上的敗壞，許多控制朝政的外戚和宦官正
是鼓動僭侈之風的主角。如桓帝時宦者趙忠喪父，僭爲璵璠、玉匣、
偶人，被冀州刺史朱穆舉發。桓帝聞知，不但不贊許朱穆，反而大
怒，徵穆詣廷尉，輸作左校[64]。又如同時的另一宦官侯覽「喪母還
家，大起塋冢，督郵張儉因舉奏覽貪侈奢縱，……又豫作壽塚，石槨
雙闕，高廡百尺，……及諸罪釁，請誅之。」[65]結果侯覽不但沒事，
反而將張儉誣害。像趙忠、侯覽這類的人物，當然不希望見到任何譴
責他們自己行爲的詔令。事實上，東漢末期百年之間，除了桓帝永興
二年（A.D.154）二月癸卯重申明帝時的「故事」，做一般性的鼓勵
儉約的宣告之外，沒有任何詔書再談到與奢侈風氣有關的問題。而即
使是如此，桓帝在癸卯之詔前三天辛丑卻「初聽刺史、二千石行三年
喪服」[66]，則又顯示厚葬久喪的風氣無法遏止，這正是病入膏肓之
象。獻帝建安十年（A.D. 205），曹操平冀州，下令「民不得復私
讎，禁厚葬，皆一之於法。」[67]這顯示當時中原地區雖在戰亂之中，
民間厚葬風氣並未稍減，正與二百年前光武下詔時之情況相類。

　　若再考慮漢人的賻贈之俗，可以更明白那些詔令只能是具文而
已，對民間風尚毫無影響。自先秦以來，社會中就有由親友故舊向死

63　此點學者已多有論述，見楊聯陞，〈東漢的豪族〉，《清華學報》，11卷4期
　　（1936），頁1007－1063；余英時，〈東漢政權之建立與士族大姓之關
　　係〉，《中國知識階層史論（古代篇）》（台北：聯經出版公司，1980），頁
　　109－204；勞榦，〈論東漢時代的世族〉，《學原》，3卷3／4期合刊；又劉增
　　貴，《漢代豪族研究——豪族的士族化與官僚化》（台大博士論文，1986）。

64　《後漢書》，卷43，頁1470。
65　同上，卷68，頁2523。
66　同上，卷5，頁299。
67　《三國志》，卷1，頁27。

者葬禮致贈財物之俗，名爲賻贈。漢代政府對於官員死亡有賻贈之定制，《後漢書·羊續傳》：「舊典，二千石卒官，賻百萬。」[68] 但也有送「賻錢千萬、布萬匹」[69]，而賜以棺槨[70] 的例子。有時甚至賜以原本可能爲天子之制的樟宮便房、黃腸題湊[71]。而當大臣有意行薄葬時，朝廷並不一定眞的鼓勵。如順帝時梁商遺命薄葬，「諸子欲從其誨，朝廷不聽，賜以東園朱壽之器，銀鏤、黃腸、玉匣什物二十八種，錢二百萬，布三千匹，皇后錢五百萬，布萬匹。」[72]

　　這種風氣當然不限於朝廷或上層階級。由前面所引材料中屢屢提及「貴戚近親」、「公卿侯列」的奢華之風爲吏民所相倣效，可見漢朝廷本身應對當時民風負一部分之責任，而漢代徙郡國豪強於關中的政策，原本是爲了便於就近控制地方大族，結果卻在京畿一帶造成嚴重的社會問題，《漢書·地理志》就指出：

　　漢興，立都長安，徙齊諸田、楚昭、屈、景及諸功臣家於長
　　陵。後世世徙吏二千石、高訾富人及豪傑并兼之家於諸陵，
　　蓋亦彊幹弱支，非獨爲奉山園也。是故五方雜厝，風俗不
　　純。……又郡國輻湊，浮食者多，民去本就末，列侯貴人車

68　《後漢書》，卷31，頁1111。

69　《後漢書》，卷32，頁1121；《漢書》，卷92，頁3714：「天下殷富，大郡二千石死官，賦斂送葬皆千萬以上。」有關漢代之賻贈，可參見佐伯富，〈漢代の況賻贈について〉，《史林》62卷5號（東京：寶文館，1979），頁1–12。

70　其例甚多，見《後漢書》，卷19，頁718；卷26，頁897，908，911，915；卷34，頁1177；卷54，頁1785，卷79上，頁2554，2556。又見楊樹達，《漢代婚喪禮俗考》（台北：華世出版社重印，1981），頁94–95。

71　《後漢書》，志第六，頁3144：「（大喪）……治黃腸題湊便房如禮」。臣子受賜者，如《漢書》，卷68，頁2948，〈霍光傳〉：「光薨……賜……樟宮便房、黃腸題湊各一具。」《漢書》，卷93，頁3734，〈董賢傳〉：「令將作爲賢起冢塋義陵旁，內爲便房，剛柏題湊。」《後漢書》，卷16，頁615：鄧弘卒，「太后追思弘意，不加贈位衣服，但錢千萬，布萬匹，……將葬，有司復奏發五營輕車騎士，禮儀如霍光故事。」有關漢代的黃腸題湊墓，見〈試談大葆台西漢墓的「樟宮」、「便房」、「黃腸題湊」〉，《文物》1977 (6): 30–33；又見下文。

72　《後漢書》，卷34，頁1177。

服僭上，眾庶放效，羞不相及；嫁娶尤崇侈靡，送死過度[73]。

當葬禮成為親友故舊競較贈禮奢華之比賽場時，死者的家屬在這種社會壓力之下，豈能不竭其所能以提供一隆重的儀式，添置貴重的葬具和隨葬品？《鹽鐵論·散不足篇》討論到西漢中期的社會風氣時指出：

> 古者瓦棺容尸，木板聖周，足以收形骸藏髮齒而已。及其後，桐棺不衣采，槨不斲。今富者繡牆題湊。中者梓棺楩槨，貧者畫荒衣袍，繒囊緹橐。古者明器有形無實，示民不用也，及其後則有 醢之藏，桐馬偶人彌祭其物不備，今厚資多藏器用如在生人，郡國緣吏素桑楺，偶車橫輪，匹夫無貌領，桐人衣紈綈。……古者事生盡愛，送死盡哀，故聖人為制節非虛加之。今生不能致其受敬，死以奢侈相高，雖無哀戚之心，而厚葬重幣者，則稱以為孝，顯名立於世，光榮著於俗，故黎民相慕效，至於發屋賣業。古者鄰有喪，舂不相杵，巷不歌謠，……今俗因人之喪，以求酒肉，幸與小坐而責辨歌舞俳優連笑伎戲[74]。

由此看來，喪葬之事已經由一家的私事演變為一種社會公共活動與表演。然而《鹽鐵論》所描述的情況是否可靠？是帝國的那些地區有這樣奢靡的風氣？依《漢書·地理志》所述，除京畿之外，至少有太原、上黨地區：「多晉公族子孫，以詐力相傾，矜夸功名，報仇遍直，嫁娶送死者靡。」[75] 齊地：「其俗彌侈，織作冰紈綺繡純麗之物，號為冠帶衣履天下。」[76] 衛地：「其失頗奢靡，嫁取送死過

73　《漢書》，卷 49，頁 1641－1642。
74　《鹽鐵論》（台北：中華書局四部備要本，1971）卷 6〈散不足〉，頁 5－6。
75　《漢書》，卷 28下，頁 1656。
76　同上，頁 1660。
77　同上，頁 1665。

度。」[77] 實際上，奢侈厚葬之風當不限於這些地區。東漢王符《潛夫論》亦指出當時民間浮奢厚葬的情況不但於京師爲然，

> 今京師貴戚郡縣豪家，生不極養，死乃崇喪，或至刻金鏤玉，襦梓楩柟，良田造塋，黃壤致藏，多埋珍寶偶人車馬，造起大冢，廣種松柏，廣舍祠堂，崇侈上僭[78]。

而且遍及全國：

> 計一棺之成功，將千萬夫。其終用，重且萬斤，非大眾不能舉，非大車不能輓，東至樂浪，西至敦煌，萬里之中，相競用之，此之費功傷農，可為痛心[79]。

崔寔《政論》亦云：

> 送終之家亦無法度，至用襦梓黃腸，多藏寶貨，烹牛作倡，高墳大寢[80]。

靈帝時呂強上疏：

> 又今外戚四姓貴倖之家，及中官公族，無功德者，造起館舍，凡有萬數，樓閣連接，丹青素堊，雕刻之飾，不可單言。喪葬踰制，奢麗過禮，競相放效，莫肯矯拂[81]。

　　從以上的討論看來，兩漢社會中普遍充滿著厚葬的風氣。然而厚葬的事實之所以能夠普遍出現，無疑和當時整個社會的經濟力有直接的關係。漢代社會型態的改變，包括土地私有制度之形成，私營工商業之興起，都促成社會上官僚富貴之家財富之累積[82]。前引諸帝詔書以及《鹽鐵論》、王符、崔寔、呂強等人之言論，其實主要所指責

78　《潛夫論》（台北：中華書局四部備要本，1971）卷 3〈浮侈篇〉，頁 16。

79　同上。

80　嚴可均，《全上古三代秦漢三國六朝文》（台北：世界書局，1982）冊二《全後漢文》，卷 46，頁 5。

81　《後漢書》，卷 78，頁 2530。

82　有關漢代經濟之發展，學者已多有論述，此處不擬申論，參見李劍農，《先秦兩漢經濟史稿》（台北：華世出版社，1981），第十五章；宋敍五，《西漢貨幣史初稿》（香港：中文大學，1967），第五章。

的是這一批資源的占有者。而有能力模仿其奢侈之生活與排場的，如成帝詔中「吏民慕效」的「吏民」，和帝詔中的「商賈小民」，安帝詔中「小人無慮」的「小人」，《鹽鐵論》中「黎民慕效」的「黎民」等等，恐亦多為有相當財力者，才有可能「發屋賣業」（《鹽鐵論》語）。這些人在整個社會中所占的比例應該不能算多數，但對於一時代風氣之造成，則不能說沒有極大之影響。

　　這厚葬的風俗除了源於社會中競爭奢華的壓力之外，在思想方面則有孝道思想的推波助瀾。前舉《鹽鐵論》中已經指出，當時一般人以為厚葬即為孝道的表現，所謂「雖無哀戚之心，而厚葬重幣者，則稱以為孝」。由此可看出，當時人的觀念中，「孝」已經成為一可稱道的名譽，但表現孝道的方式卻與崇尚奢侈的風氣相結合，以為所謂的孝道乃是以葬禮中物質的豐盛來表現。這種對孝道的瞭解雖然與儒家傳統觀念不合，卻在社會中廣泛的流行著。舉一例以明之。《漢書·游俠傳》記載：

> 原涉：父哀帝時為南陽太守，天下殷富，大郡二千石死官，賦斂送葬皆千萬以上，妻子通共受之，以定產業。時又少行三年喪者。及涉父死，讓還南陽賻送，行喪冢廬三年，繇是顯名京師。……涉自以為前讓南陽賻送，身得其名，而令先人墳墓儉約，非孝也，乃大治起冢舍，周閣重門[83]。

原涉為「游俠」之類的人物，與當時社會流行的價值觀甚為相契，以盧墓為自己博取高名，又治塚為孝道之表現，均可證明此種孝道觀念已彌漫於社會中。故當東漢明帝令「自期門羽林之士，悉令通《孝經》章句」時[84]，不僅是因為此時朝廷欲提倡孝道，更可能是朝廷有意要導引、利用社會中已經普遍存在的孝道思想，並將之轉化為忠君思想，以為鞏固政權的基礎。在這種情況之下，當人們以《孝經》中「為之棺槨衣衾而舉之，陳其簠簋而哀感之，擗踊哭泣哀以送之，卜

83　《漢書》，卷 92，頁 3714。
84　《後漢書》卷 79 上〈儒林傳〉，頁 2546；卷 31，頁 1124。

其宅兆而安措之，爲之宗廟以鬼享之，春秋祭祀以時思之」[85] 的字句
爲聖人之教時，要希望他們瞭解其本義爲盡人之情，而非鼓勵厚葬，
並且遵從詔令中「令知忠臣、孝子、慈兄、悌弟薄葬送終之義」[86] 之
指示而行薄葬，顯然是緣木而求魚了。

　　然而，厚葬久喪的行爲不能完全由風氣奢華、經濟富裕，甚至孝
道思想所完全解釋。人之所以願意厚葬死者，總是基於某種對靈魂或
死後世界之相信。漢代並非厚葬風俗之起源時代，亦非對靈魂及死後
世界信仰之開始，但是漢人對於死後世界的想像卻明顯的比前代更爲
清楚。這種想像在墓葬及文獻中的具體表現在第七章中已經有所論
述。漢代厚葬風氣的形成與這種對死後世界的想像的具體化應該有相
當密切的關係。

　　漢代厚葬風氣既已如上所論，而近數十年來考古發掘所得之漢代
墓葬亦以萬數[87]，這些考古材料是否可以印證文獻資料的觀察，是一
必須處理之問題。首先應考慮的是，喪葬之厚薄與否本身是一相對的
觀念，只要是葬禮超越某一公認之身分標準，或者雖沒有超越身分標
準，但使用過分豪華的材料，或者只是因爲葬禮所費超越死者家庭之
經濟能力，都可能被稱爲厚葬。宋文公的厚葬屬於第一種，魯文公說
孟子的侈踰屬於第二種，而崔寔的厚葬其父則爲第三種。然而我們之
所以能判斷這些例子爲厚葬，主要是因爲我們知道死者的身分，以及
當時所普遍遵行的喪葬禮制，以爲判斷的根據。更重要的，是文獻已
經明白的告訴我們其爲厚葬。就如那些主張薄葬者的葬法之所以爲薄
葬，不止是我們知道其實際的葬法，更是因爲文獻明白說他是薄葬。
而由下節所舉的一些例子，已經可知，其實每個主張薄葬者對於何謂
「薄」都不見得有一致的想法。那麼當我們面對考古發掘所得的墓葬

85　《孝經注疏》卷9〈孝治〉，頁2。

86　《後漢書》，卷1下，頁51。

87　1961年夏估計有二萬至三萬漢墓出土，見《新中國的考古收穫》（北京：文物出
　　版社，1961），頁74。1978年王仲殊卻估計爲超過一萬座，見 Wang, *Han
　　Civilization* (New Haven: Yale U. Press, 1982), p. 175.

資料，應如何處理厚葬的問題？

　　一般引用考古材料以論漢代厚葬之風的論述，多半列舉某些豪華之墓葬以證當時有厚葬之風[88]。然而從方法論之觀點而言，此種列舉式之論證只能說是得見冰山之一角而已，又有以偏蓋全之危險，並不足以全面性地顯示兩漢時代普遍之墓葬是否有厚薄之分，又是否有地域性之差別。根據第四章中之表4-7、4-8，可以知道，在相同形制之墓中，楚粵及秦地區之墓室一般較中原地區爲大。

　　再就隨葬品分析，根據表6-7、6-14、6-19，已經可知楚粵地區之墓所出之隨葬品普遍仍然較中原地區之墓爲豐富。由於第六章中之分析並未考慮不同等級之墓中隨葬品之情況，現僅就西漢時代中原及楚地未曾被盜擾之單葬一棺一槨墓中所出之銅容器、陶容器、漆器、銅鏡等較有價值之隨葬品再做一次分析，如表8-1所示：

表8-1　西漢一棺一槨豎穴墓中隨葬器物平均數

		銅　容　器	銅　　　鏡	陶　容　器	漆　　　器
早	中　　原	0.09	0.36	7.63	5.64
	楚	1.19	0.53	18.53	4.01
	全　　國	1.16	0.50	16.98	3.94
中	中　　原	0	0	5.88	0
	楚	1.22	0.26	16.70	2.96
	全　　國	1.50	0.44	12.25	7.98
晚	中　　原	0	0	0	0
	楚	0.38	1	44.63	0
	全　　國	3.77	1.08	32.92	2.23

88　參見《新中國的考古發現和研究》，第四章，頁383以下；又見李發林，〈漢代的厚葬風氣〉，《山東漢畫像石研究》（1982），頁19-24；段爾煜，〈兩漢厚葬之風芻議〉，《雲南社會科學》1989 (1): 97-102。

由此表中數據，可以看出在同一等級之豎穴墓中，其隨葬品數量之分布與表6-7、6-14、6-19所顯示之數據具有相同的特性，即西漢時代中原地區之墓葬一般不如楚地區之墓葬內容豐富。

至於東漢時代，僅就未受盜擾之小磚卷頂單室墓作相同隨葬品之分析如下（漆器數量太少，故暫不分析）。

表8-2　東漢小磚卷頂單室墓中隨葬器物平均數

		銅容器	銅鏡	陶容器
早	中原	0.21	0.43	10.28
	楚	1.14	0.71	11.81
	全國	1.54	0.68	9.28
中	中原	2	3	12
	楚	1.17	1.67	13.66
	全國	2.38	2.13	14.01
晚	中原	0	0	9
	楚	0.20	1.60	6.73
	全國	0.23	1.27	7.27

表8-3　西漢諸侯王墓葬形制之比較

爵　　位	姓　名	年　　　　　　　　　　　　代	葬　制	備　註
趙王	張耳	高祖5年（202 B.C.）	二棺一槨　黃腸題湊	89
長沙王	吳著	文帝後7年（157 B.C.）	三棺二槨　黃腸題湊	90
長沙王后	曹嬛	西漢早期	三棺二槨　黃腸題湊	91
楚王		西漢中期	多室崖墓	92
中山靖王	劉勝	武帝元鼎四年（113 B.C.）	多室崖墓	93
楚節王	劉注	武帝天漢元年（100 B.C.）	多室崖墓	94
昌邑哀王	劉髆	武帝後二年（87 B.C.）	單室崖墓	95
中山懷王	劉修	宣帝五鳳三年（55 B.C.）	五棺二槨　黃腸題湊	96
廣陽頃王	劉建	元帝初元五年（45 B.C.）	五棺二槨　黃腸題湊	97
廣陵王		西漢中晚期	黃腸題湊	98
楚王		西漢中晚期	多室崖墓	99
魯王		西漢中晚期	多室崖墓	100

89　〈河北石家莊市北郊西漢墓發掘簡報〉，《考古》1980(1): 52－55。
90　〈長沙象鼻嘴一號西漢墓〉，《考古學報》1981(1): 111－130。
91　〈長沙咸陽湖西漢曹嬛墓〉，《文物》1979(3): 1－16；又其年代之討論，
　　見〈略談長沙象鼻嘴一號漢墓陡壁曹嬛墓的年代〉，《考古》
　　1985(11): 1015－1024。
92　〈徐州北洞山西漢墓發掘簡報〉，《文物》1988(2): 2－18，68。
93　《滿城漢墓發掘報告》（北京：文物出版社，1980）。
94　〈銅山龜山二號西漢崖洞墓〉，《考古學報》1985(1): 119－133。又〈對「銅
　　山龜山二號西漢崖洞墓」一文的重要補充〉，《考古學報》1985(3): 352。
95　〈巨野紅土山西漢墓〉，《考古學報》1983(4): 471－498。
96　〈河北定縣40號漢墓發掘簡報〉，《文物》1981(5): 1－10。
97　大葆台漢墓發掘組，《北京大葆台漢墓》（北京：文物，1989），頁95－97。
98　〈江陵高郵發掘一座大型漢墓〉，《人民日報》1980年7月18日；《新中國的
　　考古發現和研究》，頁445－446。
99　〈徐州石橋漢墓清理報告〉，《文物》1984(11): 20－40。
100　〈曲阜九龍山漢墓發掘簡報〉，《文物》1972(5): 39－44。

　　表8-2之分析，雖僅限於兩漢時代一部分地區之一部分墓葬，但由於一棺一槨及小磚卷頂單室墓之資料比較完整（未擾一棺無槨墓及土洞墓之數量太少，故暫不分析），分析所得之數據仍應有相當之代表性。由這些數據可以看出，不論西漢或東漢時代，中原地區之墓葬一般並不比楚粵地之墓葬爲厚，這結論與文獻所顯示的情況顯然有些距離。若說中原地區有厚葬之風，則在楚粵地區厚葬的風氣似乎更盛，尤其是若我們比較這兩個區域的隨葬器物平均數與全國平均數，可看出楚粵地區的平均數常有高於全國平均者，而中原地區則常低於全國平均，可見若中原地被認爲有厚葬風氣，則此風氣遍於全國，可以由考古數據大致得到印證。

　　不過這些計算並沒有將墓主的身分一一考慮進去，其基本假設是，形制相同的墓葬大體上其墓主之社會地位亦相近，尤其是一旦考慮數量較大的墓葬時，少數不合常軌的墓葬之影響應較小。然而漢代之葬儀是否有一普遍之制度？前引武原侯因埋葬過律而受罰之事顯示，當時應有某種規定，但現已不得其詳。由考古發掘所得諸侯王及列侯之棺槨制度看來（表8-3），即連本應最講究禮制的皇族貴戚的墓葬都沒有一定制，而可能是以各人當時的財勢爲主要的決定因素。

　　諸侯王的情況如此，列侯以下的墓葬也相似。馬王堆二號侯墓爲二棺二槨，其子之墓爲三棺一槨，而其妻之墓卻爲四棺一槨[101]。然而與馬王堆諸墓約同時的阜陽雙古堆汝陰侯之墓卻只有一棺一槨[102]。

　　東漢初期的廣陵王墓[103]與和帝時的中山簡王墓[104]均爲磚室墓，

101　〈長沙馬王堆二、三號漢墓發掘簡報〉，《文物》1974(7): 39-48。
102　〈阜陽雙古堆西漢汝陰侯墓發掘簡報〉，《文物》1978(8): 12-31。
103　〈江蘇邗江甘泉二號漢墓〉，《文物》1981(11): 1-11。
104　〈河北定縣北莊漢墓發掘報告〉，《考古學報》1964(2): 127-159。

然而其規模並沒有超過王莽時代的郁平大尹（太守）馮孺人之墓[105] 太多。而東漢靈帝時中山穆王王后之合葬磚室墓爲一前一中二後室加二耳室的規模[106] ，與和林格爾護烏桓校尉墓[107] ，武威雷台M1某將軍墓[108]的形制相似，卻遠不如同時代之望都所藥村 M2 太原太守墓二前一中二後室外加八個耳室的規模[109] 。

　　一般中下階層官員之葬制亦不太可能有嚴格之定制，最清楚的例子是江陵鳳凰山 10 號墓（ 153 B.C. ），一棺一槨，168 號墓（ 167 B.C. ），二棺一槨，兩墓主均爲五大夫，年代相去亦僅數年，而墓葬等級不同。而在鳳凰山另外一批九座時代約略相同，亦均爲一棺一槨之墓葬，其棺槨之大小厚薄卻有明顯之不同[110] 。

　　上面這些墓主身分可以確定的具體例子說明，墓葬之形制在同一階層內有不同，甚至有低階層墓葬較高階層爲厚的情形。這些情況的出現，也從另一方面說明了當時有僭侈厚葬之風氣。因此我們可以推論，不論是從大量的較低階層的墓葬中隨葬品的分析，或是從諸侯王等較高階層的墓葬形制的比較，考古材料所呈現的漢代的厚葬的風氣不但可以充分支持文獻材料中所透露出的消息，甚至可以修正文獻不足之處。

105　〈唐河漢郁平大尹馮君孺人畫像石墓〉，《考古學報》1980(2): 239－262。

106　見兪偉超，〈漢代諸侯王與列侯墓葬形制的分析〉，《先秦兩漢考古學論集》，頁 123。

107　《和林格爾漢墓壁畫》（北京：文物出版社，1978）。

108　〈武威雷台漢墓〉，《考古學報》1974(2): 87－109。

109　《望都二號漢墓》（北京：文物出版社，1959）。

110　〈湖北江陵鳳凰山西漢墓發掘簡報〉，《文物》1974(6): 41－61；〈湖北江陵鳳凰山一六八號漢墓發掘簡報〉，《文物》1975(9): 4。

第三節　漢代之薄葬論

　　上文已大致從考古及文獻材料方面討論了漢代厚葬的風氣。以皇帝詔書爲代表的政府態度，基本上雖禁止厚葬，然而並不能眞正觸及厚葬所涉及的社會心理層面，而只能在政治面和經濟面上立說，即「僭制」破壞尊卑之序，厚葬破財傷生。當世家豪族的勢力不斷膨脹，僭制不再成爲顧忌，奢侈自然無所節制，流風所及，厚葬久喪之風氣遂彌漫於社會中。厚葬，已不僅是爲了表達生者的孝思，更是生者爲了在社會輿論中求得佳評，甚至誇富鄉里的必要手段。如《呂覽》作者早已點明：「今世俗大亂之主，愈多其葬，則心非爲乎死者慮也，生者以相矜尙也。侈靡者以爲榮，儉節者以爲陋，不以便死爲故，而徒以生者之誹譽爲務。」[111] 當然，喪葬之禮原本就是一項社會制度，當社會風氣趨於奢華，喪葬儀節之僭侈只不過爲社會中流行之價值觀之反映而已。

　　不過在這種厚葬的風氣中，仍然有少數的人採取了與衆不同的態度，主張薄葬。這些薄葬的主張自然各自源於不完全相同的立場。但基本上可以大致歸爲二種主要類型，一種以厚葬的經濟後果爲關心點，另一種則從宇宙與生死觀立論。以下分別討論。

　　墨子的節喪說基本上就是從喪葬禮俗的經濟面出發而論厚葬之不當，以其耗損財力，無利於天下。這種從經濟面立說以主張薄葬的理論在漢代仍有後繼者，不過這些論說均不採取墨子的極端態度，並且融於儒家之思想傳統之中。《鹽鐵論·散不足篇》中，賢良文學對當時民間厚葬風氣有生動的描述，其對於厚葬的批評乃是對整個社會

111　《呂氏春秋》卷10〈節喪〉，頁4。

奢侈風氣批評的一部分。文中雖沒有正面主張薄葬，我們亦可推測其
態度應有此種傾向。

　　成帝時，劉向曾上書諫營昌陵延陵之事，主張薄葬[112]。劉向舉黃
帝、堯、舜、禹、湯、文、武、周公、孔子等薄葬先例，以及因厚葬
而冢墓招致發掘的吳王、秦王、始皇等例，認爲薄葬「非苟爲儉，誠
便於體也」，「德彌厚者葬彌薄，知愈深者葬愈微」，並暗示節儉者
國祚長存，奢侈者後嗣再絕。這是以皇室的存亡作爲一種「危機」來
加強自己的論點。不過劉向的主要論點乃是勸成帝從經濟面上考慮天
子之厚葬所帶給人民的騷擾：「及徙昌陵，增埤爲高，積土爲山，發
民墳墓，積以萬數，營起邑居，期日迫卒，功費大萬百餘，死者恨於
下，生者愁於上，怨氣感動陰陽，因之以饑饉，物故流離以十萬
數。」[113] 劉向雖提出人死有無知覺的討論：「以死者爲有知，發人之
墓，其害多矣，若其無知，又安用大」，但他自己沒有下結論，只是
以此種「兩難」的情況來說明厚葬之無益，所以討論的重心並不在生
死觀之上。總之，爲了要向皇帝諫言，劉向的薄葬論其實主要是一篇
爲民請願的政論。

　　東漢光武初期以軍功封侯的祭遵據說「臨死，遺誡牛車載喪，薄
葬洛陽」[114]。祭遵「少好經書，家富給，而遵恭儉，惡衣服。喪母，
負土起墳。……爲將軍，取士皆用儒術，對酒設樂，必雅歌投壺。又
建爲孔子立後，奏置五經大夫，雖在軍旅，不忘俎豆。」[115] 可見祭遵
的薄葬思想基本上源於他的節儉性格，但並不表示他反對儒家的禮儀
和文飾，爲其母負土起墳之事可爲一證。

　　和帝時，司徒張輔有薄葬之志，其遺言爲：「顯節陵掃地露祭，
欲率天下以儉。吾爲三公，既不能宣揚王化，令吏人從制，豈可不務

112　事見《漢書》，卷 36，頁 1950 以下。
113　同上，頁 1956。
114　《後漢書》，頁 742。
115　同上。

節約乎？其無起祠堂，可作蓋廡，施祭其下而已。」[116] 張輔以通《尚
書》入仕，爲人嚴正。他的薄葬觀念主要仍是由道德性和功利性的角
度出發。與他的主張相近的，有順帝時以外戚居高位的梁商：

> 商病篤，敕子冀等曰：「吾以不德，生無以輔益朝廷，死必
> 耗費帑藏。衣衾飯唅玉匣珠貝之屬，何益朽骨。百僚勞擾，
> 紛華道路，祇增塵垢，雖云禮制，亦有權時，方今邊境不
> 寧，盜賊未息，豈宜重爲國損！氣絕之後，載至冢舍，即時
> 殯斂。斂以時服，皆以故衣，無更裁制。殯已開冢，冢開即
> 葬，祭食如存，無用三牲。」[117]

梁商薄葬的主張大旨仍以葬禮的政治和經濟後果爲主要考慮的對象，
他雖然也提到「衣衾飯唅玉匣珠貝之屬何益朽骨」，但非立論中心，
他的薄葬論是「雖云禮制，亦有權時…豈宜重爲國損」之觀念的產
物，是一種在特殊政治經濟情勢之下所做的權宜之計，故立論基礎薄
弱。他的言辭是否矯情之論，頗值得懷疑。無怪乎「及薨，帝親臨
喪，諸子欲從其誨，朝廷不聽，賜以東園朱壽之器、銀鏤、黃腸、玉
匣、…」[118] 實際上，以梁商家族在朝廷中的顯赫地位（商女爲順帝皇
后，妹爲貴人），是不可能真正行薄葬的。范曄在《後漢書》中的評
論甚爲中肯：「（商）永言終制，未解尸官之尤。」[119] 在位時不力求
爲國家社會謀福，僅僅遺命薄葬，於事何補。

　　比較能夠從宇宙和生死觀來立論的，則是與道家思想取向有關係
的一些人。

　　《淮南子》一書內容龐雜，然大旨在宇宙觀方面發揮道家思想，
而在人間世事之倫理方面亦接受不少儒家之思想[120] 。因此對於生死的

116 《後漢書》，卷 45，頁 1533。
117 同上，卷 34，頁 1177。
118 同上。
119 同上，卷 34，頁 1187。
120 有關《淮南子》一書在漢代思想史上意義之討論，參見徐復觀，〈淮南子與劉安
　　的時代〉，《兩漢思想史》，卷二，頁 175 以下。近年有關《淮南子》作者之綜
　　合討論可參考 C. Le Blanc, *Huai Nan Tzu*（Hong Kong: Hong Kong U.
　　Press, 1985），pp. 24–41.

看法，基本上略如〈精神訓〉所說：「吾生也有七尺之形，吾死也有
一棺之土，吾生之比於有形之類，猶吾死之淪於無形之中也。然則吾
生也物不以益眾，吾死也土不以加厚，吾又安知所喜憎利害其間者
乎。」[121] 然而此種生死觀應用到對喪葬制度的討論上時，並沒有導致
極端的薄葬主張，卻採取了稍微和緩的態度，〈齊俗訓〉說：

> 夫儒墨不原人情之終始，而務以行相反之制，五縗之服。…
> 古者非不知繁升降槃還之禮也，蹀采齊肆夏之容也，以為曠
> 日煩民，而無所用。故制禮足以佐實，喻意而已矣。古者非
> 不能陳鐘鼓，……非不能竭國麋民，虛府殫財，含珠鱗施，
> 綸組節束，追送死也，以為窮民絕業而無益於槁骨腐肉也。
> 故葬薶足以收斂，蓋藏而已。……明乎生死之分，通乎侈儉
> 之適者也[122]。

〈齊俗訓〉作者雖在文中排斥儒墨兩家有關喪制的觀念，但是他自己
所提出的建議卻不一定完全與儒墨的主張相背。儒家自然不會反
對「制禮足以佐實，喻意而已矣」的說法，而墨家也應會贊同「葬薶
足以收斂，蓋藏而已」的意見。由此亦可以看出《淮南子》一書中思
想的活潑性，能融儒道墨各派思想於一爐[123]。

在武帝時，還有另一著名的薄葬論者楊王孫，亦為道家之徒：

> 楊王孫者，孝武時人也。學黃老之術，家業千金，厚自奉
> 養，亡所不致。及病且終，先令其子，曰：「吾欲羸葬，以
> 反吾真，必亡易吾意。死則為布囊盛尸，入地七尺，既下，
> 從足引脫其囊，以身親土。」其子欲默而不從，重廢父命，
> 欲從，心又不忍，乃往見王孫友人祁侯。祁侯與王孫書
> 曰：「……竊（聞）王孫先令羸葬，令死者亡知則已，若其

___

121 《淮南子》（台北：中華書局四部備要本，1971）卷 7〈精神訓〉，頁 4。
122 《淮南子》卷 11〈齊俗訓〉，頁 7。
123 惟《淮南子》書中不取法家思想，此與《淮南子》成書之時代及政治背景有極密
　　切關係，其說詳徐復觀，前引文。

有知，是戮尸地下，將羸見先人，竊為王孫不取也。且《孝
經》曰『為之棺槨衣衾』，是亦聖人之遺制，何必區區獨守
所聞？願王孫察焉。」王孫報曰：「蓋聞古之聖王，緣人情
不忍其親，故為制禮，今則越之，吾是以羸葬，將以矯世
也。夫厚葬誠亡益於死者，而俗人競以相高，靡財單幣，腐
之地下。或乃今日入而明日發，此真與暴骸於中野何
異！……昔帝堯之葬也，窾木為匱，葛藟為緘，其穿下不亂
泉，上不泄殠。故聖王生易尚，死易葬也。不加功於亡用，
不損財於亡謂。今費財厚葬，留歸鬲至，死者不知，生者不
得，是謂重惑。於戲！吾不為也。」[124]

祁侯所說「令死者無知則已。若其有知，是戮尸地下，將羸見先人」
正是一般對鬼神或死後世界存在與否無肯定答案的儒者的態度，楊王
孫則堅定的站在道家的立場，主張人死之後即回歸於自然，不再有任
何單獨的存在，所謂「且夫死者，終生之化，而物之歸者也，歸者得
至，化者得變，是物各反其真也。反真冥冥，亡形亡聲，乃合道
情。」而他又說「精神者天之有也，形骸者地之有也。精神離形，各
歸其真，故謂之鬼，鬼之為言歸也，其尸塊獨處，豈有知哉？」[125] 則
完全否認了鬼神的存在，否認死者有任何「有知覺」的可能。

　　不過楊王孫對人死之後的情況雖有相當「冷酷」的看法，卻並不
表示他不重視生命。相反地，他生時是「厚自奉養，亡所不致」，這
一點，與後來道家重視養生的思想當有繼承關係。最後應注意的是，
楊王孫的薄葬論雖鏗鏘有力，但並不意味持論者必須與他一樣行羸
葬。他的羸葬乃是有鑒於當時的厚葬風氣，特行之「以矯世也」，其
薄葬的原則只是「不加功於亡用，不損財於亡謂」而已。他的薄葬論
顯然在後世相當著名而為人所稱道。

124　《漢書》，卷 67，頁 2907－2909。關於楊王孫和下文要談到的趙咨的薄葬思
　　　想，參見牧尾良海，〈漢代薄葬論の典型──楊王孫と趙咨〉，《那須政隆古稀
　　　記念，智山學報》12／13（1964）。
125　以上引文見《漢書》，卷 67，頁 2907－2909。

　　至東漢時代，薄葬論者言論具道家思想取向的，有光武時的樊宏。樊宏與楊王孫相似，家貲巨萬，而有「天道惡滿而好謙，前世貴戚皆明戒也。保身全己，豈不樂哉」[126] 的主張，死時遺令薄葬。然而考察樊宏的生平，卻與楊王孫相去甚遠。楊王孫終生不仕，而樊宏數任官職，位至封侯。他不但盡忠職守，而且謹言慎行，為人「謙柔畏慎」，極為光武所欣賞。他死後，光武下詔：

> 今不順壽張侯意（即薄葬之遺志），無以彰其德。且吾萬歲之後，欲以為式[127]。

樊宏的薄葬之志也許得以貫徹，但光武帝仍然賜給他的家屬「千萬錢，布萬匹」。並且親自參加他的葬禮，乃因樊宏為光武之舅，厚賜為無可避免之禮俗。

　　章帝時有蜀郡張霸者，曾任太守、侍中，死時遺命：「昔延州使齊，子死嬴、博，因坎路側，遂以葬焉。今蜀道阻遠，不宜歸塋，可止此葬，足藏髮齒而已。務遵速朽，副我本心。」[128] 雖然張霸所引延陵季子葬子的故事為儒家所贊同的「恰當」的行為，他要求「務遵速朽，副我本心」，以及引老子「知足不辱」[129] 的言論，似乎表示他有受到道家思想的影響。

　　但若考慮他的政治事業，以及學術成就，他顯然不能算是道家之徒。他在任會稽太守時，「郡中爭屬志節，習經者以千數，道路但聞誦聲。」[130] 此外，他又是公羊春秋學者，曾減定《嚴氏春秋》，更名為《張氏學》，這些都可以說明他的儒者性格。

　　與張霸類似，有順帝時的崔瑗。他是名學者崔駰之子，「盡能傳其父業」，年四十餘始為郡吏。然而宦途並不順利，在其生命的最後數年又為人誣告而訴訟纏身。最後雖終於得還清白，已為老病所困。

126　《後漢書》，卷 32，頁 1121。
127　同上。
128　同上，卷 36，頁 1241－1242。
129　同上。
130　同上，頁 1241。

他的遺言有「夫人稟天地氣以生，及其終也，歸精於天，還骨於地，何地不可臧形骸」[131] 等語，道家的思想亦相當濃厚，但這是否發自於一種歷經滄桑之後的幻滅感，就不易判斷了。他的兒子，也就是著名的崔寔，曾在其《政論》中批評厚葬的風氣，但是卻似乎沒有遵從乃父的遺志。據《後漢書》記載：「寔父卒，剝賣田宅，起家塋，立碑頌。葬訖，資產竭盡，因窮困，以酤釀販鬻爲業。時人多以此譏之，寔終不改。」[132] 這雖然不一定表示他在薄葬的主張上有雙重標準，但也許可以說明，一個人生命中前後行爲與主張因著個人的遭遇和心態的不同而有不一致的地方，是相當自然而可以瞭解的事。

趙咨者，靈帝時博士，累遷敦煌太守，東海相。爲人正直，「在官清簡，計日受奉，豪黨畏其儉節。」[133] 臨終時爲文論薄葬，先論生死之義：

> 夫含氣之倫，有生必終，蓋天地之常期，自然之至數。是以通人達士，鑒茲性命，以存亡爲晦明，死生爲朝夕，故其生也不爲娛，亡也不知戚。夫亡者，元氣去體，貞魂游散，反素復始，歸於無端。既已消仆，還合糞土，土爲棄物，豈有性情，而欲制其厚薄，調其燥溼邪？但以生者之情，不忍見形之毀，乃有掩骼埋窆之制[134] 。

他並且對古來的埋葬制度作了一番檢討，認爲世間的葬俗有愈晚愈趨向奢侈浮華的傾向。他描述當代的厚葬之風爲：「華夏之士，爭相陵尚，違禮之本，事禮之末，務禮之華，弃禮之實，單家竭財，以相營赴，廢事生而營終亡，替所養而爲厚葬，豈云聖人制禮之意乎？」又「并棺合槨，以爲孝愷，豐貲重襚，以昭惻隱。」[135] 在此我們也可以看出，趙咨雖持道家的生死觀，亦兼顧儒家的禮制，和墨家的薄葬之

131　《後漢書》，卷 52，頁 1724。
132　同上，頁 1731。
133　同上，卷 39，頁 1314。
134　同上，頁 1314－1315。
135　同上。

義。因此他說：「古人時同即會，時乖則別，動靜應禮，臨事合宜，王孫裸葬，墨夷露骸，皆達於性理，貴於速變。……彼數子豈薄至親之恩，亡忠孝之道邪？」[136] 他對自己身後的安排並沒有如楊王孫那樣「以身親土」，而是「但欲制坎，令容棺槨，棺歸即葬，平地無墳，勿卜時日，葬無設奠，勿留墓側，無起封樹。」[137]

　　趙咨的例子與樊宏和張霸有相似之處，就是其言行反映出儒、道、甚至墨三派思想的影響。不過，從另外一個角度來看，也可以說儒、道、墨三家思想在他們的心中並不是以互不相容的情況存在，而毋寧是作爲共同的智識傳統而爲他們所接受。

　　與趙咨同時代或稍晚，又有張奐、范冉、趙岐、盧植等人，均以薄葬著於世。張奐曾學歐陽尚書，舉賢良，歷任屬國都尉、使匈奴中郎將、大司農、太常等職。黨錮之禍時爲宦官王寓所誣害，回歸田里。遺言有道家灑脫之氣：「吾前後仕進，十要銀艾，不能和光同塵，爲讒邪所忌。通塞命也，始終常也，但地底冥冥，長無曉期，而復纏以纊，牢以釘密，爲不喜耳。幸有前窆，朝殞夕下，措屍靈床，幅巾而已。奢非晉文，儉非王孫，推情從意，庶無咎吝。」[138] 張奐的這種思想可以說是在歷經人世的滄桑之後，終於覺悟到仕宦之途的險惡，從而安然接受那不可避免的常命。他對自己的葬禮雖說「奢非晉文，儉非王孫」，似爲一中庸之道，但其「朝殞夕下，措屍靈床，幅巾而已」的要求，仍然是薄葬思想的表現。

　　范冉曾隨馬融通經，「好違時絕俗，爲激詭之行」，亦曾遭黨錮之禍。遺命曰：「吾生於昏闇之世，值乎淫侈之俗，生不得匡世濟時，死何忍自同世！氣絕便斂，斂以時服，衣足蔽形，棺足周身，斂畢便穿，穿畢便埋。其明堂之奠，干飯寒水，飲食之物，勿有所下。墳封高下，令足自隱。」[139] 范冉的遺言十分清楚的是在提出對於他自

136　《後漢書》，卷39，頁1314－1315。
137　同上。
138　同上，卷65，頁2143。
139　同上，卷81，頁2690。

覺已無法改變的「昏闇之世」的抗議。他的葬禮，雖亦有棺有衣，均
以最簡單之形式爲之，不隨葬、不擇日，顯爲針對當世厚葬之俗而
發。

趙岐爲著名的學者，其《孟子》注釋流傳至今。他雖娶馬融兄
女，然甚不齒其豪族身分。靈帝時遭黨錮之禍，獻帝時任太僕，曾在
袁紹和曹操的爭霸戰中扮演重要的角色。於獻帝建安六年卒，年九十
餘，遺命：「我死之日，墓中聚沙爲床，布簟白衣，散髮其上，覆以
單被，即日便下，下訖便掩。」[140]

漢末另一大儒盧植，少時師事馬融，通古今學。靈帝徵爲博士，
轉任太守，黃巾之亂起，任北中郎將擊張角，後爲宦官左豐所譖，再
爲董卓所免官，隱居於上谷。「臨困，敕其子儉葬於土穴，不用棺
槨，附體單帛而已。」[141] 趙岐與盧植的薄葬主張是緣於何種理由？史
料並無明言。但根據其傳記，趙岐在臨死前「先自爲壽藏，圖季札、
子產、晏嬰、叔向四像居賓位，又自畫其像居主位，皆爲讚頌。」[142]
則他的墓葬仍爲所謂的壁畫墓，若認爲他主張薄葬，則他的「薄」與
盧植的「葬於土穴」顯然在節儉的程度上有所不同。

同樣的，章帝時的鄭弘[143]，和帝時的何熙[144]，順帝時的王堂
[145]，桓帝時的馬融[146]，靈帝時的羊續[147]和鄭玄[148]等人均遺言薄葬。
這些人之所以主張薄葬的原因及其薄葬的方式爲何，並無直接的資料
可供檢討，但可以想見的是他們的主張各自有其特殊的背景。

以馬融爲例。融爲名門之後，大儒盧植和鄭玄之師，史載「融才

140　《後漢書》，卷64，頁2122。
141　同上，頁2119。
142　同上，頁2124。
143　同上，卷33，頁1157：「臨歿悉還賜物，敕妻子褐巾布衣素棺殯殮，以還鄉
　　　里。」
144　同上，卷47，頁1593：「右軍臨歿，遺言薄葬。」
145　同上，卷31，頁1106：「年八十六卒，遺令薄斂，瓦棺以葬。」
146　同上，卷60上，頁1972：「延熹九年卒於家，遺命薄葬。」
147　同上，卷31，頁1111：「遺言薄斂，不受賵遺。」
148　同上，卷35，頁1211。

高博洽，爲世通儒，……善鼓琴，好吹笛，達生任性，不拘儒者之
節，居宇器服，多存侈飾，常坐高堂，施絳沙帳，前授生徒，後列女
樂。……注孝經、論語、詩、易、三禮、尙書、列女傳、老子、淮南
子、離騷，……」[149] 但由於他曾曲從梁冀的威勢而草奏李固，並
作〈大將軍西第頌〉，因而頗爲正直所羞。這樣的一種人格，如何能
有薄葬之志？而薄葬是否又必然會恰當的反映出他的思想？這些都是
不易解答的問題[150]。

　　又如馬融的弟子鄭玄亦主薄葬。鄭玄爲經學大家，終生不
仕，「年七十，遺令薄葬。」其戒子書中曾云：「吾雖無紱冕之緒，
頗有讓爵之高。……末所憤憤者，徒以亡親墳壠未成。……家今差多
於昔，勤力務時，無恤飢寒，菲飲食，薄衣服，節夫二者，尙令吾寡
恨。」[151] 由此看來，他仍然希望能有財力爲自己的父母建高墳大塚，
而他自己的薄葬主張似乎是源於他節儉的要求，是一經濟上的考慮，
與生死觀並沒有直接的關係，與乃師馬融的薄葬主張亦無必然關係。
上面二例提示我們，歷史人物的思想與其行爲之間的複雜關係常常不
是少量的史料所能呈現的。

　　最後必須討論的是曾經對厚葬思想的宗教背景作過比較詳密的論
證的王充。王充思想的特點，諸如重知識不重倫理道德、命定論、自
然的宇宙觀等[152]，是形成他的薄葬論的主要思想背景。他在《論衡·
薄葬篇》中以駁斥儒墨兩家對薄葬的看法爲討論的起點。他認爲

149　《後漢書》，卷60，頁1972。
150　馬融的人格與思想是否眞實的反映在《後漢書》記載之中？歷來論者均大體接受
　　范曄的說法而批評他奢侈貪生。近人王泳曾力圖爲其翻案，唯其推論過程過於簡
　　單，不足以推翻前人的批評，見〈馬融辨〉，《大陸雜誌》36（3）：21－25。賀
　　昌群則專從馬氏之老莊思想來說明他的作爲，見《魏晉清談思想初
　　論》（1947），頁16。至於馬融的外戚與士大夫雙重身分對他的思想所可能產生
　　的影響，參見余英時，〈漢晉之際士之新自覺與新思潮〉，《中國知識階層史論
　　（古代篇）》，頁208－210。
151　《後漢書》，卷35，頁1210。
152　參考徐復觀，《兩漢思想史》，卷二，〈王充論考〉，頁563－640；馮友
　　蘭，《中國哲學史新編》，下冊（1964），頁245以下；J. Needham, *Science
　　and Civilisation in China*,vol. II（Cambridge: Cambridge U. Press, 1956），
　　pp.368ff..

儒家的問題在於：雖然不承認神鬼的存在，但又主張要祭祀，這是自
相矛盾的。因爲儒家認爲：「夫言死無知，則臣子倍其君父，故曰喪
祭禮廢，則臣子恩泊，臣子恩泊，則倍死亡先，倍死亡先，則不孝獄
多。聖人懼開不孝之源，故不明死無知之實。」[153] 儒家鼓勵人們對葬
禮採取比較重視的態度，著眼點在於葬禮的社會義意。但是葬禮背後
那種深刻的體認並不能爲一般人所瞭解，反而是儀節本身產生了鼓勵
厚葬的效果，而喪失了儒家喪祭之禮的原義。墨家的問題也在於有自
相矛盾的論點，墨子既主張薄葬，又主張明鬼，在王充看來是不通
的：

> 墨家之議，自違其術，其薄葬而又右鬼，則夫死者審有知。
> 如有知而薄葬之，是怒死人也，情欲厚而惡薄，以薄受死者
> 之責，雖右鬼其何益哉？如以鬼非死人，則其信杜伯非也。
> 如以鬼是死人，則其薄葬非也。術用乖錯，首尾相違，故以
> 爲非[154]。

王充自己的看法是，人死之後，回歸自然，不能成鬼，世間之有關鬼
神之說法均爲人的錯誤與幻覺所造成，所謂「人之所以生者，精氣
也，死而精氣滅，滅而形體朽，朽而成灰土，何用爲鬼？」[155] 人死既
無知，又不能成鬼，所以厚葬是對死者無益，對生者有害的事：「論
死不悉，則奢禮不絕，不絕則喪物索用，用索物喪，民貧耗之至，危
亡之道也。」[156] 由此可以看出，王充的薄葬論雖是建立在道家一派的
自然主義的宇宙和生命觀上[157]，但是他也會從經濟面上考慮厚葬的弊
端，則又不完全反對墨家的主張。究其理論的根本，他並不眞的反對
墨家與儒家的原則，而只是不認爲儒墨兩家的理論能夠自圓其說而
已。他主張薄葬，目的也不僅爲了與儒墨爭辯，而是爲了要糾

153 《論衡》（台北：世界書局，1978），〈薄葬〉，頁226。
154 同上。
155 《論衡·論死》，頁202；又參見〈死僞〉、〈訂鬼〉等篇。
156 《論衡·薄葬》，頁226。
157 至於王充的天道觀到底與先秦道家有何差別，參見徐復觀，《兩漢思想史》，卷
   二，頁610-622。

正世人輕信鬼神禍福的態度，這是與他在《論衡》其他篇章中破除迷信，力求實證的精神是一致的[158]。至於他的推證是否合理，是否眞能堅守實證的路線，則往往要受到他個人知識、環境、和遭遇的影響，是一個學術史上的問題，此處暫不深論[159]。

　　以上大略討論了漢代薄葬論的要旨。事實上，我們也很難找到主張厚葬的言論，然而社會上厚葬的風氣並不因爲少數反對的言論而稍息。在薄葬論者的言論中我們也不易見到如趙咨和王充那樣對厚葬的思想、心理或社會背景等方面作深入檢討的例子，這或許是由於這些言論多爲死前遺言之故。

　　由這些文獻看來，薄葬論者所主張的薄葬方式各有不同，主張無棺的有楊王孫、張奐、趙岐、盧植等，不反對有棺的爲趙咨、范冉等，其餘均不知其是否主張有棺。而即使是主張無棺者中間，還有楊王孫的裸葬，趙岐的白衣，張奐的幅巾，盧植的單帛等差別，可見「薄葬」之本身並無任何絕對標準可言，重要的是在於提出一種相對於當時一般流行的厚葬習俗的觀念。這些薄葬論的共同基本前提應該都是「人死無知」，並且否認死後世界的存在。這和由兩漢時代葬俗中所透露出那種對死後世界和鬼神的信仰正形成強烈的對比，也和在東漢中晚期興起的道敎對葬禮的態度有所不同[160]。而分析其薄葬之理論，可以瞭解到，主張薄葬論者的根本立場大致有從社會經濟之角

158　參見〈論死〉、〈死僞〉、〈紀妖〉、〈訂鬼〉、〈四諱〉、〈譏日〉、〈時〉、〈卜筮〉、〈辨祟〉、〈詰術〉、〈解除〉、〈祀義〉等篇。

159　參見徐復觀，前引書。前人討論王充之薄葬論的專文，有大久保隆郎，〈王充の薄葬論について〉，《人文論究》26（1966）；佐藤匡玄，〈王充の薄葬論について〉，《愛知學院大學文學部紀要》1（1972），均未及見。

160　見注 104，又 A. Seidel, "Traces of Han Religion in Funeral Texts Found in Tombs, " 收入秋月觀暎編，《道敎と宗敎文化》（東京：平河出版社，1987），p. 21–57. 至於漢代的鬼神觀念，可以參見林巳奈夫，〈漢代鬼神の世界〉，《東方學報》46（京都：東方文化京都研究所，1974），頁 223–306。道敎對葬禮的態度，以《太平經》中〈事死不得過生法〉爲代表，是從陰陽鬼神的觀念立論，認爲人生爲陽，死爲陰，故事死不得過。同時，又以爲送終愈爲奢華，人心愈不畏死者，所謂「流就浮華，以厭生人」，以致於鬼神愈爲猖獗。這些觀念都是與知識分子的薄葬主張不相同的。見王明，《太平經合校》（台北：鼎文書局重印，1979），頁 48–53。

度出發以及從道家宇宙人生觀出發兩大類。不過，值得注意的是，這兩種立場並不一定是相互排斥的，而有時薄葬者的用意主要是在藉此種偏激的行為以警世抗俗，因而即使其言辭有道家灑脫之氣，其薄葬之主張與事實本身卻是一種具有「社會教育」意義的積極勸世的儒家胸懷。這一點，可以更進一步從這些薄葬論者的出身、教育背景和生平事蹟方面來看。以下為這些薄葬論者的身分背景之簡表。

人　　　民	年　代	卒　　年	教 育 背 景	事　蹟　、　官　職
楊　王　孫	武　帝	100 BC	學黃老之術	家業千金
祭　　遵	光　武	AD 33	經學	列侯
樊　　宏	光　武	51	農商	封侯
鄭　　弘	章　帝	87		孝廉、縣令、太守、尚書令、大司農、太尉
張　　霸	和　帝	100	經學	太守、侍中
張　　輔	和　帝	104	經學	太守、太僕、太尉
王　　充	和　帝	104	博學	郡功曹、從事
何　　熙	和　帝	110		謁者、司隸校尉、大司農
王　　堂	順　帝	c 140		茂才、太守、有治聲
梁　　商	順　帝	141		外戚、大將軍
崔　　瑗	順　帝	143	天官、歷數京房易傳	茂才、縣令、濟北相
馬　　融	桓　帝	166	經學、諸子	太守
趙　　咨	靈　帝	c 180	經學	孝廉、博士、太守、在官清簡
張　　奐	靈　帝	181	歐陽尚書	賢良、屬國都尉、使匈使中郎將、大司農、太常
范　　冉	靈　帝	185	經學	性狷急，不就官
羊　　續	靈　帝	189		太守、太常
盧　　植	獻　帝	192	經學	博士、太守、侍中、尚書、中郎將
鄭　　玄	獻　帝	200	經學	茂才、不仕
趙　　岐	獻　帝	201	經學	太常

　　就年代上來看，大多數薄葬論者均爲東漢中晚期人，其中是否有
特別的原因？是否由於此時的社會風氣日壞，以致於知識分子也表現
出比較強烈的批判態度[161]？或者只是有較多的材料可供史家利用？或
兩者均是？無論如何，僅以這些薄葬言論或行爲能夠被記載下來的事
實本身而言，也可以看出當時的知識界中有一股欣賞這種反潮流言行
的力量存在著。

　　至於這些人物的背景，由表中可以看出，大部分的人都多少具有
某種程度的經學背景。其中有些甚至爲極有成就的儒家學者。至於那
些沒有明顯經學背景的人，如鄭弘、樊宏、何熙、王堂等人，也都是
在行事方面有一定成就者。因此我們可以推測，儘管他們之中一些人
的薄葬言論流露出某些道家思想的特質，他們的思想背景和生平行事
卻顯示出，這些人本質上並不是出世或避世的道家之徒。因而他們的
薄葬主張可能僅僅反映出平時沒有機會表現的達觀思想。

　　從另一角度來看，這些言論中有的也可能是抗世疾俗的宣言。對
照著東漢中晚期天災人禍流行，政府屢屢下令收埋無主的枯骨，而富
豪之家厚葬之風不減的情形來看，知識分子這種心情是不難理解的。
值得注意的是，雖然他們多有儒學的背景，不少人卻引用道家的觀念
來支持其薄葬的理論，反而似乎不覺得一些儒家的主張，如「喪，與
其易也，寧戚。」也可以很容易被引申爲薄葬的理論基礎。這是否是
由於儒家學說在當時多少成爲厚葬風氣的支持者（儘管此時所謂的儒
家思想與先秦儒家有著相當的距離），以致於他們不願意再援引儒家
學說，以免造成誤解？此外，論者常以爲儒家思想在東漢晚期由於社
會的動盪不安而趨於衰弱，以致於各種其他思想活躍[162]，這一現象是
否可用來解釋薄葬論的思想背景？這是一個最好能個案討論的問題，
因爲薄葬的主張與個人主觀情緒有相當關係。至少就我們所看見的這
些例子來看，不少主張薄葬者本人是積極有成的儒者，可見，若以爲

161　參見 Chi－yun Chên, *Hsun Yueh*（ A.D. 148－209 ）（ Cambridge: Cambri-
　　dge U. Press, 1975 ）, pp.10－39.
162　如湯一介，《郭象與魏晉玄學》（台北：谷風出版社，1987 ），頁 6－9。

薄葬思想有根源於道家思想的部分，則此道家的人生觀，至少就這些
人而言，並不是在他們的儒家思想衰微的情況之下而起的。這種情
況，可以修正上面所謂儒家思想衰微的論點，更可以顯現一時代和其
中的個人思想的多面性。同時，這些薄葬論者能夠如此力挽潮流，也
顯示出，一直到東漢晚期，至少仍有些知識分子，即使是明習經學，
他們的思想並沒有一元化。若從漢代思想史的發展來看，這些薄葬論
者所呈現出的面貌或許可以說明，由先秦時代所流傳下來的各派學
說，到了東漢中晚期，已經在一些知識分子的思想中融合爲一體。這
些知識分子在與社會國家的交往中表現出積極的儒家精神，但在私人
追求心靈的平靜時則是道家的信徒[163]。魏晉時代玄學的興起，其思想
上的背景至少有一部分是源於東漢末年的這種情況[164]。

經由本章討論，我們對於由考古材料所呈現出的漢代墓葬形制與
文獻材料所透露出的漢人厚葬風氣之間的聯繫有了更明確的掌握，而
對照著前章所論漢人死後世界觀的特質，漢代知識分子的薄葬觀念則
有如浮現在黑暗中的少數明燈，一方面顯示社會文化中一部分比較不
受拘束之精神，一方面也反映出整個文化習俗的基本風格。

163　參見 E. Balazs, *Chinese Civilization and Bureaucracy* (New Haven: Yale
　　U. Press, 1964), pp. 187－225; Chi－yun Ch'en, "Confucian, Legalist and
　　Taoist thought in Later Han," in *Cambridge History of China*, vol. I
　　(Cambridge : Cambridge J. Press, 1986), pp.767－ 807.

164　實際上已有學者提出魏晉時代的玄學乃是淵源於漢代的儒學的說法，參見湯用
　　彤，〈魏晉思想的發展〉,《魏晉玄學論稿》（台北：廬山出版社， 1972），
　　頁 131 以下。湯氏論魏晉有舊學、新學。舊學爲承襲漢人舊說，新學即玄學，以
　　老莊虛無之論爲基礎。然新學又可分爲激烈與溫和二派，前者積極反對儒家傳
　　統，後者則主調和儒道。又見 Jack L. Dull,〈新道教における儒教的諸要
　　素〉，收入酒井忠夫編,《道教の總合的研究》（東京：國書刊行會，1977），
　　頁 7－56。余英時先生（〈漢晉之際士之新自覺與新思潮〉）則從漢晉之際士的
　　自覺來解釋由儒學到玄學的轉變，是源於一種對抽象原則的追求，此追求在漢末
　　時表現爲儒學簡化運動，在魏晉時則表現爲玄學之發展，因而魏晉玄學的興起非
　　單純對儒學之反動所能解釋。此說與本文之觀察亦可相印證。有關魏晉時代的薄
　　葬思想，參見魏鳴，〈魏晉薄葬考論〉,《南京大學學報》1986（4），頁 133
　　－143。魏鳴認爲魏晉時代主張薄葬的知識分子大多爲「儒家」，而具有道家傾
　　向的知識分子雖亦有可能贊同薄葬，但他們對當時社會並沒有太大影響。魏鳴的
　　說法可以部分印證本文關於漢代薄葬論者背景的論點，不過他所說的「儒家」是
　　否都沒有受到道家的影響，則是個疑問。　·

第九章　結論

由新石器時代到漢帝國覆亡，中國的墓葬形制經歷了一段漫長的演變過程。在前面的章節裡，我們已經大致交代了這墓葬形制在先秦的發展，也比較詳細的討論了漢代的情況。在以下的篇幅中，我們將試著將這段演變過程作一個綜合的敍述，並且討論這段故事的歷史意義。

從新石器時代一直到戰國末年，流行於中國文化圈中的墓葬形制主要是豎穴土坑墓。這種墓葬方式在人類文明史上只是諸多方式的一種，而即使對古代中國人而言，也不是沒有接觸其他方式的機會，如《墨子》中所提到的輆沭之國的葬俗，應該不是空穴來風，而先秦時代在南方地區也有如崖葬、懸棺葬等方式。不過以中原文化爲主的墓葬形制始終維持著豎穴土坑之葬式，而此一葬式傳統本身的發展，也反映出中國文化自新石器以來的發展和成就。由新石器時代末期以來無棺槨、偶有簡單隨葬品的墓葬方式，到周代依照身分而有定數的棺槨、隨葬制度，反映出的是一個社會由簡單、樸素進入複雜、富裕的過程。這簡單和複雜不但指的是政治和社會結構、經濟和工藝，也指的是思想和禮制的由簡單入複雜。

由春秋戰國到漢代，豎穴木槨墓雖然仍是中國葬制的主流，但已經朝下坡而行，代之而起的是橫穴磚室墓。然而其中的原因爲何？

如果將埋葬制度視爲一種社會結構的物質象徵，則當此物質象徵改變時，必然反映出在當時該社會階層中有某種外在的壓力去促使它改變，或者，如果改變是模仿另一社會階層的物質象徵，那麼這模仿

的行為代表了舊有的社會階層區分下降，模仿者藉著模仿上階層之物質象徵而提昇其地位。但是，在一段時間之後，上階層將會發展出另一套物質象徵來區別其地位。當然，我們又必須考慮的是，在一段時間之後，整個社會結構都有可能進入一新的情況，此時的上層社會與前一階段的上層社會可能屬於不同的社群。而其所使用的一套物質象徵也可能表現為不同範疇的事物[1]。

從上面這種觀點來看中國古代墓葬制度的發展，可以知道至少從春秋中晚期開始，周代的禮制已經不能為諸侯所遵守，因而發生了僭禮厚葬的情況。不過僭禮厚葬的行為在意識形態上並沒有完全脫離這種葬制原來的範疇，也就是說，僭禮者基本上是承認周代禮制所代表的價值的，因而才有興趣去爭取那原本不屬於自己身分所有的葬制，這也就是上面所說的一個社會階層模仿上階層社會的物質象徵的情況。然而，從另一方面說，僭禮厚葬的事實又是舊社會秩序開始崩潰的一種反映。當周代的封建社會在春秋戰國時代逐漸的轉變為編戶齊民的社會，人們所實行的埋葬制度也在一定的程度上有了相應的改變。簡而言之，我們認為，這相應的改變，在基本心態上，是從一種極端重視死者生前身分的埋葬制度，轉變為比較重視死者在死後世界中的生活的埋葬制度。反映出這種轉變的，就是墓形由豎穴木槨墓轉變為橫穴磚室墓，以及與之相關的一些發展。

首先是橫穴磚室墓的出現。這種墓葬形式明顯的表現出一種觀念，即墓室為死者在地下所生活的地方。這並非說在磚室墓沒有出現之前，人們不將墓室想像為死者的地下居所，而是說磚室墓反映出這種觀念的比較成熟的面貌。當然，由磚室墓的發展過程看來，這種以墓室為地下居所的觀念也是經歷長期的發展而來的。

與之相關的發展，一是隨葬品性質的轉變。周代禮制中有各種與死者身分相配合的埋葬制度，以鼎、簋、壺等青銅禮器的數目及棺槨

1　　Morris, *Burial and Ancient Society* (Cambridge: Cambridge U. Press, 1987), pp. 16, 42.

的層數及大小爲主要的指標[2]。　這些禮制以及相應的埋葬制度在春秋
戰國時代雖然仍是主要的葬制，其實際隨葬品內容卻逐漸轉變，朝向
生活用具方面爲主。最明顯的現象就是象徵封建階層身分的鼎、簋等
青銅器逐漸消失不見，而日常用的陶罐、壺、盒、瓶等器物成爲主要
的隨葬品。此外，象徵舒適的地下生活的各類僕俑、車馬、田產、樓
房等隨葬明器也隨時而增加。這隨葬品性質之轉變自然和墓形的轉變
一樣，是一種緩慢的過程，一直要到西漢中晚期才算定形（比較表6
－7及6－14）。

　　另一項發展，是具有象徵或實質意義的裝飾畫像在墓中的出現。
誠然，在所有的墓葬之中，有畫像裝飾者居於少數，然而其存在的事
實也反映出一種普遍的觀念：畫像本身在墓中之作用有如隨葬之明
器，死者藉著畫像之存在而希望能到達畫中之境界。若非如此，我們
就無法解釋在應該是封閉的墓室之中準備畫像之目的。馬王堆帛畫的
作用，在這一意義上，應該是與壁畫有相同功用的。這種情況，與漢
人在墓前祠堂中設置畫像的意義不盡相同。祠堂中的畫像由於有機會
爲家族鄉黨人士所看見，因而其內容具有各種不同的敎化作用，如著
名的武梁祠中的畫像，除了在漢代今文學派天人感應宇宙觀的框架之
中運作之外，也有墓主人自己的政治和倫理觀念的作用[3]。　據說趙岐
在死前，先自爲壽藏，在墓中圖畫季札、子產、晏嬰、叔向之像居賓
位，自己像居主位。趙岐的意思大概是在宣揚他所贊同的德行（否則
這件事也不會爲人所得知），並且也希望在他死後可以與生平所景仰
的古賢者共處[4]。　在漢畫像墓中，各類畫像的主題包括了世間生活

2　　關於周禮身分制度，參見杜正勝，〈周禮身分的象徵〉，《中央研究院第二屆國
　　　際漢學會議論文集》（台北，1989），頁295－306。

3　　Wu Hung, *The WuLiang Shrine*, pp. 218 ff., 認爲武梁祠堂中的畫像爲武梁個
　　　人的設計，爲了要表達他自己的某些政治和倫理觀念。我們不反對這種說法，但
　　　是這種說法顯然並不能適用於大多數墓室壁畫。又見兪偉超，〈先秦兩漢美術考
　　　古材料中所見世界觀的變化〉，《慶祝蘇秉琦考古五十五年論文集》（北京：文
　　　物，1989），頁111－120。

4　　《漢書》，頁2124。

的各方面，也有那虛無縹緲的神仙世界。這些，當然仍可以，也應該
解釋爲漢人宇宙觀的一種表現，但是這宇宙觀之所以被表現在墓室壁
畫中，主要應該是由於它們所具有的實用功能。因爲一般而言，墓中
的畫像，其唯一可能的觀衆就是死者自己，因而畫像應該是爲了死者
本身的利益而設。這一點，可以由並不是所有的壁畫墓中的畫像都可
以完整的表現一套宇宙觀的事實而得到證明。也就是說，我們可以認
爲墓中壁畫在某種程度上表現了宇宙觀，但是那些畫之所以被採用，
其主要理由是爲了直接對死者有益，而非墓主、家屬、或裝飾工匠爲
了要表現他們的「宇宙觀」的作品。正如有關神話的研究一樣，神話
中反映出的文化意識，是神話學者所發掘出來的，但若說神話的原始
心態是爲了要表達一種文化意識，則過分簡化了神話在社會和歷史中
產生過程的複雜而非個人性的因素[5]。 壁畫中的各類主題當然也是經
過了長時間的發展而逐漸形成的，其反映出的宇宙觀或倫理價值可以
說是社會文化的自然結晶，但是除非有明確的證據，如武梁祠或趙岐
的例子，很難說它們一定是在智識層面上經過反省的、有意識的表
現，毋寧應認爲它們只是一種符合人們生活情狀的心態的流露。而
且，在一種裝飾傳統逐漸定形之後，繼續此傳統者並不一定能瞭解其
原始之意義，因而裝飾壁畫之流爲純裝飾，而不代表明顯的宗教或道
德意義，也是相當自然的趨勢。

　　在這些有形的發展背後，我們可以覺察到一件無形的事實，就是
死後世界觀念的逐漸成熟。文獻中所呈現的死後世界觀，基本上也和
墓葬形制的發展有相同的趨勢，即由先秦時代比較模糊的概念逐漸顯
現爲漢代比較明確的死後世界觀。而漢代的厚葬風氣，則可以說是以
上這些有形和無形的發展在社會中的一種綜合體現的結果。

　　必須在此說明的是，這些有形或無形的發展線索雖然各自反映出
了社會和思想、信仰方面的變化，它們彼此並不是平行式或同時性發

5　　參見 G. S. Kirk, *Myth – Its Meaning and Functions in Ancient and other Cultures* (University of California Press, 1970), pp. 252 ff.

展的。也就是說它們自身的出現、起伏、演變過程並不是經由完全相
同的程序和時間、空間，因而要探討某種主導墓葬形制演變過程的因
素也許並不容易。儘管如此，我們仍然認爲，在這些相應的改變之
後，有一基本的因素在牽引、影響著這些物質、精神的變動的方向，
這就是本章開始時所提到的社會結構的大轉變。

　　周代封建社會之基本架構，體現在現實社會的身分制度之上，而
傳統的豎穴木槨墓在歷經長時期的使用，到了此時，已經發展出一套
足以體現這種身分制的制度，是可以與整體禮制配合的[6]。 等到封建
秩序在春秋戰國時代一步步的崩解，而編戶齊民的社會一步步的成形
[7]， 與這種情況相應的墓葬形制的演變，開始是所謂的僭禮，其次就
是磚室墓的出現。爲何如此？在封建秩序開始崩解之時，舊禮制仍然
在人們的意識形態中占有主要的地位，因而有諸侯要以稱王爲提昇自
身地位之手段，也就是說，舊秩序雖然開始崩解，舊意識形態仍有其
勢力，這也是爲何自春秋時代以來就開始走下坡的豎穴墓可以一直延
續到東漢時代才算結束的原因。論者以爲東周以來，周王室衰微，宗
族組織逐漸爲家族結構所取代，諸侯對墓之興趣與日俱增，因爲廟代
表宗族世襲，而墓象徵個人在新官僚系統中的位置和成就[8]。 這種說
法指出一個值得注意的現象，但同時也爲了凸出墓與廟的不同意義而
掩蓋了一些事實，如墓葬形制本身在西周到春秋時代其實並沒有太大
的變化，而墓葬形制原本就是宗族世襲的封建禮制的一部分。因此春
秋戰國以來周天子權威下降，封建瓦解的情況，固然促使強大諸侯更
重視建大墓對個人成就的象徵意義，但實際上這些諸侯所使用的墓葬
制度基本上仍然是認同周代封建禮制的。當然，以戰國諸侯爲首的社
會大變動促成封建社會的瓦解，所造成的編戶齊民的新社會，的確

6　杜正勝，〈周禮身分的象徵〉，《中央研究院第二屆國際漢學會議論文集》（台
　　北，1989），頁 295–306。
7　杜正勝，《編戶齊民》（台北：聯經出版公司，1989）。
8　巫鴻，〈從「廟」至「墓」〉，《慶祝蘇秉琦考古五十五年論文集》（北京：文
　　物出版社，1989），頁 98–101。

是比較普遍重視個人成就而不重血統身分的社會，但是這種社會所重視的墓也就逐漸不再是象徵周代封建禮制的豎穴墓，而成為磚室墓了。然而編戶齊民的社會有何種引導或影響磚室墓發展的特質？

　　前文提到死後世界觀的成形是磚室墓發展的一項動力，如果這是可靠的推論，那麼死後世界觀的成形與編戶齊民的社會的出現又有何關係？我們認為這要從漢人死後世界的性質來檢討。秦漢編戶齊民社會與周代封建社會之不同，除了封建秩序的紊亂之外，根據杜正勝的說法，還在於人民的身分區別逐漸消失，國野之間的界限逐漸泯沒 [9]。 換言之，編戶齊民的社會，至少在理論上，是一個比較重視個人表現，而盡量排除世襲身分的社會，因而其所鼓勵的意識形態，若與封建社會相較，是比較進取而向前看的。在這樣的社會中，人所遇到的限制不是血統、身分，而是是否有機會靠自己的能力取得財富和地位。秦國行二十等爵尚首功之法，正是這種意思。當然，在現實的環境中，所謂的齊民仍然是會由於各種因緣而有不齊的遭遇。於是人們在有機會時自然會想設法提昇其地位、增加其財富。若生時不能達到此願望，也還希望在死後有所收穫。因為，人在生時所處的是編戶齊民的社會，死後所處的社會本質上也當是相同的。而人死之後，又是另一個新的開始，有一切新的機會。因此，我們在第七章中見到漢人對於去死後世界所做的準備，正是預備讓死者能在死後世界中占得一較有利的地位，如「自食地下租，歲二千石」，或者以象徵財富的各種明器隨葬等。而且，死者去世之事實不但是死者去另一世界，也是尚生存的後人的一個藉適當的葬儀祭典而改善自己生活的機會。如果說人對死後世界的想像受限於他所瞭解或經驗到的生前世界的價值觀，那麼這些具有自由競爭性質的死後世界的觀念，在編戶齊民的社會出現之前，也就是在身分階級已被固定的封建社會中，應該是很難成立的。因此我們認為編戶齊民的社會的出現，促使一種新的死後世

9　　杜正勝，《編戶齊民》，頁43。

界觀的成形，也就間接的造成了一連串和墓葬形制有關的變動。如果扣緊前面所說，在社會結構改變之後，社會階層之間區別地位的物質象徵也可能表現爲不同範疇的事物，則在編戶齊民的社會中，不同社會階層的物質象徵，也許除了皇帝陵之外，已經不能再用墓葬的形制來有效的代表。漢代的薄葬論者以及魏晉時代一股薄葬的風氣，正可以說明此時至少有一些人認爲，人死後墓葬形制與生前的地位和重要性並無必然的正比關係。

　　經過這樣一種對漢代墓葬形制及相關問題的討論，我們希望多少已經闡明了墓葬制度之發展與宗教信仰、社會變遷之間的密切關係。墓葬形制之轉變和死後世界觀之發展正是社會結構轉變在物質和精神兩方面分別之相應表現。中國古代墓葬形制從戰國末期開始的大轉變，可以反映出中國人死後世界觀在這一段時期中之發展，而兩者均與秦漢編戶齊民社會之形成有不可分割之關係。結合文獻材料與考古材料，我們可以推測，從戰國末期開始，中國人對於死後世界的面貌有了比較具體的想法。也有了具體表達此種想法的墓葬方式。當然，此種想法的出現很可能早於現有文獻和考古材料所能提出證據的時代，但現有的各種證據至少顯示，在經過戰國時代的大變動之後，中國的社會邁向一個新的階段，墓葬制度的演變是這大變動中的一環，不但反映出這變動所觸及的文化層面的深度，也反映出遠在佛教進入中國之前，中國人對於人死之後的歸宿已經有了相當成熟的想法。魏晉南北朝以下，中國的社會和宗教都進入另一個大變動的時代，墓葬制度在此後有些什麼發展，和社會宗教的變動有何互動關係，佛教入中國後，中國人的死後世界又發生了如何的變化，舊有的死後世界觀如何與佛教所帶來的觀念融合，都是一些值得進一步探討的問題。

附錄一　豎穴墓資料分類代碼表

(01)　年代

H　西漢　　　　　　　　　　　　　　　J　東漢

1　早期　　　　　　2　中期　　　　　3　晚期

+　跨二個時代（往前推一）

(02)　地點

1 南部地方	2 中部地方	3 北部地方	4 東北地方	5 塞北地方	6 西部地方
11福建	21江蘇	31山東	41遼寧	51寧夏	61西藏
12廣東	22浙江	32河北	42吉林	52內蒙古	62青海
13廣西	23安徽	33河南	43黑龍江		63新疆
14貴州	24江西	34山西			
15雲南	25湖北	35陝西			
	26湖南	36甘肅			
	27四川				

註：1, 2, 3, 4, 5, 6表取十位數字

(03)擾否：1 表已擾

(04)方向：0°～360°

(05)墓坑口：1　斗口　　　　　　　　2　階梯

(06)墓室

1　無墓道豎穴墓	2　帶墓道豎穴墓	3　其他
11　無墓道長方豎穴墓	21　帶墓道長方豎穴墓	31　形式特殊者
12　無墓道凸形墓	22　帶墓道凸形墓	
13　T形墓	23　帶墓道T形墓	

(07)　塡土

1　含白黏土者

1A 槨外全敷白黏土，外塡黃沙　　　　1B 槨底敷白黏土，外塡黃沙

1C 槨外全敷白黏土，外塡原坑土　　　1D 底敷白黏土，外塡原坑土

1E 槨底敷白黏土，外塡上層沙下層原坑土　1F 槨外敷白黏土，外塡沙土混合

1G 槨外敷白黏土，外塡土及炭屑混合　1H 敷白黏土，外塡五花土

1I 敷白黏土，外塡黃黏土（黃褐土）　1J 槨外全舖木炭及黏土

1K 敷白黏土，外塡紅褐土

2　含木炭者

2A 槨外全舖木炭，外塡黃沙　　　　　2B 槨外全舖木炭，外塡原坑土

2C 槨底舖木炭，外塡黃沙　　　　　　2D 底舖木炭，外塡原坑土

2E 外塡木炭屑及紅棕土混合　　　　　2F 積石積炭

2G 底舖木炭，外塡黃黏土　　　　　　2H 槨底舖木炭，外塡五花土

2I 黃沙與炭屑混合　　　　　　　　　2J 上半層塡沙，下半層沙與炭屑分層

2K 一層原坑土，一層木炭　　　　　　2L 上半層沙，下半層沙土混合

3　含黃沙者

3A 全用黃沙　　　　　　　　　　　　3B 槨外四周塡原坑土，再外塡黃沙

3C 槨外四周塡黃沙，再次塡原坑土　　3D 沙土混合

3E 上層黃沙，下層原坑土　　　　　　3F 上層原坑土，下層黃沙

3G 上層黃沙，下層黑黏土　　　　　　3H 黃沙與紅土混合

3I 沙土分層回填　　　　　　　　　　3J 前室黃沙，後室原坑土

3K 前室原坑土，後室黃沙　　　　　　3L 沙石混合

4　其他

4A 外壙原坑土　　　　　　　　　　　4B 外壙五花土

4C 外壙灰黑沙　　　　　　　　　　　4D 外壙黑沙土

4E 外壙灰黑黏土　　　　　　　　　　4F 外壙鬆土

4G 外壙黃泥土（淡黃黏土）　　　　　4H 外壙黃褐（赫紅，棕紅，褐）色黏土

4I 外壙紅褐沙　　　　　　　　　　　4J 外壙石土混合

4K 外壙青褐土　　　　　　　　　　　4J 外砌磚

(08)　排水系統

1　陶管　　　　　　2　鋪石　　　　　3　排水溝

(09)　腰坑

埋物

1　陶類　　　　　　　　　　　2　動物

11　陶

12　陶杯

13　陶盒

14　陶

註：1, 2, 表示取十位數字

(10)　槨結構

槨結構一項

1 完全無法確定　　　4 一層槨，未分室　　7 一層槨，分至　　10 特殊情況

2 無槨　　　　　　　5 二層槨，未分室　　8 二層槨，分室　　11 黃腸題湊

3 有槨，結構不清　　6 三層槨，未分室　　9 三層槨，分室

分層一項

1 全部分隔爲上、下二層　　3 邊箱、頭箱分隔爲上、下層，棺室單層

2 呈┐狀者

器物室位置一項

1 棺室下　　　　　　　　　2 前室下

(11)　棺結構

棺結構一項

10 完全無法確定	3 單葬	4 合葬	5 特殊情況
20 有棺，結構不清	31 無法確定有無棺	41 無法確定有無棺	51 合葬數兩人以上
	32 單葬無棺	42 合葬無棺	
	33 單葬有棺，不知層數	43 合葬有棺，不知層數	
	34 單葬一層棺	44 合葬一層棺	
	35 單葬二層棺	45 合葬一層棺	
	36 單葬三層棺	46 合葬一層棺	
	37 單葬三層棺以上		

男棺位置一項

1　右　　　　　　　　2　左

(12)頭向

1　前　　　　　　　　2　後

(13)葬法

1 仰身直肢	4 俯身直肢葬	7 合葬，男左邊，仰身直肢
2 屈肢	5 男，仰身直肢	8 合葬，男右邊，仰身直肢
3 合葬，一仰身，一屈肢	6 女，仰身直肢	

(14)裝飾

1 槨板	2 棺板	3 隔板	4 其他圖畫	5 其他
11 外槨有門		31 棺室與前室有門	41 紋飾	51 不屬圖畫者
12 中槨有門		32 器物室與前室有門	42 鳥獸	
13 中槨有窗		33 棺室與邊室有門	43 人物	
		34 其他特殊位置或足箱有門	44 神話	
		36 棺室與前室有窗	45 建築	
		37 器物室與前室有窗		
		38 棺室與邊室有窗		
		39 頂板（天花板）有裝飾		

(15)　隨葬品分類細目（見附錄三）

附錄二　磚室墓資料分類代碼表

(01)年代：同豎穴墓(01)

(02)地點：同豎穴墓(02)

(03)擾否

1 主室（或全部被侵擾）　　　　2 耳室　　　　3 墓道　　　　4 不明

(04)磚文

1　印　　　　　2　刻　　　　　3 印刻皆有

(05)建築材料

1 土洞	4 磚石	7 僅舖地
2 空心磚	5 石板或石塊	8 前室土洞，後室小磚
3 小磚	6 空心磚和小磚	(平頂墓分爲二，一小磚，一空心)
		9 未寫明

(06)墓道

1豎井　　　　　　　　4階梯　　　　　　　　6未寫明

2斜坡　　　　　　　　5有墓道未挖或已被破壞　7隧道

3豎井和隧道（或階梯）

(07)甬道：1　表示有帶甬道

(08)耳室

位置（百位數）

A 墓道　　　　　　C 前室　　　　　　　E 後室（主室）　　　　G 耳室

B 甬道　　　　　　D 中室　　　　　　　F 不明

形狀（拾位數）

1 矩形　　　　　　3 十字形　　　　　5 假

2 丁字形　　　　　4 L形　　　　　　6 不明

個數（個位數）

1~9，X 表不明

(09)　前室　　　　(10)　中室　　　　(11)　後室

頂式一項

1 平頂　　　　　　3 穹廬（覆斗式）　　5 結構不明　　　　　7 木頂

2 券頂（弧頂）　　4 疊澀　　　　　　6 八字形頂（空心磚）

(10)槨：1 表示有槨

(11)棺床

1 無法確定　　　　2 有棺床　　　　　3 沒有棺床

(12)棺材材料

1 無　　　　2 不明　　　　3 木（漆）　　　　4 石板　　　　5 瓦

(13)頭向：同豎穴墓(12)

(14)葬法：同豎穴墓(13)

(15)畫像

技法

1 雕刻畫像石（STONE RELIEFS） 　　3 彩繪畫像磚 　　　5有畫像無法確切登錄

2 浮雕畫像磚（MOULDED BRICKS） 　　4 彩繪壁畫

內容

1神仙故事

A 嫦娥 　　　　　　　E 日鳥（三足鳥）與太陽 　　I 蟾除，玉兔，月亮皆有

B 伏羲女媧交尾 　　　F 伏羲或女媧（分別出現）　J 鰲山圖

C 西王母及附隨人物 　G 月亮或蟾蜍或月中有蟾蜍 　K 牛郎，織女

D 東王公及附隨人物 　H 玉兔或月中有玉兔

2 歷史故事

3 祥瑞

A 四神 　　　　　　　F 舖首 　　　　　　　K 神人，動物，花樹紋（雲紋）

B 四神單獨或配對 　　G 驅魔 　　　　　　　L 博山爐

C 其他神獸 　　　　　H 神人與怪禽獸 　　　M 搖錢樹

D 天象（星雲，星座）　I 羽人，升仙 　　　　N 魚

E 方相 　　　　　　　J 墓主人升仙 　　　　O 鼎

4 日常生活

A 車騎 　　　　　　　E 攻戰，械鬥 　　　　I 家居

B 宴樂雜技 　　　　　F 官府 　　　　　　　J 收租圖

C 農耕畜牧 　　　　　G 漁獵 　　　　　　　K 牽犬圖

D 家事（庖廚，釀酒等）H 製鹽 　　　　　　L 祭祀圖

5 人物建築

A 樓（屋）　　　　　　D 門吏　　　　　　　G 門

B 過橋或在橋上打戰　　E 人物，建築　　　　H 墓主人或夫婦

C 材官蹶張　　　　　　F 其他人物　　　　　I 軍武庫（或刻一排兵器）

6 自然

A 山水樹木　　　　　　C 動物，鳥獸　　　　E 蓮花

B 池塘　　　　　　　　D 山水，樹木，房屋

7 銘文

A 紀年　　　　　　　　B 題記　　　　　　　C 贊

D 志

8 其他

A 樹燈　　　　　　　　B 剝落　　　　　　　C 自傳

畫像位置

AO 門柱　　　C1 門楣背面　　　　E2 中室頂　　　　　MO re-used blocks

A1 門柱背面　D1 前室壁　　　　　E3 後室頂（主室頂）NO 位置不清

BO 門扇　　　D2 中室壁　　　　　JO 耳室　　　　　　OO 棺

B1 門扇背面　D3 後室壁（主室壁）KO 甬道　　　　　　PO 墓道

CO 門楣　　　E1 前室頂　　　　　LO 過洞　　　　　　QO 迴廊

(16)隨葬品位置

A 墓道　　　C 前室　　　　　　E 後室（棺室，主室）F 耳室

B 甬道　　　D 中室

(17)隨葬品分類細目：同豎穴墓(15)（見附錄三）

附錄三　隨葬品分類代碼表

千位數（分類以材料爲主）

A. 銅器

B. 陶器

C. 鐵器

D. 竹器

E. 木器

F. 漆器

H. 石器

I. 玉

J. 金

K. 琉璃

L. 瑪瑙

M. 銀

N. 錫

O. 鉛

P. 骨製品

Z. 其他

百位數（分類以用途爲主）

A. 儲容器

B. 炊器

C. 兵器

D. 工具

E. 飾物

F. 俑

G. 動物模型

H. 其他模型

I. 錢

J. 鏡

Z. 其他

十位數、個位數（細目）

A. 儲容器

AO. 甕

AA. 四耳罋　　　　　　　　　AB. 小口甕　　　　　　　　AC. 罍

BO. 罈

CO. 瓿

CA. 小瓿

DO. 罐

DA. 單耳罐　　　DB. 雙耳罐　　　DC. 四耳罐　　　DD. 雙聯罐　　　DE. 三聯罐

DF. 四聯罐　　　DG. 五聯罐　　　DH. 直身罐　　　DI. 扁罐　　　　DJ. 小口罐

DK. 侈口罐　　　DL. 三足罐

EO. 盒

EA. 套盒　　　　EB. 小盒　　　　EC. 格盒　　　　ED. 雙耳盒　　　EE. 矩盒

EF. 圓盒　　　　EG. 三足盒　　　EH. 四聯盒　　　EI. 八聯盒　　　EJ. 三足小盒

EK. 三足套盒　　EL. 蓋盒　　　　EM.（封泥）匣　EN. 筒

FO. 壺

FA. 小壺　　　　FB. 小口壺

HO. 卮

HA. 酒卮（鍾）

IO. 碗（缽）

JO. 杯

JA. 耳杯　　　　JB. 高足杯

KO. 觚

LO. 筒

LA. 提筒（　）　簍筐

MO. 盆

MA. 洗　　　　MB. 方盆

NO. 盤

NA. 圓盤　　　　NB. 方盤

OO. 盂

OA. 聯盂

PO. 匜

QO. 水丞

QA. 水缸（或水斗）

RO. 樽

RA. 鐎樽　　　　RB. 酒樽　　　　RC. 溫酒樽

SO. 豆

TO.

UO.

VO. 奩

VA. 圓奩　　　　VB. 方奩　　　　VC. 橢圓奩

WO. 觥形器

ZO. 貯器

ZA. 貯貝器

B. 炊煮器

AO. 鼎

BO. 敦

CO. 鑒

DO. 甀

DA.　甀　　　　　DB. 銅甀

EO.

EA. 三足　　　　　EB.　架

FO. 銅

GO. 口

HO. 盉

IO. 勺

IA. 匏勺　　　　IB. 魁　　　　IC. 匙

JO. 飯丞

KO. 鐎斗

LO. 鍋

MO. 筷子

NO. 叉子

C.　兵器

AO. 劍

AA. 短劍　　　AB. 劍檷，劍鞘

BO. 刀

BA. 環首刀

CO. 匕

CA. 小匕首

DO. 戚

EO. 啄

FO. 錘

GO. 狼牙棒

HO. 矛

IO. 戈

IA. 鐏　　　　　IB. 鐵

JO. 戡

KO. 柲

LO. 鈹

MO. 弓

NO. 箭

NA. 箭頭　　　　NB. 箭箙

OO. 鏃

OA. 鏃鋌　　　　OB. 銅鏃鐵鋌

PO. 弩機

QO. 盾

RO. 甲

D. 工具

AO. 鑽挖

AA. 鑿　　　　　AB. 槌　　　　　AC. 釘

BO. 砍削

BA. 削　　　BB. 斧　　　BC. 斤　　　BD. 錛　　　BE. 鑱

BF. 鋸　　　BG. 刮刀　　　BH. 環首削

CO. 農具

CA. 鐮　　　CB. 犁　　　CC. 鋤　　　CD. 鍤　　　CE. 耙

CF. 鏟　　　CG. 箕

DO. 生產工具

DA. 魚鈎　　　DB. 鈎　　　BC. 網　　　DD. 網墜　　　DE. 紡輪

DF. 紡織器具　　　DG. 滑輪　　　DH. 齒輪

EO. 文具

EA. 筆　　　EB. 硯　　　EC. 黛硯　　　ED. 墨　　　EE. 研

EF. 鑷　　　EG. 書刀

FO. 修容用具

FA. 鑷　　　FB. 眉筆　　　FC. 刷子柄　　　FD. 梳　　　FE. 箆

GO. 燈具

GA. 蠋台　　GB. 俑坐燈　　GC. 三足燈　　GD. 動物形燈　　GE. 曲枝燈

HO. 生活用具

HA. 箍　　　HB. 方錐形器　　HC. 條形器　　HD. 砥石　　HE. 石磨

HF. 剪　　　HG. 案　　　HH. 杖　　　HI. 鞋　　　HJ. 扇

HK. 屏風　　HL. 枕　　　HM. 虎子　　HN. 樸滿　　HO. 熨斗

HP. 傘蓋或傘　　HQ. 床　　　HR. 過濾器

IO. 度量衡

IA. 尺　　　IB. 權　　　IC. 法碼　　ID. 量杯　　IE. 斗

IF. 鍾　　　IG. 算籌　　IH. 秤杆

JO. 交通工具

JA, 馬車　　JB. 轂車

KO. 建材

KA. 瓦

E. 飾物

AO. 車飾

AA. 蓋弓帽　　AB. 轄末飾　　AC. 衡末飾　　AD. 衡　　AE. 傘柄

AF. 獸面備　　AG. 車轡　　AH. 當顱　　AI. 車軸　　AJ.　筒形器

BO. 劍飾

BA. 劍首　　BB.　　　BC. 璏　　BD.

CO. 鈴

DO. 鐃

EO.

FO. 環

FA. 指環

GO. 玦

HO. 璧

IO. 璜

JO. 佩飾

KO. 鐲

LO. 印

MO. 耳璫

NO. 珠飾

OO. 扣飾，鈕飾

OA. 雞形	OB. 圓形	OC. 長方形	OD. 浮雕	OE. 凹形

PO. 形狀飾

PA. 牌形飾	PB. 圓餅飾	PC. 飾片	PD. U 形飾	PE. 四葉形飾
PF. 方形飾	PG. 動物飾片	PH. 管狀飾		

QO. 犀角

QA. 象牙

RO. 帶鈎

SO. 頂針

TO. 泡釘

UO. 髮飾

UA. 簪	UB. 釵

VO. 墜子

WO. 瑗

XO. 圭

YO. 鋪首

ZO. 耳璜

F. 俑

AO. 俑

BO. 騎馬俑

CO. 武士俑

DO. 方相俑

EO. 百戲歌舞俑

FO. 六博俑

GO. 鎮墓俑

G. 動物模型

AO. 獸

BO. 馬

BA. 馬槽

CO. 豬

CA. 豬圈　　　　CB. 豬食槽

DO. 狗

EO. 雞

DA. 雞圈

FO. 牛

FA. 牛圈

GO. 鴨

GA. 鴨圈

HO. 羊

HA. 羊圈

IO. 魚

JO. 猴

KO. 老虎

LO. 鳥

MO. 蟾蜍

NO. 龜

H.　其他模型

AO. 井

AA. 方井欄，方地台，無蓋　　　AB. 圓井欄，方地台　　　AC. 圓井欄，圓地台，無亭

AD. 圓井欄，圓地台，有亭　　　AE. 井架，井欄，地台　　　AF. 圓台地，直筒，無亭

AG. 圓井欄，方地台，有蓋　　　AH. 方井欄，圓地台

BO. 灶

BA. 灶身矮短，長寬相差不大　　　BB. 灶體長方形較矮，前寬後窄

BC. 灶體長方形，有額牆，券頂　　BD. 灶壁旁附水缸　　　BE. 灶體曲尺形

CO. 倉

CA. 單檐，無廊　　CB. 單檐，有廊　　CC. 雙檐，無廊　　CD. 雙檐，有廊

DO. 囷

DA. 傘頂，無脊無突稜　　　　DB. 頂部有圓形突稜一圈

EO. 屋

EA. 干欄式　　EB. 曲尺式　　EC. 樓閣式　　ED. 三合式　　EE. 平面橫長方形

EF. 城堡　　EG. 望樓　　EH. 田產　　EI. 碓房（或碓）EJ. 風車和碓房

EK. 厠　　EL. 莊園　　EM. 作坊

FO. 爐

FA. 熏爐　　　FB. 博山爐　　　FC. 暖爐　　　FD. 方爐

GO. 車

GA. 馬車　　　GB. 牛車　　　GC. 軺車　　　GD. 車輪

HO. 船

IO. 農具

IA. 杵，臼

I. 錢幣

AO. 先秦及秦

AA. 半兩　　　AC. 郢爰　　　AD. 郢稱　　　AE. 麟趾

BO. 漢初

BA. 半兩

CO. 漢文帝

CA. 半兩

DO. 漢武，昭帝

DAB 五銖　　　DF. 三銖　　　DG. 錠（金餅）

EO. 漢宣帝

EB. 五銖

FO. 新莽

GO. 東漢早中期

GB. 五銖

HO. 桓帝

HB. 五銖

IO. 靈帝

IB. 五銖

JO. 無確切時代者

JA. 半兩　　　　　　　　　　　JB. 五銖

J. 鏡

AO. 素鏡類

AA. 弦紋素鏡

BO. 純地紋鏡類

BA. 狀地紋鏡　　　　　　　　　BB. 雲雷地紋鏡

CO. 山字鏡類

CA. 三山鏡　　　　　　　CB. 四山鏡　　　　　　　CC. 五山鏡

DO. 先秦時禽獸紋鏡類

EO. 蟠螭，螭虺紋鏡類

EA. 纏結式蟠螭紋鏡　　　　EB. 間隔式蟠螭紋鏡　　　EC. 方格四虺紋鏡

ED. 連弧蟠螭紋鏡　　　　　EE. 蟠螭菱紋鏡

FO. 草葉紋鏡類

FA. 四乳草葉紋鏡　　　　　FB. 四乳花瓣草葉紋鏡

GO. 星雲鏡類（百乳鏡）

HO. 連弧，重圈銘文鏡頭

HA. 日光鏡　　　　　　　HB. 昭明鏡　　　　　　　HC. 清白鏡

HD. 銅華鏡　　　　　　　HE. 日有熹鏡　　　　　　HF. 宜佳人鏡

HG. 銘文非以上六項者

IO. 四乳禽獸紋鏡類

IA. 四乳四虺（螭）鏡　　　　　IB. 四乳禽獸紋鏡　　　　　IC. 四乳四神鏡

JO. 規矩紋鏡類

JA. 規矩蟠螭紋鏡　　　　　JB. 規矩草葉紋鏡　　　　　JC. 四神規矩鏡

JD. 鳥獸紋規矩鏡　　　　　JE. 幾何紋規矩鏡　　　　　JF. 簡化規矩鏡

JG. 規矩十二生肖鏡

KO. 多乳禽獸紋鏡類

KA. 多乳四神禽獸紋鏡　　　　　KB. 多乳禽鳥紋鏡　　　　　KC. 多乳禽獸紋鏡

LO. 連弧紋鏡類

LA. 雲雷連弧紋鏡　　　　　LB. 長宜子孫連弧紋鏡（或長宜高官連弧紋鏡）

LC. 素連弧紋鏡

MO. 變形四葉紋鏡類

MA. 變形四葉獸首鏡　　　　　MB. 變形四葉夔紋鏡　　　　　MC. 變形四葉八鳳紋鏡

NO. 神獸鏡類

NA. 重列式神獸鏡　　　　　NB. 環繞式神獸鏡

OO. 畫像鏡類

OA. 歷史人物畫像鏡　　　　　OB. 神人車馬畫像鏡　　　　　OC. 神人禽獸畫像鏡

OD. 四神，禽鳥畫像鏡

PO. 夔鳳（雙夔）紋鏡類

PA. 直行銘文雙夔（鳳）紋鏡　　　PB. 雙頭龍鳳紋鏡

QO. 龍虎紋鏡煩

QA. 龍虎對峙鏡　　　　　QB. 盤龍鏡

RO. 其他浮雕鏡

RA. 高雕青羊鏡

Z.　其他

AO. 斂葬品

AA. 鼻塞　　　AB. 耳塞　　　AC. 眼蓋　　　AD. 玉唅　　　AE. 面飾

BO. 娛樂品

BA. 樂器　　　　BB. 彈丸　　　　BC. 骰子　　　　BD. 六博

CO. 織品

DO. 印封

YO. 用途不明

ZO. 殘器

Z.　千位數，其他一欄

001. 簡	011. 殘簡	021. 拂塵	031. 聚光玻璃器
002. 木牘	012. 殘帛，絹	022. 骨牌	032. 皮製品
003. 帛畫	013. 莨蓆，竹簾	023. 生殖崇拜	033. 漆式盤
004. 帛畫	014. 紙	024. 古董，古物	
005. 地券	015. 絹織品	025. 皮甲	
006. 銘旌	016. 麻織品	026. 摺子	
007. 金鏤玉衣	017. 果菜	027. 動物骨架	
008. 銀鏤玉衣	018. 殘獸骨	028. 搖錢樹	
009. 銅鏤玉衣	019. 瓷器	029. 硃染卵石	
010. 銅鏤石衣	020. 貝飾	030. 磚砌灶	

參 考 書 目

本書目中「近人研究」一項僅限於本書正文所引之近人作品，包括某些考古報告，若無作者名則僅列篇名。而「考古報告」則爲本書四、五、六各章所據以分析之考古報告，期刊僅列卷期、頁數，與「近人研究」重覆者刪除。

一、古代文獻

《正統道藏》（台北：藝文印書館，1962）第 563 冊。

《吳越春秋》（台北：世界書局，1962）。

《孝經注疏》（台北：藝文印書館重印，十三經注疏本，1970）。

《尚書注疏》（台北：藝文印書館重印，十三經注疏本，1970）。

《孟子注疏》（台北：藝文印書館重印，十三經注疏本，1970）。

《周易注疏》（台北：藝文印書館重印，十三經注疏本，1970）。

《儀禮注疏》（台北：藝文印書館重印，十三經注疏本，1970）。

《論語注疏》（台北：藝文印書館重印，十三經注疏本，1970）。

《禮記注疏》（台北：藝文印書館重印，十三經注疏本，1970）。

《黃帝內經》（上海：中華書局，四部備要）。

干　寶，《搜神記》（台北：里仁書局，1982）。

王　充，《論衡》（台北：世界書局，1978）。

王　符，《潛夫論》（台北：世界書局，1962）。

王　明，《太平經合校》（台北：鼎文書局重印，1979）。

王先愼，《韓非子集解》（台北：世界書局，1962）。

王先謙，《漢書補注》（台北：藝文印書館，1951）。

————，《荀子集解》（台北：世界書局，1971）。

王利器，《風俗通義校注》（台北：明文書局重印，1988）。

司馬遷，《史記》（北京：中華書局點校本，1960）。

朱　熹，《楚辭集注》（上海：新華書店，1979）。

呂不韋，《呂氏春秋》（台北：中華書局，四部備要版，1971）。

房玄齡，《晉書》（北京：中華書局，1960）。

洪　适，《隸釋》（台北：商務印書館，1983）。

范　曄，《後漢書》（北京：中華書局，1960）。

班　固，《漢書》（北京：中華書局，1960）。

————《白虎通》（上海：上海書店，1989）。

桓　寬，《鹽鐵論》（台北：世界書局，1983）。

崔　豹，《古今注》（台北：商務印書館，1983）。

孫貽讓，《墨子閒詁》（台北：世界書局，1974）。

郭茂倩，《樂府詩集》（台北：商務印書館，景印文淵閣四庫全書
　　　　　1500 冊，1983）

郭　璞，《郭璞古本葬經》，國立北京大學中國民俗學會民俗叢書專
　　　　　號（3）堪輿篇第 3 冊（台北：東方文化書局，1977）。

郭慶藩，《莊子集釋》（台北：明倫出版社，1975）。

張　華，《博物志》（台北：商務印書館，景印四庫全書第 1047
　　　　　冊）。

陳　壽，《三國志》（北京：中華書局，1960）。

楊伯峻，《春秋左傳注》（北京：中華書局，1983）。

劉　向，《說苑》（台北：世界書局，1974）。

————《新序》（上海：上海書店，1989）。

劉　安，《淮南子》（台北：中華書局四部備要本，1971）。

劉　琳，《華陽國志校注》（台北：新文豐出版社，1988）。

嚴可均，《全上古三代秦漢三國六朝文》（台北：世界書

局，1982）。

二、近人研究

1.中文

A.專書

孔祥星、劉一曼，《中國古代銅鏡》（北京：文物出版社，
　　　1984）。

石璋如，《小屯》第一本，丙編，丙區墓葬上（台北：中央研究院，
　　　1980）。

色伽蘭（Victor Segalen）著、馮承鈞譯，《中國西部考古記》（台
　　　北：商務印書館，1962）。

宋敍五，《西漢貨幣史初稿》（香港：中文大學，1967）。

李劍農，《先秦兩漢經濟史稿》（台北：華世出版社，1981）。

李發林，《山東漢畫象石研究》（濟南：齊魯書社，1982）。

李漢三，《先秦兩漢之陰陽五行學說》（台北：鍾鼎文化出版公司，
　　　1967）。

余英時，《中國知識階層史論（古代篇）》（台北：聯經出版公司，
　　　1980）。

杜正勝，《編戶齊民》（台北：聯經出版公司，1989）。

吳曾德，《漢代畫象石》（北京：文物出版社，1984）。

周　進，《居貞草堂漢晉石影》（天津，1929）。

姚　蒙，《法國當代史學潮流》（台北：遠流出版社，1988）。

俞偉超，《先秦兩漢考古學論集》（北京：文物出版社，1985）。

徐復觀，《兩漢思想史》卷二（台北：學生書局，1976）。

夏　鼐，《新中國的考古收穫》（北京：文物出版社，1962）。

陳夢家，《殷墟卜辭綜述》（北京：科學出版社，1956）。

張金儀，《漢鏡所反映的神話傳說與神仙思想》（台北：故宮博物
　　　院：1980）。

張心澂，《偽書通考》（台北：鼎文書局，1973）。

張光直，《中國青銅時代》（台北：聯經出版公司，1983）。

梁思永、高去尋，《侯家莊》第二本（上），《1001 號大墓》（台
　　　　　北：中央研究院，1962）。

———，《侯家莊》第六本，《1217 號大墓》（台北：中央研究院，
　　　　　1968）。

許倬雲，《西周史》（台北：聯經出版公司，1984）。

許杭生，《帛書老子注釋與研究》（增訂本）（浙江人民出版
　　　　　社，1985）。

傅勤家，《中國道教史》（台北：商務印書館，1975）。

馮友蘭，《中國哲學史新編》，第二冊（北京：人民出版
　　　　　社，1983）。

賀昌群，《魏晉清談思想初論》（台北：三人行出版社，1974）。

湯一介，《郭象與魏晉玄學》（台北：谷風出版社，1987）。

湯用彤，《魏晉玄學論稿》（台北：廬山出版社，1972）。

楊樹達，《漢代婚喪禮俗考》（台北：華世出版社重印，1981）。

楊　寬，《中國歷代陵寢制度史研究》（上海：古籍出版
　　　　　社，1983）。

鄒　衡，《商周考古》（北京：文物出版社，1979）。

端　方，《陶齋臧石記》（台北：藝文印書館，1966）。

鄭德坤，《水經注故事鈔》（台北：藝文印書館，1974）。

劉增貴，《漢代豪族研究──豪族的士族化與官僚化》（台大博士論
　　　　　文，1986）。

羅振玉，《貞松堂集古遺文》（1870）。

———，《松翁近稿漢黃腸石拓本跋》（1925）。

———，《丙寅稿黃腸石拓本跋》1927。

———，《遼居雜著丙編》（上虞羅氏七經堪石印本，1934）。

顧炎武，《日知錄》，（台北：商務印書館，1983）。

B.論文

于臨祥，〈旅順市三澗區墓葬清理簡報〉，《考古通
　　　訊》1957（3）。

──，〈營城子貝墓〉，《考古學報》1958（4）。

──，〈旅順李家溝西漢貝墓〉，《考古》1965（3）。

王子今，〈秦人屈肢葬仿象「囹臥」說〉，《考古》1987（12）。

王宇信、張永山、楊升南，〈試論殷墟五號墓的「婦好」〉，《考古
　　　學報》1977（2）。

王世民，〈中國春秋戰國時代的冢墓〉，《考古》1981（5）。

王　泳，〈馬融辨〉，《大陸雜誌》，第36卷第3期（1968）。

王　飛，〈用鼎制度興衰異議〉，《文博》（西安）1986（6）。

王瑞明，〈鎮墓獸考〉，《文物》1979（6）。

王增新，〈遼寧遼陽縣南雪梅村壁畫墓及石墓〉，《考古》
　　　1960（1）。

──，〈遼陽市棒台子二號壁畫墓〉，《考古》
　　　1960（1）。

王毓彤，〈荊門出土一件銅戈〉，《文物》1963（1）。

尹弘基，〈論中國古代風水的起源和發展〉，《自然科學史研究》8
　　　卷1期（1989）。

石璋如，〈河安陽後岡的殷墓〉，《歷史語言研究所集刊》13本
　　　（1948）。

米田如，〈漢畫像石墓分區初探〉，《中原文物》1988（2）：56。

安金槐、王與剛，〈密縣打虎亭漢代畫象石墓和壁畫墓〉，《文物》
　　　1972（10）。

宋少華，〈略談長沙象鼻嘴一號漢墓陡壁山曹㵋墓的年代〉，《考
　　　古》1985（11）。

汪寧生，〈試論石寨山文化〉，《民族考古學論集》（北京：文物出
　　　版社，1989）。

―――，〈仰韶文化葬俗和社會組織的研究〉，《文物》
　　　　1987（4）。

―――，〈耦耕新解〉，《文物》1977（4）。

李文信，〈遼陽發現的三座壁畫古墓〉，《文物》1955（5）。

李仰松，〈談談仰韶文化的甕棺葬〉，《考古》1976（6）。

李伯謙，〈安陽殷墟五號墓的年代問題〉，《考古》1979（2）。

李京華，〈漢代鐵農器銘文試釋〉，《考古》1974（1）。

李炳海，〈中國上古時期的招魂儀式〉，《世界宗教研究》
　　　　1989（2）。

李發林，〈略談漢畫像石的雕刻技法及其分期〉，《考古》
　　　　1965（4）。

―――，〈漢畫像石的雕刻技法問題補談〉，《中原文物》
　　　　1989（1）。

李　濟，〈殷虛出土青銅禮器之總檢討〉《中國上古史待定稿》第二
　　　　本《殷商編》（台北：中央研究院，1985）。

李學勤，〈論「婦好」墓的年代及有關問題〉，《文物》
　　　　1977（11）。

杜正勝，〈周禮身份制之確定及其流變〉，第二屆國際漢學會議論文
　　　　稿（台北：中央研究院，1986）。

―――，〈周禮身分的象徵〉，《中央研究院第二屆國際漢學會議論
　　　　文集》（台北，1989）。

巫　鴻，〈從「廟」至「墓」〉，《慶祝蘇秉琦考古五十五年論文
　　　　集》（北京：文物出版社，1989）。

邢義田，〈漢代壁畫的發展和壁畫墓〉，《史語所集刊》57本1分。

呂　品，〈河南漢代畫像磚的出土與研究〉，《中原文物》
　　　　1989（3）。

吳山菁，〈江蘇六合縣和仁東周墓〉，《考古》1977（5）。

吳汝祚，〈大汶口文化的墓葬〉，《考古學報》1990（1）。

吳郁芳，〈耦耕新探〉，《文博》1986（4）。

吳榮曾，〈鎮墓文中所見到的東漢道巫關係〉,《文物》1981（3）。

───，〈戰國、漢代的操蛇神怪及有關神話迷信的變異〉,《文物》
　　　　1989（10）。

吳　蘇，〈圩墩新石器時代遺址發掘簡報〉，《考古》1978（4）。

呂　品，〈河南漢代畫像磚的出土與研究〉，《中原文物》
　　　　1989（3）。

余英時，〈中國古代死後世界觀的演變〉，《聯合月刊》
　　　　26（1983）。

何志國，〈四川綿陽河邊東漢崖墓〉，《考古》1988（3）。

周世榮，〈長沙出土西漢印章及其有關問題研究〉，《考古》
　　　　1978（4）。

周　到，〈河南漢畫像石考古四十年概論〉，《中原文物》
　　　　1989（3）。

周　到、呂　品，〈南陽漢畫像石簡論〉，《中原文物》
　　　　1982（2）。

金則恭，〈仰韶文化的埋葬制度〉，《考古學集刊》第四期
　　　　（1981）。

金家廣，〈試論斐李岡新石器時代早期墓葬的分期〉，《考古與文
　　　　物》1987（2）。

段爾煜，〈兩漢厚葬之風芻議〉，《雲南社會科學》1989（1）。

俞偉超，〈先秦兩漢美術考古材料中所見世界觀的變化〉，《慶祝蘇
　　　　秉琦考古五十五年論文集》（北京：文物出版社，
　　　　1989）。

───，〈周代用鼎制度研究〉，《先秦兩漢考古學論集》（北京：
　　　　文物出版社，1985）。

夏　露，〈先秦諸子喪葬觀念的若干考察〉，《北京師範大學學報》
　　　　1989（5）。

郡望平，〈橫陣仰韶文化墓地的性質與葬俗〉，《考古》
　　　　1976（3）。

馬得志、周永珍、張雲鵬，〈1953年安陽大司空村發掘報告〉，《考
　　　　古學報》1955（9）。

孫作雲，〈洛陽西漢卜千秋壁畫考釋〉，《文物》1979（6）。

孫　華，〈關於二里頭文化〉，《考古》1980（6）。

殷之彝，〈山東益都蘇埠屯墓地和亞醜銅器〉，《考古學報》
　　　　1977（2）。

殷瑋璋，〈二里頭文化探討〉，《考古》1978（1）。

徐復觀，〈陰陽五行觀念之演變及若干有關文獻的成立時代與解釋的
　　　　問題〉，《民主評論》12卷19、20、21期。

高去尋，〈殷代墓葬已有墓塚說〉，《台大考古人類學刊》41
　　　　期（1980）。

高去尋，〈黃河下游的屈肢葬問題〉，《中國考古學報》
　　　　1947（2）。

高崇文，〈淺談楚墓中的棺束〉，《中原文物》1990（1）。

高應勤、王光鎬，〈當陽趙家湖楚墓的分類與分期〉，《中國考古學
　　　　會第二次年會論文集》（北京：文物出版社，1982）。

張正明，〈楚墓與楚文化〉，《中原文物》1989（2）。

張忠培，〈元君廟墓地反映的社會組織初探〉，《中國考古學會第一
　　　　次年會論文集》（北京：文物出版社，1980）。

張柏忠，〈鳳凰山一六七號墓所見漢初地主階級喪葬禮俗〉，《文
　　　　物》1976（10）。

張春樹，〈漢簡的發現與整理〉，《食貨月刊》16卷5/6期
　　　　（1987）。

張增祺，〈從土文物看戰國至西漢時期雲南和中原地區的密切聯
　　　　系〉，《文物》1978（10）。

張學正、張朋川、郭德勇，〈談馬家窰、半山、馬廠類型的分期和相

互關係〉,《中國考古學會第一次年會論文集》(北京:文物出版社,1980)。

曹定云,〈殷代初期王陵試探〉,《文物資料叢刊》10(1988)。

陳子展,〈招魂試解〉,《中華文史論叢》第一輯(1962)。

陳公柔,〈士喪禮既夕禮中所記載的喪葬制度〉,《考古學報》1956(4)。

郭立中,〈四川焦山、魏家沖發現漢代崖墓〉,《考古》1959(8)。

郭德維,〈試論江漢地區楚墓、秦墓、西漢前期墓的發展與演變〉,《考古與文物》1983(2)。

許倬雲,〈春秋戰國間的社會變動〉,《中央研究院歷史語言研究所集刊》34本(1963)。

——,〈春秋封建社會的崩解和戰國社會的轉變〉,《中國上古史待定稿》第三本(台北:中央研究院,1985)。

許順湛,〈關於中原新石器時代文化幾個問題〉,《文物》1960(5)。

——,〈仰韶時期已進入父系氏族社會〉,《考古》1962(5)。

彭益林,〈晉文公「請隧」辨正〉,《晉陽學刊》1983。

彭 浩,〈楚墓葬制初論〉,《中國考古學會第二次年會論文集》(北京:文物出版社,1982)。

黃宣佩、張明華,〈青浦縣崧澤遺址第二次發掘〉,《考古學報》1980(1)。

勞 榦,〈論東漢時代的世族〉,《學原》3卷3/4期合刊(1951)。

馮友蘭,〈儒家對於婚喪祭禮之理論〉,《燕京學報》1928(3)。

馮永謙、韓寶興、劉忠誠,〈遼陽舊城東門里東漢壁畫墓發掘報告〉,《文物》1985(6)。

馮漢驥,〈四川的畫像磚墓及畫像磚〉,《文物》1961(11)。

童恩正，〈我國西南地區青銅戈的研究〉，《考古學報》
　　　　1979（4）。

楊富斗，〈山西萬榮縣廟前村的戰國墓〉，《文物》1958（12）。

───，〈山西侯馬上馬村發現東周銅器〉，《考古》
　　　　1959（7）。

楊聯陞，〈東漢的豪族〉，《清華學報》11卷4期（1936）。

楊權喜，〈從葬制看楚文化與中原的關係〉，《中原文物》
　　　　1989（4）。

葉小燕，〈秦墓初探〉，《考古》1982（1）。

裘錫圭，〈湖北江陵鳳凰山十號漢墓出土簡牘考釋〉，《文物》1974
　　　　（7）。

趙永福，〈1961－62年灃西發掘簡報〉，《考古》1984（9）。

聞一多，〈神仙考〉，《神話與詩》（台北：藍燈出版社，
　　　　1975）。

蒲慕州，〈論中國古代墓葬形制〉，《國立台灣大學文史哲學報》37
　　　　（1989）。

───，〈睡虎地秦簡日書的世界〉，《歷史語言研究所集刊》62
　　　　本4分（1991）。

禚振西，〈陝西戶縣的兩座漢墓〉，《考古與文物》1980（1）。

臧振華，〈從滇青銅文化的考古資料看雲南滇池地區的族群互動與社
　　　　會發展〉，《民族學研究所集刊》69期（台北：中央研究
　　　　院，1990）。

蔣英炬，〈漢代的小祠堂〉，《考古》1983（8）。

蔣英炬、吳文祺，〈試論山東漢畫象石的分布、刻法與分期〉，《考
　　　　古與文物》1980（4）。

蔣英炬、吳文祺，〈武氏祠畫像石建築配置考〉，《考古學報》1981
　　　　（2）。

魯　琪，〈試談大葆台西漢墓的「梓宮」、「便房」、「黃腸題

湊 」〉《文物》1977（6）。

劉士莪，〈西安老牛坡商代墓地初論〉，《文物》1988（6）。

劉志遠，〈成都天迴山崖墓清理記〉，《考古學報》1958（1）。

劉建國，〈論楚鬲文化特徵的兩重性〉，《中原文物》1989（4）。

劉　興，〈關於夏文化及其來源的初步探索〉，《文物》
　　　　1978（9）。

鄭若葵，〈商代的俯身葬〉，《考古與文物》1988（2）。

蔡永華，〈略論西漢的隨葬特徵〉，《考古與文物》1983（1）。

閻根齊，〈商丘漢畫像石探源〉，《中原文物》1990（1）。

謝國楨，〈漢代畫象考〉，《周叔弢先生六十生日紀念論文集》
　　　　（香港：龍門書局，1967）。

謝端琚，〈試論我國早期土洞墓〉，《考古》1987（12）。

蕭登福，〈由漢世典籍及漢墓出土文物中看漢人的死後世界〉，《東
　　　　方雜誌》復刊20卷11、12期（1987）。

戴應新，〈陝西神木縣石　龍山文化遺址調查〉，《考古》
　　　　1977（3）。

韓　偉，〈略論陝西春秋戰國秦墓〉，《考古與文物》 1981（1）。

羅　平，〈河北承德專區漢代礦冶遺址的調查〉，《考古通訊》1957
　　　　（1）。

魏　鳴，〈魏晉薄葬考論〉，《南京大學學報》1986（4）。

邊成修，〈山西長治分水嶺126號墓發掘簡報〉，《文物》
　　　　1972（4）。

羅哲文，〈孝堂山郭氏墓石祠〉，《文物》1961（4/5）。

嚴文明，〈半坡類型的埋葬制度和社會制度〉，《仰韶文化研究》
　　　　（北京：文物出版社，1989）。

───　，〈黃河流域新石器時代早期文化的新發現〉，《考古》1979
　　　　（1）。

蘭　峰，〈四川宜賓縣崖墓畫像石棺〉，《文物》1982（7）。

《文物》1955（10）：〈鄭州崗社附近古墓葬發掘簡報〉。

《文物》1955（12）：〈遼陽三道壕兩座壁畫墓的清理簡報〉。

《文物》1956（1）：〈江蘇丹徒煙墩山西周墓及附葬坑出土的小器
　　　　物補充材料〉。

《文物》1961（11）：〈四川巫山大溪新石器時代遺址發掘記略〉。

《文物》1972（3）：〈米脂漢象石墓發掘簡報〉。

《文物》1972（5）：〈曲阜九龍山漢墓發掘簡報〉。

《文物》1972（5）：〈曲阜九龍山漢墓發掘簡報〉。

《文物》1972（8）：〈山東益都蘇埠屯第一號奴隸殉葬墓〉。

《文物》1972（10）：〈洛陽龐家溝五座西周墓的清埋〉。

《文物》1974（6）：〈湖北江陵鳳凰山西漢墓發掘簡報〉。

《文物》1974（7）：〈長沙馬王堆二、三號漢墓發掘簡報〉。

《文物》1974（9）：〈鄭州商城遺址內發現商代夯土台基和奴隸頭
　　　　骨〉。

《文物》1975（6）：〈蘭州馬家窯和馬廠類型墓葬清理簡報〉。

《文物》1975（9）：〈湖北江陵鳳凰山一六八號漢墓發掘簡報〉。

《文物》1975（12）：〈從仰韶文化半坡類型文化遺存看母系氏族公
　　　　社〉。

《文物》1976（1）：〈1963年湖北黃陂盤龍城商代遺址的發掘〉。

《文物》1976（2）：〈盤龍城1974年度田野考古紀要〉。

《文物》1976（8）：〈河姆渡遺址第一期發掘工作座談會記要〉。

《文物》1977（6）：〈大葆台西漢木槨墓發掘簡報〉。

《文物》1977（6）：〈洛陽西漢卜千秋壁畫墓發掘簡報〉。

《文物》1978（7）：〈廣東曲江石峽墓葬發掘簡報〉。

《文物》1978（8）：〈阜陽雙古堆西漢汝陰侯墓發掘簡報〉。

《文物》1978（9）：〈廣西貴縣羅泊灣一號墓發掘簡報〉。

《文物》1979（3）：〈長沙咸陽湖西漢曹㛴墓〉。

《文物》1979（6）：〈河北城台西村商代遺址發掘簡報〉。

《文物》1979（11）：〈陝西扶風齊家十九號西周墓〉。

《文物》1980（4）：〈扶風雲塘西周墓〉。

《文物》1980（12）：〈楊州西漢「妾莫書」木槨墓〉。

《文物》1981（1）：〈河南固始侯古堆發掘報告〉。

《文物》1981（5）：〈河北定縣40號漢墓發掘簡報〉。

《文物》1981（11）：〈江蘇邗江甘泉二號漢墓〉。

《文物》1982（5）：〈山東嘉祥宋山1980年出土漢畫石〉。

《文物》1984（11）：〈徐州石橋漢墓清理報告〉。

《文物》1985（1）：〈江陵張家山三座漢墓出土大批竹簡〉。

《文物》1985（5）：〈四川榮經水井坎溝岩墓〉。

《文物》1987（5）：〈鳳翔秦公陵園第二次鑽探簡報〉。

《文物》1987（10）：〈四川寶興隴東東漢墓群〉。

《文物》1988（2）：〈徐州北洞山西漢墓發掘簡報〉。

《文物》1988（10）：〈臨沂的西漢甕棺、磚棺、石棺墓〉。

《文物》1988（12）：〈武鳴馬頭墓葬與古代駱越〉。

《文物》1989（7）：〈江陵張家山漢簡《脈書》釋文〉。

《文物集刊》1：〈青蓮崗文化的經濟型態和社會發展階段〉。

《文物資料叢刊》1980（3）：〈江蘇吳縣草鞋山遺址〉。

《文物資料叢刊》1981（4）：〈遼寧新金縣馬山漢代貝墓〉。

《文物資料叢刊》1981（4）：〈遼寧新金縣花兒山漢代貝墓第一次
　　　　發掘〉。

《中原文物》1982（3）：〈洛陽東關五座西周墓的清理〉。

《江漢考古》1980（2）：〈當陽季家湖考古試掘的主要收穫〉。

《江漢考古》1980（2）：〈江陵張家山遺址的試掘與探索〉。

《考古通訊》1958（10）：〈1958年春河南安陽市大司空村殷代墓葬
　　　　發掘簡報〉。

《考古》1959（2）：〈陝西華縣柳子鎮考古發掘簡報〉。

《考古》1959（5）：〈陝西寶雞新石器時代遺址發掘紀要〉。

《考古》1960（5）：〈湖北圻春易家山新石器時代遺址〉。

《考古》1960（9）：〈山東日照兩城鎮遺址堪察記要〉。

《考古》1960（9）：〈陝西華陽橫陣發掘簡報〉。

《考古》1961（7）：〈陝西西鄉李家村新石器時代遺址〉。

《考古》1961（7）：〈浙江嘉興馬家濱新石器時代遺址的發掘〉。

《考古》1961（12）：〈閩侯疊石山新石器時代遺址第二至第四次發掘簡報〉。

《考古》1962（6）：〈陝西西鄉李家村新石器時代遺址 1961 年發掘簡報〉。

《考古》1963（2）：〈西安三橋鎮高窰村出土的西漢銅器群〉。

《考古》1963（5）：〈山西侯馬上馬村東周墓葬〉。

《考古》1963（7）：〈山東溯坊姚官莊遺址發掘簡報〉。

《考古》1964（3）：〈山西長治分水嶺戰國墓第二次發掘〉。

《考古》1964（12）：〈福建閩侯疊石山新石器時代遺址第五次發掘簡報〉。

《考古》1965（3）：〈雲南大關、昭通東漢崖墓清理報告〉。

《考古》1965（9）：〈雲南安寧太極山古墓葬清理簡報〉。

《考古》1972（3）：〈1971 年安陽后崗發掘簡報〉。

《考古》1972（6）：〈天津北郊發現一座西漢墓〉。

《考古》1973（1）：〈河北城縣商代遺址和墓葬的調查〉。

《考古》1973（2）：〈江蘇漣水三里墩西漢墓〉。

《考古》1974（4）：〈河南偃師二里頭早商宮殿遺址發掘簡報〉。

《考古》1974（5）：〈北京附近發現西周奴隸殉葬墓〉。

《考古》1974（5）：〈放射性碳素測定年代報告（三）〉。

《考古》1974（5）：〈永昌鴛鴦池新石器時代墓葬的發掘〉。

《考古》1975（1）：〈山東臨沂大范莊新石器時代的發掘〉。

《考古》1975（5）：〈廣西南寧地區新石器時代貝丘遺址〉。

《考古》1975（5）：〈河南偃師二里頭三、八區發掘簡報〉。

《考古》1976（1）：〈陝西岐山賀家村西周墓葬〉。

《考古》1976（3）：〈廣西桂林甑皮岩洞穴遺址的試掘〉。

《考古》1976（3）：〈甘肅景泰張家台新石器時代的墓葬〉。

《考古》1976（4）：〈江蘇溧水發現西周墓〉。

《考古》1976（5）：〈西昌壩河堡子大石墓發掘簡報〉。

《考古》1976（6）：〈1975年東海峪遺址的發掘〉。

《考古》1976（6）：〈靑海樂都柳灣原始社會墓地反映出的主要問
        題〉。

《考古》1977（1）：〈安陽殷墟奴隸祀祭坑的發掘〉。

《考古》1977（4）：〈山東膠縣三里河發掘報告〉。

《考古》1977（5）：〈江蘇句容浮山果園土墩墓〉。

《考古》1977（5）：〈遼寧朝陽魏營子西周墓和古遺址〉。

《考古》1978（1）：〈陝西渭南史家新石器時代遺址〉。

《考古》1978（5）：〈寶雞竹園溝等地西周墓〉。

《考古》1979（1）：〈山東兗州王因新石器時代遺址發掘簡報〉。

《考古》1979（1）：〈河北元氏縣西張村的西周遺址和墓葬〉。

《考古》1979（4）：〈安徽天長縣漢墓的發掘〉。

《考古》1979（5）：〈江蘇盱眙東陽漢墓〉。

《考古》1980（1）：〈河北石家莊市北郊西漢墓發掘簡報〉。

《考古》1980（1）：〈山西襄汾縣陶寺遺址發掘報告〉。

《考古》1980（1）：〈遼陽發現三座壁畫墓〉。

《考古》1980（1）：〈河北石家莊市北郊西漢墓發掘簡報〉。

《考古》1980（4）：〈山東長淸崗辛戰國墓〉。

《考古》1980（5）：〈揚州東風磚瓦廠漢代木槨墓群〉。

《考古》1981（3）：〈雲南昭通象鼻嶺崖墓發掘簡報〉。

《考古》1982（3）：〈揚州東風磚瓦廠八、九號漢墓淸理簡報〉。

《考古》1983（4）：〈四川綿竹縣西漢木板墓發掘簡報〉。

《考古》1983（9）：〈陝西淳化縣出土漢代陶棺〉。

《考古》1984（3）：〈昆明呈貢石碑村古墓群第二次清理簡報〉。

《考古》1984（12）：〈四川涪陵東漢崖墓清理簡報〉。

《考古》1985（1）：〈河南偃師杏園村東漢壁畫墓〉。

《考古學報》第五冊（1951）：〈一九五〇年春殷墟發掘報告〉。

《考古學報》1957（1）：〈鄭州商代遺址的發掘〉。

《考古學報》1957（1）：〈山西長治分水嶺古墓的清理〉。

《考古學報》1957（1）：〈山東文登縣的漢木槨墓和漆器〉。

《考古學報》1958（1）：〈南京市北陰陽營第一、二次的發掘〉。

《考古學報》1959（4）：〈安徽屯溪西周墓葬發掘報告〉。

《考古學報》1960（2）：〈甘肅武威皇娘娘台遺址發掘報告〉。

《考古學報》1962（1）：〈江蘇邳縣劉林新石器時代遺址第一次發
　　　　　掘〉。

《考古學報》1964（2）：〈河北定縣北莊漢墓發掘報告〉。

《考古學報》1964（2）：〈洛陽西漢壁畫墓發掘報告〉。

《考古學報》1964（2）：〈河北定縣北莊漢墓發掘報告〉。

《考古學報》1965（2）：〈江蘇邳縣劉林新石器時代遺址第二次發
　　　　　掘〉。

《考古學報》1965（2）：〈河北易縣下都第十六號墓發掘〉。

《考古學報》1974（2）：〈長治分水嶺269、270號東周墓〉。

《考古學報》1974（2）：〈武威雷台漢墓〉。

《考古學報》1975（2）：〈甘肅永靖秦魏家齊家文化墓地〉。

《考古學報》1975（2）：〈雲南江川李家山古墓群發掘報告〉。

《考古學報》1976（2）：〈宜昌前坪戰國兩漢墓〉。

《考古學報》1977（1）：〈臨海郎家莊一號東周殉人墓〉。

《考古學報》1978（1）：〈上海馬橋遺址第一、二次發掘〉。

《考古學報》1978（2）：〈廣河地巴坪「半山類型」墓地〉。

《考古學報》1978（4）：〈武威皇娘娘古遺址第四次發掘〉。

《考古學報》1979（1）：〈1969－1977年殷墟西區墓葬發掘報

告 〉。

《考古學報》1980（2）：〈蘭州花寨子「半山類型」墓葬〉。

《考古學報》1980（2）：〈唐河漢郁平大尹馮君孺人畫象石墓〉。

《考古學報》1980（3）：〈山東諸城呈子遺址發掘報告〉。

《考古學報》1980（4）：〈1967年長安張家坡西周墓的發掘〉。

《考古學報》1981（1）：〈長沙象鼻嘴一號西漢墓〉。

《考古學報》1981（3）：〈中國早期青銅器的初步研究〉。

《考古學報》1982（1）：〈江陵天星觀一號楚墓〉。

《考古學報》1983（2）：〈蘭州土谷台半山——馬廠文化墓地〉。

《考古學報》1983（4）：〈巨野紅土山西漢墓〉。

《考古學報》1985（1）：〈銅山龜山二號西漢崖洞墓〉。

《考古學報》1985（3）：〈「銅山龜山二號西漢崖洞墓」一文的重
　　要補充〉。

《考古與文物》1983（3）：〈四川遂寧船山坡崖墓發掘簡報〉。

《考古與文物》1984（6）：〈四川宜賓縣黃傘崖墓群調查及清理簡
　　報〉。

《鄭州大學學報》1978（4）：〈仰韶文化淵源探索〉。

《人民日報》1980年7月18日：〈江陵高郵發掘一座大型漢墓〉。

2.西文

T. G. Allen, *The Book of the Dead, or Going Forth by Day*
　　(Chicago: U. of Chicago Press, 1974).

J. Baines & J. Malek, *Atlas of Ancient Egypt* (N. Y.: Facts on
　　File Inc., 1980).

E. Balazs, *Chinese Civilization and Bureaucracy* (New Haven:
　　Yale U. Press, 1964).

W. Barta, *Die Altaegyptische Opferliste von der Frühzeit bis zur
　　griechisch–römischen Epoche*(Münchener Aegypotologi-

sche Studien 3), (Munich, 1962).

E. Bendann, *Death Customs* (New York: Knopf, 1930).

A. M. Blackman, *The Rock Tombs of Meir*, 6 vols., vol. 2(London: Egypt Exploration Society, 1914 – 24).

C. Le Blanc, *Huai Nan Tzu* (Hong Kong: Hong Kong U. Press, 1985).

J. Bremmer, *The Early Greek Concept of Soul* (Princeton: Princeton U. Press, 1983).

K. C. Chang, *The Archaeology of Ancient China*, 3rd ed. (New Haven: Yale U. Press, 1977).

——— , *Shang Civilization*(New Haven: Yale U. Press, 1980).

——— , " Yin – hsu tomb number five and the question of the P' an Keng/Hsiao Hsin/Hsiao Yi period in Yin – hsu archaeology, " in K. C. Chang ed., *Studies of Shang Archaeology.*

——— ,*The Archaeology of Ancient China*, 4th ed.(New Haven: Yale U. Press, 1986).

——— ed., *Studies of Shang Archaeology* (New Haven: Yale U. Press, 1986).

C. Y. Ch'en, " Confucian, Legalist and Taoist thought in Later Han, " in *Cambridge History of China*, vol. I (Cambridge: Cambridge U. Press, 1986).

——— , *Hsün Yueh* (*A.D. 148 – 209*) (Cambridge: Cambridge U. Press, 1975).

I. E. S. Edward, *The Pyramids of Egypt* (Baltimore: Penguin, 1961).

M. Saleh & H. Sourouzian, *The Egyptian Museum Cairo, Official Catalogue* (Mainz: Philipp von Zabern, 1987).

M. Eliade, "Symbolic Meanings of Burials," in *A History of Religious Ideas* (Chicago: U. of Chicago Press, 1984).

M. Eliade, *A History of Religious Ideas* (Chicago, U. of. Chicago Press, 1984).

W. Emery, *A Funerary Repast in an Egyptian Tomb of the Archaic Period*(Leiden, 1962).

W. Fairbank, "The Offering Shrines of Wu Liang Tzu," *Harvard Journal of Asiatic Studies*, 6 (Cambridge: Harvard U. Press, 1941).

M. I. Finley, *Ancient History* (N.Y.: Viking, 1986).

S. C. Humphreys, *Anthropology and the Greeks* (London: Routledge & Kegan Paul, 1978).

H. Frankfort, *Ancient Egyptian Religion* (N.Y.: Harper & Row, 1961).

J. G. Frazer, *The Belief in Immortality and the Worship of the Dead*, I (London: Macmillan and Co., 1913).

R. Garland, *The Greek Way of Death*(Ithaca: Cornell U. Press, 1985).

"Grab," "Grabbeigabe," "Grabgefass," in *Reallexikon der Assyriologie* 3Bd. (Berlin: Leiprig, 1957–71).

J. LeGoff, *Constructing the Past* (Cambridge: Cambridge U. Press, 1985).

W. W. Howells, "Origins of the Chinese People: Interpretations of the Recent Evidence," in *The Origins of Chinese Civilization*, ed. D. N. Keightley (Berkeley: U. of California Press, 1983).

C. Y. Hsu, *Han Agriculture* (Seattle: U. of Washington Press, 1980).

M. Hutter, *Altorientalische Vorstellungen von der ünterwelt: Literar – und religionsgeschichtliche überlegungen zu " Nergal" und " Ereskigal"* (1985).

G. G. Iggers, *The Theory and Practice of History: Leopold von Ranke* (Indianapolis: TheBobbs – Merrill, 1973).

Th. Jacobsen, *The Treasures of Darkness, A History of Mesopotamian Religion* (New Haven: Yale U. Press, 1976).

J. James, " The Iconographic Program of the Wu Family Offering Shrines, " *Artibus Asiae* (1989).

——, *An Iconographic Study of Two Late Han Funerary Monuments: the Offering Shrines of the Wu Family and the Multichamber Tomb at Holingol* (Universlity Micro – films Inc. 1983).

T. G. H. James, *Pharaoh's People* (U. of Chicago, 1984).

H. Junker, *Pyramidenzeit, Das Wesen der Altaegyptischen Religion* (Zurich: Benziger Verlag, 1949).

C. H. Kao, " The Royal Cemetery of the Yin Dynasty at An – yang, " *Bulletin of the Department of Archaeologyand Anthropology*, National Taiwan University, 13/14 (1959).

H. Kees, *Totenglauben und Jenseitsvorstellungender alten Aegypter* (Berlin: Akademie Verlag, 1983).

D. N. Keightley, " The Late Shang State: When, where and what? " in Keightley ed., *The Origins of Chinese Civilization*, pp. 523 – 564.

D. N. Keightley ed., *The Origins of Chinese Civilization* (Berkeley: U. of California Press, 1983).

G. S. Kirk, *Myth — Its Meaning and Functions in Ancient and other Cultures* (U. of California Press, 1970).

X. Li, *Eastern Chou and Qin Civilizations* (New Haven: Yale U. Press, 1985).

S. Lloyd, *The Archaeology of Mesopotamia* (London: Thames & Hudson, 1984).

M. Loewe, *Ways to Paradise: The Chinese Quest for Immortality* (London: George Allen & Unwin, 1979).

——, *Chinese Ideas of Life and Death* (London: George Allen & Unwin, 1982).

——, " The Han Dynasty Tomb at Ta — pao — t'ai, " *Early China*, vol. 13 (1988).

P. Montet, *Everyday Life in Egypt in the Days of Ramesses the Great* (London: Edward Arnold, 1958).

S. Morenz, *Aegyptische Religion* (Stuttgart, 1960).

I. Morris, *Burial and Ancient Society* (Cambridge: Cambridge U. Press, 1987).

J. Needham, *Science and Civilization in China*, vol. II(Cambridge: Cambridge U. Press, 1956).

J. M. O'Shea, *Mortuary Variability* (Orlando: Academic Press, 1984).

W. M. F. Petrie & J. E. Quibell, *Nagada and Ballas* (London: British School of Archaeology in Egypt, 1896).

M. Raphael, *Prehistoric Pottery and Civilization in Egypt* (New York: Pantheon Books, 1947).

E. G. Pulleyblank, " The Chinese and their Neighbors in Prehistoric and Early Historic Times, " in Keightley ed., *The Origins of Chinese Civilization.*

G. A. Reisner, *The Development of the Egyptian Tomb Down to the Accession of Cheops* (Cambridge: Harvard U. Press, 1936).

R.C. Rudoph, *Han Tomb Art of West China* (Berkely: U. of California Press, 1951).

A. Saxe, *Social Dimensions of Mortuary Practice* (Ann Arbor: UMI, 1970).

A. Schnaufer, *Frühgriechischer Totenglaube: Untersuchungen zum Totenglauben der mykenischen und homerischen Zeit*(Hildesheim & N. Y., 1970).

L. A. Schneider, *Ku Chieh−kang and China's New History: Nationalism and the Search for Alternative Traditions* (Berkely: U. of California Press, 1971).

A. Seidel, " Traces of Han Religion in Funeral Texts Found in Tombs, " in 秋月觀暎編,《道教と宗教文化》（東京：平河出版社，1987）。

S. South, *Research Strategies in Historal Archaeology* (N. Y.: Academic Press, 1977).

K. Spronk, *Beatific Afterlife in Ancient Israel and in the Ancient Near East* (Neu kirchen−Vluyn, Verlag Butzon & Bercker Kevelaer, 1986).

A. Teodorides ed., *Vie et survie dans les civilizations orientales* (1983).

Y. Thebert, " Private Life and Domestic Architecture in Roman Africa, " in Paul Veyne ed., *A History of Private Life* I. *From Pagan Rome to Byzantium* (Cambridge: The Belknap Press of Harvard U. Press,1987).

R. Thorp, *The Mortuary Art and Architecture of Early Imperial*

China(Ann Arbor: University Microfilms Inc., 1980).

" Uschebti, " in *Lexikon der Aegyptlogie* (Wiesbaden: Otto Harrassowitz, 1986), vol. VI.

E. Vermeule, *Aspects of Death in Early Greek Art and Poetry* (Berkeley: U. of California Press, 1979).

Z. Wang, *Han Civilization* (New Haven: Yale U.Press, 1982).

W. C. White, *Tombs of Old Lo－yang* (Shanghai: Kelly & Walsh, 1934).

H. Wu, *The Wu Liang Shrine* (Stanford: StanfordU. Press, 1989).

H. C. Yang, " The Shang Dynasty Cemetery System, " in K. C. Chang ed., *Studies of Shang Archaeology*.

W. C. Ying, " A reexamination of Erh－Li－T'ou culture, " in K. C. Chang ed., *Studies of Shang Archaeology* (New Haven: Yale U. Press, 1986).

Y. S. Yu, " New Evidence on the Early Chinese Conception of Afterlife－－A Review Article, " *Journal of Asian Studies*, vol. XLI no.1 (1981).

Y. S. Yu, " O Soul Come Back! A Study in the Changing Conception of the Soul and Afterlife in Pre－Buddhist China, " *Harvard Journal of Asiatic Studies*, vol. 47 no. 2 (1987), pp. 363－395.

3.日文

三上次男，〈中國古代の甕棺墓〉,《中國古代史研究》（東京：吉川弘文館，1960）。

大久保隆郎，〈王充の薄葬論についこ〉,《人文論究》26（關西學院大學人文學會，1966）。

中鉢雅量，〈古代神話における樂園──黃泉を中心としこ〉,《東

方學》58（東京：東方學會，1979）。

池田溫，〈中國歷代墓卷略考〉，《東洋文化研究所紀要》86（東京：東京大學東方文化研究所，1981）。

池田末利，〈魂魄考〉，《中國古代宗教史研究（一）制度と思想》（東京：東海大學出版會，1981）。

佐伯富，〈漢代の賻贈についこ〉，《史林》62卷5號（東京：寶文館，1979）。

佐藤匡玄，〈王充の薄葬論についこ〉，《愛知學院大學文學部紀要》1（1972）。

岡本三郎，〈泰山府君の由來についこ〉，《東洋學術研究》1（東京：東洋哲學研究所，1943）=《出石誠彥追悼號》。

牧尾良海，〈漢代薄葬論の典型——楊王孫と趙咨〉，《那須政隆古稀記念，智山學報》12/13（1964）。

林巳奈夫，〈漢代鬼神の世界〉，《東方學報》46本（京都：東方文化京都研究所，1974）。

松田稔，〈中國古代の魂招きにおける方位觀の變遷〉，《宗教研究》53卷1輯，no. 240（東京：同文館，1979）。

秋月觀暎編，《道教と宗教文化》，（東京：平河出版社，1987）。

酒井忠夫，〈太山信仰の研究〉，《史潮》7, no. 2（東京：東京文理科大學內，大塚史學會，1937）。

酒井忠夫編，《道教の總合的研究》（東京：國書刊行會，1977）。

宮川尚志，《中國宗教史研究（第一）》（東京：同朋社，1984）。

藤野岩友，〈楚辭「招魂」に見える招魂儀禮〉，《鈴木博士古稀記念東洋學論叢》（東京：明德出版社，1973）。

J. L. Dull,〈新道教における儒教的諸要素〉，收入酒井忠夫編，《道教の總合的研究》（東京：國書刊行會，1977）。

三、考古報告

1.專書

《大汶口》（北京：文物出版社，1974）。

《大汶口文化討論文集》（濟南：齊魯書社，1980）。

《上村嶺虢國墓地》（北京：科學出版社，1959）。

《文物考古工作三十年 1949——1979》（北京：文物出版社，
　　　　1979）。

《中國冶金簡史》（北京：科學出版社，1978）。

《西安半坡》（北京：文物出版社，1963）。

《四川省出土銅鏡》（北京：文物出版社，1960）。

《江陵雨台山楚墓》（北京：文物出版社，1984）。

《江陵鳳凰山一六八號墓西漢古屍研究》（北京：文物出版社，
　　　　1982）。

《長沙發掘報告》（北京：科學出版社，1957）。

《長沙馬王堆一號漢墓》（北京：文物出版社，1973）。

《長沙馬王堆一號漢墓古屍研究》（北京：文物出版社，1980）。

《京山屈家嶺》（北京：新華書店，1965）。

《牧羊城——南滿洲老鐵山麓漢及漢以前遺蹟》（東京：東亞考古學
　　　　會，1931）。

《和林格爾漢墓壁畫》（北京：文物出版社，1978）。

《洛陽中州路》（北京：科學出版社，1959）。

《洛陽出土古鏡》（北京：文物出版，1959）。

《洛陽燒溝漢墓》（北京：科學出版社，1959）。

《河南出土空心磚拓片集》（北京：人民美術出版社，1963）。

《殷墟婦好墓》（北京：文物出版社，1980）。

《馬王堆漢墓》（台北：弘文館出版社，1988）。

《望都漢墓壁畫》（北京：中國古典藝術出版社，1955）。

《望都二號漢墓》（北京：文物出版社，1959）。

《雲南晉寧石寨山古墓群發掘報告》（北京：文物出版社，1959）。

《雲夢睡虎地秦墓》（北京：文物出版社，1981）。

《新中國的考古發現和研究》（北京：文物出版社，1984）。

《滿城漢墓發掘報告》（北京：文物出版社，1980）。

《鄭州二里岡》（北京：科學出版社，1959）。

《輝縣發掘報告》（北京：文物出版社，1956）。

《隨縣曾侯乙墓》（北京：文物出版社，1980）。

《廣州漢墓》（北京：文物出版社，1981）。

《樂浪王光墓——貞柏里、南井里二古墳發掘調查報告》京都：桑名
　　　文星堂，1935）。

《灃西發掘報告》（北京：文物出版社，1963）。

《營城子——前牧城驛附近況漢代壁畫磚墓》（東京：東亞考古學
　　　會，1934）。

2.期刊

《文物》

　　　1953(1)：95－100；(5/6)：129－142。

　　　1954(6)：53－56；(8)：35－42。

　　　1955(3)：35－49；(5)：43－50；(5)：51－52；(6)：77－88；(7)：
　　　　　88－94；(8)：85－94；(9)：70－78；(10)：42－49；(10)：5
　　　　　9－62；(12)：80－83。

　　　1956(1)：37－41；(2)：46－51；(4)：21－22；(5)：21－32；(6)：
　　　　　37－38；(6)：39－44；(6)：45；(6)：47。

　　　1957(1)：71－76；(2)：64－65；(7)：20－23；(8)：61＋64；(12)：
　　　　　29－40。

　　　1958(4)：34－36；(4)：57－58＋39；(7)：62－65；(10)：38－39；
　　　　　(11)：68－71。

　　　1959(1)：53－56；(2)：37－38；(6)：47－49；(10)：71－78；
　　　　　(10)：84；11：14－18；(12)：43－46。

1960(2)：55－59；(3)：38－50；(5)：60－68；(5)：69－71；
  (5)：72；(6)：9－12；(8/9)：19－24。

1961(1)：56－66；(1)：73；(2)：47－53；(2)：54－57；(2)：58
  －62；(9)：16－19。

1963(2)：13－24；(11)：48－49。

1964(4)：30－40；(12)：26－37＋45。

1965(6)：1－25。

1972(2)：16－19；(7)：51－53；(10)：6－19；(10)：41－48；
  (11)：42－47；(12)：9－23；(12)：24－41。

1973(2)：46－54；(2)：55－61；(6)：26－40；(9)：23－26；(11)：
  8－20；(12)：18－22。

1974(1)：8－23；(2)：15－21；(8)：68－72；(8)：73－75；(12)：
  63－68。

1975(9)：4－7＋22；(11)：75－93。

1976(2)：5－15；(7)：51－56；(10)：31－37。

1977(1)：59－61；(2)：63－69；(2)：70－71；(2)：93－94；(6)：
  1－12；(6)：23－29；(6)：30－33；(9)：93；
  (10)：10－21；(11)：24－27。

1978(8)：88－94；(8)：32－45。

1979(1)：1－31；(4)：49－53；(5)：20－35。

1980(1)：95；(2)：56－57；(3)：1－10；(3)：69－72；(3)：90－
  92；(6)：42－51；(6)：52－56；(12)：7－16。

9981(1)：18－22；(2)：16－21；(3)：46－52；(3)：53－55；
  (8)：20－22；(10)：25－32；(11)：12－20；
  (12)：35－37；(12)：38－43＋53。

1982(5)：79－84；(6)：44－50；(6)：51－52；(7)：24－27；(7)：
  28－29；(9)：1－9；11：37。

1983(4)：15－28；(4)：29－35；(4)：36－39；(5)：1－20；(5)：

　　　　28－32；(5)：33－41；(6)：40－44；(6)：45－52。

　　1984(3)：25－37；(3)：38－46；(4)：23－37；(4)：45－46；(4)：

　　　　47－49；(4)：50－52；(8)：22－29；(11)：41－58。

　　1985(5)：47－52。

　　1987(1)：1－19；（6）：1－52。

　　1989(1)：21－47。

《中原文物》

　　1982(1)：1－4；(1)：5－11；(1)：12－16；(1)：17－23；(3)：15

　　　　－20。

　　1983(1)：1－3；2：101－105。

　　1984(1)：19－20；3：34－42；3：43－49。

　　1985(1)：5－9；1：10－13。

《文物參考資料》

　　1955(5)：15－42；(10)：3－23。

　　1958(7)：62－65。

《江漢考古》

　　1984(4)：48－57。

《文物資料叢刊》

第1期(1977)：105－110；111－113；114－121；122－127；134－138；

　　　　198－199。

第2期(1978)：45－65；92－100。

第4期(1981)：1－25；29－42；46－56；59－69；70－74；75－85；

　　　　98－101；104－108；112－114；116－120；121－123；125

　　　　－128；132－134；135－142；228－229；236－239；242。

第6期(1982)：21－23；66－72；79－85。

第8期(1983)：77－94。

《考古通訊》

　　1955(4)：40－46；(4)：46－48；(4)：48－58；(4)：62－63；(6)

：24－27；(6)：30－33；(6)：33－39。

1956(2)：62－64；(2)：64－70；(3)：57－58；(3)：60－61；(4)
：12－17；(4)：18－20；(4)：21－31；(4)：39；(5)：16－1
9；(5)：49；(6)：36－42；(6)：66。

1957(1)：27－31；(1)：31－36；(1)：58－61；(2)：6－12；(2)：
13－16；(2)：54；(2)：57；(2)：58－60；(3)：14－19；(3)
：48－50；(3)：69；(4)：22－29；(4)：30－32；(4)：33－3
8；(4)：38－42；(4)：57－58；(4)：59－60；(4)：60－61；
(4)：62；(5)：40－45；(5)：71－73；(5)：75－76；(6)：41。

1958(1)：1－4；(1)：11－32；(1)：33－36；(1)：63－64；(2)
：14－31；(2)：42－43；(2)：43－44；(2)：45－46；(2)：4
7－48；(3)：38－42；(3)：42－43；(4)：32－40；(5)：11－
14；(6)：52；(7)：17－22；(8)：31－37；(8)：37－43；(9)
：61－66；(11)：79－80；(12)：22－26；(12)：28－34。

《考古》

1959(1)：21－23；(2)：109－110；(3)：147－149；(3)：150－15
2；(3)：154－155；(3)：156；(4)：206－207；(6)：278－28
0；(6)：282－283；(6)：317－318；(7)：350；(8)：413－41
8；(8)：419－429；(9)：459－461；(9)：462－463；(9)：46
4－465；(11)：585－587；(12)：649－652；(12)：687；(12)
：688－689。

1960(1)：11－15；(3)：32－33；(5)：10－12；(5)：19；(7)：40
－52；(9)：15－28；(10)：18－23；(10)：24－29。

1961(3)：172－174；(4)：175－178；(4)：207－211；(6)：324；
(8)：435－441；(8)：442－443。

1962(4)：196；(4)：197；(8)：395－399；(8)：400－403；(10)：
523－528；(10)：540－543；(12)：651。

1963(3)：122－129；(3)：130－135；(3)：136－138；(3)：170；

(6)：287－290；(8)：423－431；(8)：453－454；(9)：480－485；(9)：522；(11)：590－594＋611。

1964(1)：36－43＋53；(2)：86－89；(4)：176－179；(5)：256－257；(6)：297－300＋309；(6)：318－319；(8)：385－392；(8)：393－402；(8)：403－406；(8)：423－426；(9)：448－457；(9)：478－481；(10)：485－497；(10)：504－519；(11)：553－557；(12)：607－614。

1965(2)：70－72；(2)：98－99；(3)：116－118；(3)：152－154；(4)：208－209；(6)：268－269；(7)：347－351；(11)：548－561；(11)：589－590；(11)：591－594；(12)：655－657。

1966(1)：14－20；(1)：21－28；(1)：29－32；(2)：66－83＋91；(2)：84－91；(2)：108－110；(3)：133－134＋137；(3)：135－137；(3)：138－146；(3)：147－151＋166；(3)：170－172；(4)：181－188。

1972(1)：8－18；(2)：37－38；(5)：20－30。

1973(1)：25－29。

1974(2)：121；(2)：133－134；(3)：187－190。

1975(2)：116－123＋134；(2)：124－134；(3)：169－177；(3)：178－187；(4)：244－248；(6)：363－372＋351；(12)：124－134。

1976(5)：331－334；(6)：365－377；(6)：395。

1977(4)：268－277＋261；(6)：373－375；(6)：376－381。

1978(3)：155－157；(3)：158－163；(5)：301－304。

1979(2)：122－124；(2)：125－135；(2)：188－189；(5)：427－434；(6)：495－503。

1980(2)：38－41；(1)：52－55；(2)：114－122；(3)：271－278；(3)：282－283；(4)：339；(5)：391－402；(5)：403－405；(5)：406－415。

1981(1)：13－18；(1)：27－47；(2)：137－150；(2)：191；(5)：
426－428。

1982(1)：31－34；(2)：147－155；(3)：225－235；(3)：252－25
4；(3)：326－327；(4)：355－364；(4)：377－380。

1983(1)：49－52；(3)：220－225；(3)：233－237；(4)：373；(9)
：856－857；(10)：894－896；(11)：989－991。

1984(1)：59－62；(1)：63－68；(3)：213－221；(3)：222－230
；(4)：302－332；(4)：338－344；(7)：607－614；(9)：790
－797；(9)：807－809；(9)：810－812＋848；(9)：813－81
5；(10)：887－894；(12)：1092－1095；(12)：1134－1135。

1985(3)：197－215；(5)：411－422；(5)：423－428；(5)：429－
449；(6)：527－529＋549；(8)：708－720；(8)：762－763
；(9)：728－729；(9)：790－792；(9)：855－856；(11)：99
0－993。

1986(3)：306－317。

1988(11)：961－974。

《考古學報》

1956(1)：19－28；(3)：1－25；(3)：33－75。

1957(1)：43－52；(1)：93－101；(1)：141－153；(3)：63－92；
(4)：33－67。

1958(1)：87－103；(1)：103－118；(2)：39－75；(4)：51－69；
(4)：71－89。

1959(1)：41－60；(1)：61－83；(1)：85－102；(2)：57－71；(2)：
75－94。

1963 (1)：111－139；(2)：1－58。

1964 (1)：111－131；(2)：127－194。

1965 (1)：107－167；(2)：79－101。

1973 (2)：41－59。

1974 (1)：145－173；(2)：87－108。

1976 (1)：83－118；(2)：149－168；(2)：171－185。

1978 (4)：467－495。

1979 (1)：27－146。

1980 (1)：119－137；(2)：239－262。

1981 (2)：217－243；(3)：349－368；(4)：519－548。

1982 (3)：351－366。

1983 (3)：383－401。

1984 (1)：53－119。

《考古學集刊》

第 1 集(1981)：133－138；139－142；143－157；158－176。

第 2 集(1982)：99－105；106－112。

第 3 集(1983)：132－142；143－149。

第 4 集(1984)：222－247。

《考古與文物》

1980(1)：44－48；(3)：1－5。

1982(1)：33－39；(1)：40－43；(2)：18－19；(2)：20－25；(2)：25－29；(2)：111－112；(4)：15－38。

1983(1)：12－14；(1)：15－21；(2)：22－25；(2)：26－27；(4)：30－33。

1984(3)：28－35；(6)：12－21。

1985(1)：1－11；(1)：38－43＋49。

墓葬與生死：中國古代宗教之省思

1993年6月初版　　　　　　　　　　　　　　　　　　　定價：新臺幣950元
2023年9月二版
2024年7月二版三刷
有著作權・翻印必究
Printed in Taiwan.

著　者　蒲　慕　州

出　版　者　聯經出版事業股份有限公司	副總編輯　陳　逸　華
地　　　址　新北市汐止區大同路一段369號1樓	總　編　輯　涂　豐　恩
叢書主編電話　(02)86925588轉5305	總　經　理　陳　芝　宇
台北聯經書房　台北市新生南路三段94號	社　　　長　羅　國　俊
電　　　話　(02)23620308	發行人　林　載　爵
郵政劃撥帳戶第0100559-3號	
郵　撥　電　話　(02)23620308	
印　刷　者　世和印製企業有限公司	
總　經　銷　聯合發行股份有限公司	
發　行　所　新北市新店區寶橋路235巷6弄6號2F	
電　　　話　(02)29178022	

行政院新聞局出版事業登記證局版臺業字第0130號

本書如有缺頁，破損，倒裝請寄回台北聯經書房更換。　　ISBN　978-957-08-7113-5 (精裝)
聯經網址 http://www.linkingbooks.com.tw
電子信箱 e-mail:linking@udngroup.com

國家圖書館出版品預行編目資料

墓葬與生死：中國古代宗教之省思 / 蒲慕州著 .
二版 . 新北市 . 聯經 . 2023.09
340面 . 17×24公分 .
ISBN 978-957-08-7113-5（精裝）
[2024年7月二版三刷]

1.CST：喪禮 2.CST：中國

538.682 112014405